Lehr- und Handbücher zu Geld, Börse, Bank und Versicherung

Herausgegeben von
Universitätsprofessor Dr. Guido Eilenberger

Bisher erschienene Werke:

Arlinghaus · Balz, Going Public – Der erfolgreiche Börsengang

Averdiek-Bolwin, Die Effizienz von Aktienbörsen

Beike · Barckow, Risk-Management mit Finanzderivaten, 3. Auflage

Beyer, Risikomanagement beim PKW-Leasing

Biermann, Die Mathematik von Zinsinstrumenten, 2. Auflage

Blattner, Internationale Finanzierung

Börner, Strategisches Bankmanagement

Bosch, Finanzmathematik für Banker

Breit · Reinhart, Finanzierung der Unternehmung: Zinsmanagement

Döhring, Gesamtrisiko-Management von Banken

Dross, Genußrechte

Dürr, Investor Relations, 2. Auflage

Eilenberger, Bankbetriebswirtschaftslehre, 7. Auflage

Eilenberger, Betriebliche Finanzwirtschaft, 8. Auflage

Herzberger, Einführung in die Finanzmathematik

Jenkis, Wohnungsbaufinanzierung

Knoppe, Strategische Allianzen

Koch · Umann · Weigert, Lexikon der Lebensversicherung

Meise, Realoptionen als Investitionskalkül

Müller, Wirtschaft und Finanzmärkte

Nadler, Internationale Wohnungsfinanzierung

Putnoki, Grundlagen der Außenhandelsfinanzierung

Thoma, Chaostheorie, Wirtschaft und Börse, 2. Auflage

Thoma, Dynamische Prozesse in der Ökonomie und an den Finanzmärkten

Waschbusch, Bankenaufsicht

Widdel, Theorie und Praxis der Aktienspekulation

Die Mathematik von Zinsinstrumenten

Preise, Kennzahlen, Risikomanagement und Anwendungen von (derivativen) Zinsinstrumenten in der modernen Investmentpraxis

Von

Diplom-Wirtschaftsmathematiker

Bernd Biermann

2., überarbeitete Auflage

R. Oldenbourg Verlag München Wien

Die Deutsche Bibliothek - CIP-Einheitsaufnahme

Biermann, Bernd:
Die Mathematik von Zinsinstrumenten : Preise, Kennzahlen, Risikomanagement
und Anwendung von (derivaten) Zinsinstrumenten in der modernen Investmentpraxis /
Bernd Biermann. – 2., überarb. Aufl.. – München ; Wien : Oldenbourg, 2002
   (Lehr- und Handbücher zu Geld, Börse, Bank und Versicherung)
   ISBN 3-486-25976-8

© 2002 Oldenbourg Wissenschaftsverlag GmbH
Rosenheimer Straße 145, D-81671 München
Telefon: (089) 45051-0
www.oldenbourg-verlag.de

Gedruckt auf säure- und chlorfreiem Papier
Gesamtherstellung: Druckhaus „Thomas Müntzer" GmbH, Bad Langensalza

ISBN 3-486-25976-8

Inhaltsverzeichnis

Symbol- und Abkürzungsverzeichnis

Z	Zinsbetrag
K	Kapitalbetrag
t	Anzahl der Tage
BP	Basispunkt
i, j, k, l	Laufindices
B	Tagebasis
x	gesuchte Größe
f	Forwardrate
	oder Anzahl der Monate bis zum nächsten Kupontermin
K_n	Kapital zum Zeitpunkt n
q	Diskontfaktor
q_n	Diskontfaktor zum Zeitpunkt n
$\prod\limits_{l=1}^{n} q_l = q_1 \cdot q_2 \cdot \ldots \cdot q_n$	Produkt der Zahlen $q_1, q_2, \cdots, q_n$
e	Eulersche Zahl $\approx 2{,}718281828$
$e^{\delta_i^!}$	Exponentialfunktion
$\ln(\cdot)$	Natürlicher Logarithmus
z	Zinssatz
df	Diskontfaktor
$\sum\limits_{t=1}^{n} q_t = q_1 + q_2 + \ldots + q_n$	Summe der Zahlen $q_1, q_2, \cdots, q_n$
r	Rendite
GR	Geldmarktrendite
CY	Current Yield
$SYTM$	Simple Yield to Maturity
CF	CashFlow
PTR	Percentage Total Return
DTR	Dollar Total Return
A	Auszahlung
E	Einzahlung
$f = \dfrac{m}{12}$	Jahresbruch
T	Fälligkeitszeitpunkt
BFR	Bräß/Fangmeyer Rendite
MMR	Moosmüller Rendite
$AIBDR$	AIBD Rendite
$AIBD$	Association of International Bond Dealers

A_i	Annuitäten
T_i	Tilgungen
Z_i	Zinsbeträge
K_i	Kapitalbeträge
SDF	Summe der Diskontfaktoren
$SDF^{\bullet}$	Summe der $df_i \cdot (i-1)$
ΔP	Preisdifferenz
$\Delta Rendite$	Renditedifferenz
$\dfrac{\partial P}{\partial Rendite}$	Ableitung des Preises nach der Rendite
BPV	Basispointvalue
MCF	Makro-Cash-Flow
ModDur	Modified Duration
Dur	Duration
w_t	Gewichte
$\dfrac{\partial^2 P}{\partial^2 Rendite}$	zweite Ableitung des Preises nach der Rendite
Konv	Konvexität
$Konv^{\bullet}$	angenäherte Konvexität
Z_t	Zinssatz zum Zeitpunkt t, falls der Zinssatz als Zufallsvariable aufgefasst wird
K_t	Barwert des Bonds zum Zeitpunkt t
X_t	relative Zinssatzänderung von Zeitpunkt $t-1$ bis t
$1-\alpha$	Konfidenzniveau
λ	Parameter, der durch das Konfidenzniveau und die Standardabweichung festgelegt wird
EW	Erwartungswert
μ	Erwartungswert
Var	Varianz
σ^2	Varianz
StD	Standardabweichung
σ	Standardabweichung
P	Preis (Barwert) eines Assets
$P(X)$	Wahrscheinlichkeit der Zufallsvariablen X

$$[VaR] := \begin{bmatrix} Var_1 \\ \vdots \\ Var_m \end{bmatrix}$$ VaR Vektor

$$[a] := \begin{bmatrix} a_1 \\ \vdots \\ a_m \end{bmatrix}$$ Vektor der relativen Barwertanteile

$$[Korr] := \begin{bmatrix} 1 & \cdots & \rho_{1,m} \\ \vdots & \ddots & \vdots \\ \rho_{m,1} & \cdots & 1 \end{bmatrix}$$ Korrelationsmatrix

$$[Cov] := \begin{bmatrix} \sigma_1^2 & \cdots & \sigma_{1,m} \\ \vdots & \ddots & \vdots \\ \sigma_{m,1} & \cdots & \sigma_m^2 \end{bmatrix}$$ Varianz-Kovarianz-Matrix

$$[\Sigma] := \begin{bmatrix} \sigma_1 & \cdots & 0 \\ \vdots & \ddots & \vdots \\ 0 & \cdots & \sigma_m \end{bmatrix}$$ Diagonalmatrix, die

Standardabweichungen enthält

VaR	Value at Risk
BW_i	Barwert der i-ten Komponente in dem Portfolio
BW	Barwert des Portfolios
$\sigma_{i,j}$	Kovarianz zwischen der Zufallsvariablen X_i und der Zufallsvariablen X_j
$\rho_{i,j}$	Korrelation zwischen der Zufallsvariablen X_i und der Zufallsvariablen X_j
$df_{a;b}$	Diskontfaktor , der CashFlows vom Zeitpunkt b auf den Zeitpunkt a abzinst
$\tau_i = \dfrac{Tage_i}{Basis}$	der Tagefaktor für die i-te Periode
$EDSP$	Exchange Delivery Settlement Price
$N(\cdot)$	Verteilungsfunktion der Standardnormalverteilung
$\tau = \dfrac{Tage}{Basis}$	Jahresanteil

Fwd	ForwardZinssatz
d_1	Argument der Verteilungsfunktion der Standardnormalverteilung
d_2	Argument der Verteilungsfunktion der Standardnormalverteilung
π	Kreiszahl $\approx 3{,}14159265$
FRA	Forward Rate Agreement
IRR	Internal Repo Rate
CtD	Cheapest to Deliver
IRS	Interest Rate Swap

Vorwort zur zweiten Auflage

Die Einführung des EURO als gesetzliches Zahlungsmittel in Europa sowie die breite Resonanz auf die erste Auflage machten eine Überarbeitung des Buches notwendig. Dabei wurden neben der Währungsumstellung einige wenige sachliche Korrekturen vorgenommen sowie formelle Schwachstellen beseitigt.

Es wäre schön, wenn diese zweite Auflage eine ebenso breite Aufnahme finden würde wie die erste.

Vorwort zur ersten Auflage

In den letzten Jahren traten die Zinsmärkte zunehmend aus dem Schatten der Aktienmärkte:

Der private Investor hat längst gemerkt, daß der Begriff Rentenpapier nicht mehr automatisch eine sichere Anlageform darstellt, falls vor Endfälligkeit ein Liquiditätsbedarf entsteht, denn die Kursschwankungen von Bundesobligationen konnten in den vergangenen Jahren durchaus mit denen von Aktien mithalten.

Der institutionelle Investor sucht immer intensiver nach Finanzierungsinstrumenten und Anlageformen, die auf seine Bedürfnisse in Hinblick auf Rendite und Risiko exakt zugeschnitten sind.

In diesem Zusammenhang haben sich viele Banken und Investmenthäuser aufgemacht, immer wieder neue strukturierte Anlagen zu *erfinden*. Im allgemeinen setzen diese sich zwar aus bereits bekannten Instrumenten zusammen, aber das Zusammenspiel der vertrauten Instrumente kann zu, für den Wissenschafler sehr interessanten, für den Betroffenen jedoch sehr schmerzlichen Effekten führen.

Ein professionelles Handling dieser *High-Tech-Geschäfte* setzt besonderes Know-How voraus, welches von Betriebswirten, Händlern, Mathematikern und Informatikern gleichermaßen getragen werden muß.

Darüberhinaus haben die professionellen Marktteilnehmer, nationale Aufsichtsbehörden und übergeordnete Verbände und Gremien erkannt, daß ein gewisser Standard im Risikomanagement sowohl für das Überleben einzelner als auch für die Stabilität des gesamten, weltweiten, Finanzmarktes unerläßlich ist. Diese Erkenntnis wurde nicht zuletzt durch die großen Verluste bei Metallgesellschaft (1993), den Untergang der Barings Bank (1995) und die enormen Verluste bei Daiwa Bank (1995) bestätigt. Die auf diesem Hintergrund entwickelten Steuerungs- und Kontrollinstrumente setzen dementsprechend ein enormes mathematisches Know-How voraus, welches kaum noch überschaubar ist.

In diesem Kontext soll das vorliegende Buch sowohl dem praktisch orientierten Mathematiker und Informatiker als auch dem mathematisch orientierten Praktiker dienen, indem es einen Überblick über das weite

Feld der *Zinsmathematik* gibt. Dies ist zwar nicht das erste Buch über die Mathematik von Zinsinstrumenten, aber es spricht den *Mathematiker* an, indem es auf die stringente Herleitung von Formeln achtet und interessante Beweise in Form von Übungsaufgaben bereitstellt, die dem Spieltrieb eines jeden Mathematikers entgegenkommen.

Der *Praktiker* hingegen findet eine konsistente Darstellung des gesamten Instrumentariums, welches zum Pricing, zur Risikobeurteilung und damit zum Hedging von Zinsinstrumenten in der modernen Investmentpraxis unerlässlich ist und im zunehmend härter werdenden Wettbewerb der Marktteilnehmer einen entscheidenden Vorteil darstellt.

Der Bogen spannt sich von der einfachen Zinsrechnung über den Aufbau von Zinskurven, Renditeberechnungen und die Berechnung von Risiko- parametern bis hin zum Pricing von Bonds, Floatern, Forward-Rate- Agreements, Interest-Rate-Swaps, Zinsoptionen und Zinsfutures.

Die wechselseitige Verbindung der Zinslandschaften verschiedener Währungen wird im Kapitel Deviseninstrumente aufgezeigt.

Im Anhang sind einige für das Verständnis des Buches wichtige mathe- matische Grundlagen zusammengestellt.

Der Stoff wird schrittweise erarbeitet, jedes Kapitel baut auf den vorigen Kapiteln auf. Die Formeln sind selbsterklärend, indem "sprechende Variablen" benutzt werden, sodaß ständiges Zurückblättern weitestgehend entfällt. Darüberhinaus wird der dargestellte Stoff anhand einer Fülle von Beispielen und Übungen vertieft.

Damit ist dieses Buch sowohl zum Selbststudium als auch zum Nach- schlagen bestens geeignet.

An dieser Stelle gilt mein besonderer Dank Frau Dipl. WiMath. Ruth Hilt für ihre Unterstützung.

1. Zinsrechnung

Grundlage der Mathematik von Zinsinstrumenten ist die Berechnung von Zinsen. Wir unterscheiden zwischen der einfachen Zinsrechnung, die keine Zinseszinsen berücksichtigt und im allgemeinen bei Laufzeiten unter einem Jahr Anwendung findet und der Zinseszinsrechnung, die bei mehrperiodigen Laufzeiten, normalerweise über einem Jahr, angewandt wird.

1.1. Einfache Zinsrechnung

Wir wollen die einfache Zinsrechnung, ihre Anwendung und Problematik an einem Beispiel darstellen:

Beispiel 1.1.1.:
Ein Kreditnehmer nimmt einen Kredit in Höhe von EUR 100.000.000,-- zu einem Zinssatz von 5 % p.a. auf.
Dies bedeutet, daß er nach Ablauf eines Jahres einen Betrag von EUR 105.000.000,-- an den Kreditgeber zurückzahlen muß.

Der Rückzahlungsbetrag (*Endwert*) setzt sich aus dem aufgenommenen Kapital (*Nominalkapital*) (EUR 100.000.000,--) und der *Zinszahlung* (EUR 5.000.000,--) zusammen. Die Zinszahlung wird berechnet als Funktion des Nominalkapitals (*K*), der Laufzeit (*t*) und des Zinssatzes (*z*).

Zinssätze werden im allgemeinen als *pro Jahres Zinssätze* (*per anno, p.a*) angegeben.

Wenn die Laufzeit *t* nicht ein ganzes Jahr, sondern nur ein halbes Jahr beträgt, darf der *Zinsbetrag* (*Z*) bei gleichem Zinssatz *z* nur halb so hoch sein wie bei einer Laufzeit von einem ganzen Jahr.
Diese Überlegung führt in natürlicher Weise zu der *linearen Zinsformel*, die bei Laufzeiten unter einem Jahr gewöhnlich ihre Anwendung findet:

$$Z = K \cdot \frac{z}{100} \cdot \frac{t}{B} = K \cdot z\% \cdot \frac{t}{B} = K \cdot z\% \cdot \tau$$

Formel *1.1*

Der Term $\frac{t}{B} = \tau$ wird als *Jahresanteil* bezeichnet. *B* heißt *Tagebasis*. Die Anzahl der Tage *t* in der Zinsperiode hängt von der *Zinsmethode*, oder der *Day-Count-Convention*, ab.

In der Praxis werden verschiedene Zinsmethoden unterschieden, die sich in der Wahl der Tagebasis und in den Berechnungsmodalitäten der Laufzeit t unterscheiden.

Es finden sich Tagebasen B von 360 Tagen und von 365, zuweilen auch von 366 Tagen. Die Berechnung der Laufzeit t erfolgt entweder nach der *deutschen Methode*, d.h. der Monat wird generell mit 30 Tagen angesetzt, oder nach der *internationalen Methode*, bei der die tatsächliche Anzahl der Kalendertage berücksichtigt wird.

Die verschiedenen Zinsmethoden sind in der folgenden Tabelle zusammengefaßt:

Zinsmethoden				
Bezeichnung	Tage basis	Anzahl der Zinstage	Anwendung	Kurzbe-zeichnung
Euro-Methode	360	aktuelle Berechnung	Am Euromarkt für fast alle Währungen	act/360
Bond-Methode	360	Monat mit 30 Tagen	Für deutsche Wertpapiere und Sparbücher	30/360
Englische Methode	365	aktuelle Berechnung	Zum Beispiel für die Währungen GBP und BEF	act/365

Tabelle *1.1*.

Neben der Angabe, wie die Anzahl der Tage berechnet wird, ist es in der Praxis auch wichtig festzulegen, was geschieht, wenn ein Datum kein Bankarbeitstag ist. Es haben sich die folgenden Konventionen herausgebildet:

Following:
Falls ein Tag kein Bankarbeitstag ist, wird der nächste Bankarbeitstag genommen.

Modified Following:
Man passt das Datum auf den nächsten gültigen Bankarbeitstag an, sofern dieser im gleichen Monat liegt. Ist dies nicht möglich, nimmt man den vorhergehenden Bankarbeitstag.

Preceding:
Falls ein Tag kein Bankarbeitstag ist, wird der vorhergehende Bankarbeitstag genommen.

Modified Preceding:
Man passt das Datum auf den vorhergehenden gültigen Bankarbeitstag an, sofern dieser im gleichen Monat liegt. Ist dies nicht möglich, nimmt man den folgenden Bankarbeitstag.

End-of-Month:
Die Zahlung erfolgt generell am letzten Bankarbeitstag des entsprechenden Monats.

Second-Day-After:
Falls der Zahlungstag ein Bankfeiertag ist, wird die Zahlung auf den übernächsten Bankarbeitstag verschoben.

Die Höhe des Zinsbetrages hängt linear sowohl von der Höhe des Zinssatzes als auch von der Laufzeit ab. Damit entspricht die obige Berechnung dem kaufmännischen Ansatz des Dreisatzes.

Linearität der einfachen Zinsformel

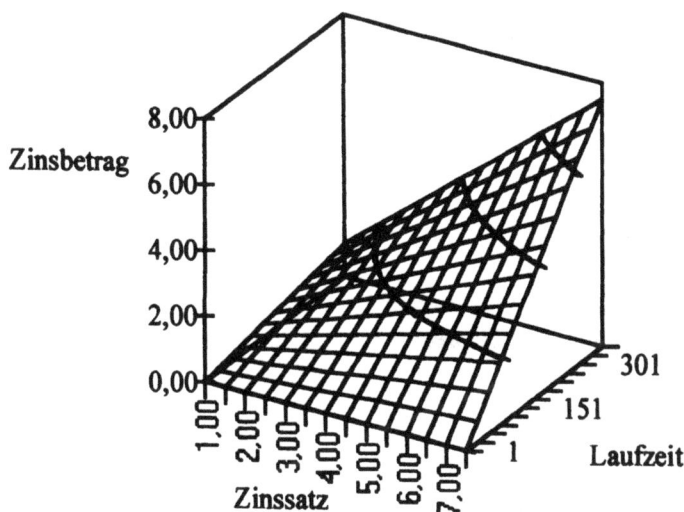

Abbildung *1.1*
In der Praxis ergibt sich immer wieder die Notwendigkeit, einen Zinssatz von einer Zinsmethode in eine andere Zinsmethode umzurechnen.

Beispiel *1.1.2.*:
Der Zinssatz gemäß *BondMethode (30/360)* liegt bei einer Laufzeit vom 1.6.96 bis 1.6.97 bei 4% p.a. Wie hoch muß der äquivalente Zinssatz nach den Zinsmethoden *act/360* bzw. *act/365* sein?

Der äquivalente Zinssatz nach der Zinsmethode act/360 muß nach Ablauf der Laufzeit zu demselben Zinsbetrag führen, wie er sich mit 4% nach der *BondMethode* ergibt. Es muß also folgende Beziehung gelten:

$$Kapital \cdot 4\% \cdot \frac{360}{360} = Kapital \cdot z\% \cdot \frac{365}{360}$$

Damit ergibt sich: $4\% \cdot \dfrac{360}{360} \cdot \dfrac{360}{365} = z\% = 3,945\%$

Der äquivalente Zinssatz für die Zinsmethode *act/365* berechnet sich analog.

Umrechnen von Zinssätzen von einer Zinsmethode in eine andere						
Zinssatz	Von	Bis	Laufzeit		Basis	Zins
			Bond	act		betrag
4,000%	01.06.96	01.06.97	360		360	4,000
3,945%	01.06.96	01.06.97		365	360	4,000
4,000%	01.06.96	01.06.97		365	365	4,000

Tabelle *1.2.*

1.2.Zinseszinsrechnung

Die einfache Zinsrechnung betrachtet nur einperiodige Situationen. Die Verallgemeinerung der Zinsrechnung auf mehrere Perioden führt direkt zur *Zinseszinsrechnung*.

Beispiel *1.2.1.*:
Zwei Kreditnehmer nehmen je einen Kredit in Höhe von EUR 100.000.000,-- zu einem Zinssatz von 5 % p.a. Die Laufzeit soll drei Jahre betragen. Die Tilgung erfolgt am Ende der Laufzeit in einer Summe.
Der erste Kreditnehmer zahlt seine Zinsen nach jedem Jahr.
Der zweite Kreditnehmer läßt von der Bank die jeweiligen Zinsen am Ende eines jeden Jahres mitfinanzieren. Die Zinszahlung erfolgt also in einer Summe am Ende der Laufzeit.
Die Entwicklung der beiden Kredite zeigen folgende Tabellen:

Kreditnehmer 1						
Von	Bis	Kredit betrag	Zinssatz	Zins betrag	Tilgung	Zahlung
01.06.96	01.06.97	100.000	5,00%	5.000	0	5.000
01.06.97	01.06.98	100.000	5,00%	5.000	0	5.000
01.06.98	01.06.99	100.000	5,00%	5.000	100.000	105.000
			Summen:	15.000	100.000	115.000

Kreditnehmer 2						
Von	Bis	Kredit betrag	Zinssatz	Zins betrag	Tilgung	Zahlung
01.06.96	01.06.97	100.000	5,00%	5.000	0	0
01.06.97	01.06.98	105.000	5,00%	5.250	0	0
01.06.98	01.06.99	110.250	5,00%	5.513	100.000	115.763
			Summen:	15.763	100.000	115.763

Zinseszinseffekt: 763

Tabelle *1.3.*

Der analoge Fall tritt ein, wenn ein Anleger über die ihm zustehenden Zinsen nach Gutschrift nicht verfügt, sondern mit dem Kapital wiederanlegt.
Diese Sichtweise lässt sich folgendermaßen formalisieren:

Sei K_n das Kapital am Ende der Periode n, Z_n die Zinszahlung am Ende der Periode n, z_n sei der Zinssatz für die Periode n. Ferner kürzen wir den Term $(1 + z_n \%)$ durch q_n ab.
Dann gilt:

$$K_n = K_{n-1} + Z_{n-1} = K_{n-1} + K_{n-1} \cdot \frac{z_n}{100}$$

$$K_n = K_{n-1} \cdot \left(1 + \frac{z_n}{100}\right) = K_{n-1} \cdot q_n$$

Mittels *vollständiger Induktion* läßt sich zeigen, daß gilt:

$$K_n = K_0 \cdot \prod_{l=1}^{n} q_l$$

Falls die Zinssätze für alle Perioden gleich sind, $z_l \equiv z$ für alle l, dann gilt:
$$K_n = K_0 \cdot q^n$$

Diese Formeln berechnen das Endkapital nach n Perioden unter der Voraussetzung, daß zu Beginn ein Anfangskapital in Höhe von K_0 Geldeinheiten angenommen wird. Die zugrundegelegte Periodenlänge beträgt 1 Jahr, die Zinsmethode ist *30/360*.

Eine Anpassung auf unterjährige Perioden und eine andere Zinsmethode erhält man durch Anpassung von q_n:

$$q_n = \left(1 + \frac{z_n}{100} \cdot \frac{t_n}{Basis}\right)$$

Formel *1.2*

(Bezeichnungen wie im Kapitel *Einfache Zinsrechnung*)

Beispiel *1.2.2.*:
Ein Investor legt EUR 100.000,-- in einem 3-Monats-Festgeld zu 3% p.a. an, verlängert inclusive Zinsen um 6 Monate zu einem Zinssatz von 3,25% und schließlich verlängert er inclusive Zinsen um einen Monat zu 2,75%. Zinsmethode: *30/360*.

Mit diesen Angaben gilt:

$$q_1 = \left(1 + \frac{3}{100} \cdot \frac{90}{360}\right) = 1,0075$$

$$q_3 = \left(1 + \frac{2,75}{100} \cdot \frac{30}{360}\right) = 1,0022917$$

$$q_2 = \left(1 + \frac{3,25}{100} \cdot \frac{180}{360}\right) = 1,01625$$

Damit liegt das Endvermögen nach 10 Monaten bei
$100.000 \cdot 1,0075 \cdot 1,01625 \cdot 1,0022917 = 102.621,83$ EUR.

Beispiel *1.2.3.*:
Der Treasurer einer Bank hat vor einem Jahr einen Kredit in Höhe von EUR 100 Mio zu 5% an eine andere Bank gegeben. Die Gesamtlaufzeit liegt bei 3 Jahren. Die Refinanzierung erfolgte für das erste Laufzeitjahr mit 4%. Für das zweite Jahr refinanziert er sich zu 4,50%.
Frage: Wie hoch darf der Refinanzierungssatz in einem Jahr höchstens sein, damit der Treasurer keinen Verlust macht auf dieses Geschäft? Der Einfachheit halber sei die Zinsmethode *30/360* angenommen.

Ohne Berücksichtigung von Zinseszinsen liegt der auch als *Break-Even-Satz* bezeichnete maximale Refinanzierungssatz bei 5,5%, denn es ist lediglich die folgende Gleichung aufzulösen:
$4\% + 4,5\% + z\% = 5\% + 5\% + 5\%$

Auf der linken Seite stehen die Zinsaufwendungen, auf der rechten Seite die Zinserträge.

Mit Berücksichtigung der Zinseszinsen ergibt sich folgende Gleichung:

$$q_1 \cdot q_2 \cdot (1 + z\%) = q^3$$

mit

$$q_1 = 1,04$$

$$q_2 = 1,045$$

$$q = 1,05$$

Auflösen nach x ergibt einen maximalen Refinanzierungssatz von 6,5168% für das dritte Jahr.

Das bewußte Eingehen der Fristeninkongruenz von Engagement und Refinanzierung bezeichnet man als *Fristentransformation*.

Die Zinssätze, die für Perioden gelten, die mit der aktuellen Kassevaluta beginnen, nennt man *Spot(Zins)sätze* oder *Spotrates*. Zinssätze, die für zukünftige Perioden Gültigkeit haben, nennt man *Forward(Zins)sätze* oder *Forwardrates*.

Der im letzten Beispiel berechnete Zinssatz ist ein Forwardsatz. Der bekannte Zinssatz in Höhe von 4,5% ist ein Spotsatz.

Ein Forwardsatz, der für eine Periode gilt, die in drei Monaten beginnt und in sechs Monaten endet wird oftmals kurz als (3x6)-Forwardsatz bezeichnet.

Analog deckt ein (12x15)-Forwardsatz eine Periode ab, die in 12 Monaten beginnt und in 15 Monaten endet. Siehe hierzu auch das Kapitel FRA.

Üblicherweise werden Zinssätze auf einer jährlichen Basis quotiert, das heißt, daß die Zinszahlungen jährlich erfolgen. Eine Umrechnung auf halbjährliche Zinszuschlagstermine muß den Zinseszinseffekt berücksichtigen.

Beispiel 1.2.4.:
Der Zinssatz für einen einjährigen Kredit über EUR 100 Mio liege bei 4,00% (*30/360*) bei jährlicher Zinszahlung, Tilgung am Ende der Laufzeit. Wenn der Kreditnehmer die Zinsen halbjährlich zahlen möchte, muß der Nominalzins etwas unter 4,00% liegen. Denn wenn die Bank statt am Ende der Laufzeit 4 Mio halbjährlich 2 Mio bekommen würde, würde sie einen Wiederanlagegewinn, einen Zinseszinsgewinn, erwirtschaften, den sie dem Kunden weitergeben sollte.

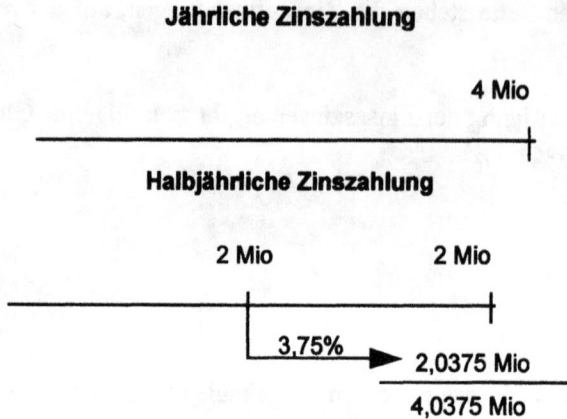

Jährliche Zinszahlung

4 Mio

Halbjährliche Zinszahlung

2 Mio   2 Mio

3,75%
         2,0375 Mio
4,0375 Mio

Abbildung *1.2*

Bei einem Zinssatz von 3,75% für die Anlage der Zinsen auf ein halbes Jahr erwirtschaftet die Bank einen Ertrag von EUR 37.500,--. Zum Ende der Laufzeit des Kredites hat sie also insgesamt EUR 4.037.500,-- Zinsvorteil aus dem Kredit erwirtschaftet, dies entspricht einer Nominalverzinsung von 4,0375% p.a.

Setzt man einen *Wiederanlagezins* in Höhe des aktuellen Kreditzinses voraus, kann man aus dem jährlichen Zinssatz den halbjährlichen Zinssatz $x\%$ aus folgender Beziehung berechnen:

$$\left(1 + z\% \cdot \frac{T}{Basis}\right) = \left(1 + x\% \cdot \frac{t}{Basis}\right)^2$$

Hier steht z für den jährlichen Zinssatz, T für die Anzahl der Tage im Jahr, t für die Anzahl der Tage im halben Jahr.

Hinweis: Bei der Anwendung dieser Formel und der Verallgemeinerung auf vierteljährliche oder gar monatliche Zinstermine ist darauf zu achten, daß die Prämisse der Wiederanlage zum Kreditzinssatz im allgemeinen nicht zutreffen wird.

Ein weiteres Problem wird in folgendem Beispiel deutlich:

Beispiel *1.2.5.*:
Angenommen, ein Kredit über EUR 100 Mio läuft ein Jahr mit einem Nominalzins von 6,00% *(30/360)*.
Ein zweiter Kredit über EUR 200 Mio läuft nur ein halbes Jahr, ebenfalls zu 6,00% *(30/360)*.

Wie hoch ist der Nominalzinssatz bei vierteljährlicher Zinszahlung?
Die Anwendung obiger Formel führt zu:

$$\left(1 + 6\% \cdot \frac{360}{360}\right) = \left(1 + z\% \cdot \frac{90}{360}\right)^4 \Rightarrow z\% = 5{,}8696\%$$

Wendet man diesen Zinssatz auf den Kredit an und stellt alle *CashFlows*
tabellarisch dar, ergibt sich folgendes Bild:

Nominalbetrag: 100 Mio , Zinssatz: 5,86954%

Periode	Nominalbetrag in Mio	Zinszahlung in Mio	Endwert in Mio
1	100,0000	1,4674	
2	101,4674	1,4889	
3	102,9563	1,5108	
4	104,4671	1,5329	106,0000

Nominalbetrag: 200 Mio, Zinssatz: 5,86954%

Periode	Nominalbetrag in Mio	Zinszahlung in Mio	Endwert in Mio
1	200,0000	2,9348	
2	202,9348	2,9778	205,9126

Tabelle *1.4*.

Es fällt auf, daß der Zinseszinseffekt, der in der obigen Formel berücksichtigt ist, bei einer Gesamtlaufzeit von nur einem halben Jahr nicht zur
vollen Wirkung kommt, und der Endwert des Kredites nicht die
notwendigen EUR 206 Mio erreicht.

In der folgenden Tabelle ist ein Kredit mit vierteljährlicher Zinszahlung
einem Kredit gleicher Laufzeit aber jährlicher Zinszahlung gegenübergestellt. Nach Ablauf eines jeden Jahres sind die Endwerte jeweils gleich,
die CashFlowStrukturen also wirtschaftlich gleichwertig.
Im letzten halben Jahr kommt jedoch der Zinseszinseffekt wieder nicht zur
vollen Wirkung, die Bank macht somit einen kleinen Zinseszinsverlust.

Nominal: 100 Mio	Nominal: 100 Mio
Zinssatz: 5,8694% viertelj.	Zinssatz: 6,0000% jährlich

Periode	Nominal betrag in Mio	Zins zahlung in Mio	Endwert in Mio	Nominal betrag in Mio	Zins zahlung in Mio	Endwert in Mio
1	100,000	1,467		100,000	0,000	
2	101,467	1,489		100,000	0,000	
3	102,956	1,511		100,000	0,000	
4	104,467	1,533	106,000	100,000	6,000	106,000
5	100,000	1,467		100,000	0,000	
6	101,467	1,489		100,000	0,000	
7	102,956	1,511		100,000	0,000	
8	104,467	1,533	106,000	100,000	6,000	106,000
9	100,000	1,467		100,000	0,000	
10	101,467	1,489	102,956	100,000	3,000	103,000

Tabelle *1.5*.

Beispiel *1.2.6.*:
Ein Kunde vereinbart mit seiner Bank eine Geldanlage über ein Jahr. Der Zinssatz liegt bei 9,00% p.a. *30/360*, jährlich nachschüssige Zinsgutschrift.
Er fragt nach folgenden Konditionen:
1.   Halbjährliche Zinsgutschrift.
2.   Monatliche Zinsgutschrift.
3.   Tägliche Zinsgutschrift
4.   Stetige Verzinsung.

Nach der Formel aus **Beispiel *1.2.4.*** muß der entsprechende Zinssatz nach folgender Formel berechnet werden:

$$\left(1+9,00\% \cdot \frac{360}{360}\right) = \left(1+z\% \cdot \frac{1}{n}\right) \quad \text{mit} \quad n = \begin{cases} 2 \\ 12 \\ 360 \\ \infty \end{cases}$$

Damit ergeben sich die folgenden Zinssätze:

n	x%
1	9,00%
2	8,81%
12	8,65%
360	8,62%
99.999.999	8,62%

Tabelle *1.6*.

Unterstellt man für das Jahr beispielsweise 99.999.999 Zinszuschlags-termine, hat man sich der stetigen Verzinsung numerisch schon sehr gut genähert. Aus mathematischer Sicht kann der Aufzinsungsfaktor der stetigen Verzinsung jedoch durch eine Grenzwertüberlegung "exakt" angegeben werden. Es gilt nämlich:

$$\left(1 + x\% \cdot \frac{1}{n}\right)^n \xrightarrow[n \to \infty]{} e^{x\%}$$

Formel *1.3*

Wobei *e* die *Eulersche Zahl* bezeichnen soll (e ≈ 2,718281828).

Damit ergibt sich folgende Gleichung für die *stetige Verzinsung*:

$$\left(1 + 9,00\% \cdot \frac{360}{360}\right) = e^{z\%} \quad bzw. \quad \ln(1,09) = z\% = 8,6177696\%$$

(Zu den *Potenzgesetzen*, dem *natürlichen Logarithmus* ln(·) und der Eulerschen Zahl siehe Anhang.)   ❈

1.3. Zerozinsen, Diskontfaktoren, Spotrates, Forwardrates

Ein *Zerozinssatz* ist ein Zinssatz, der den Zinseszinseffekt bei mehr-periodigen Anlagestrategien explizit berücksichtigt, bzw. die Auszahlung von zwischenzeitlichen Zinsen explizit ausschließt.
Diese Zerozinssätze sind für Laufzeiten bis zu einem Jahr mit den am Markt beobachteten Spotzinssätzen identisch. *Spotzinssätze* sind Zinssätze, die für eine Periode Gültigkeit haben, die mit der aktuellen Spotvaluta beginnt. Bei Laufzeiten über einem Jahr kann man die entsprechenden Zerozinssätze berechnen und eine Zerozinskurve aufbauen. Dies zeigen wir im Kapitel Zerozinskurve genauer.
In diesem Kapitel wollen wir uns mit den Vorteilen und einigen ersten An-wendungen von Zerozinssätzen befassen.

Beispiel *1.3.1.*:
Ein Kreditnehmer möchte einen Kredit in Höhe von EUR 100 Mio aufnehmen und inclusive Zinseszinsen nach drei Jahren zurückführen. Der entsprechende Zero(Zins)satz liegt bei 4% p.a.
Dann ist die Zahlung nach drei Jahren folgendermaßen zu berechnen:
$$100 \cdot (1 + 4\%)^3 = 112,4864$$

Der Kreditnehmer muß also zur Kreditfälligkeit EUR 112.486.400,--
zahlen. In diesem Betrag sind alle angefallenen Zinsen und Zinseszinsen
enthalten.

Der Betrag von EUR 112,4864 Mio ist der *Endwert* des CashFlows von
EUR 100 Mio unter dem zugrundegelegten Zerosatz.

Den Faktor $(1 + 4\%)^3$ nennt man *Aufzinsungsfaktor*.

Beispiel 1.3.2.:
Ein Kunde erwartet in fünf Jahren einen Zahlungseingang in Höhe von
EUR 120 Mio. Wie hoch darf ein Kredit heute sein, damit er komplett
inclusive Zinseszinsen aus dem erwarteten CashFlow zurückgeführt
werden kann? Der Zerosatz für fünf Jahre liegt bei 4,5%.

Sei der Kreditbetrag mit K abgekürzt, dann muß gelten:

$$K \cdot (1 + 4,5\%)^5 = 120 \qquad \text{bzw} \qquad K = 120 \cdot \frac{1}{(1 + 4,5\%)^5} = 96,2941$$

Der Kunde kann also einen Kredit in Höhe von EUR 96.294.100,-- aufnehmen und nach fünf Jahren mit dem erwarteten CashFlow zurückführen.

In diesem Beispiel haben wir den *Barwert* des CashFlows von EUR 120
Mio unter dem zugrundegelegten Zinssatz berechnet.

Der Bruch $\dfrac{1}{(1 + 4,5\%)^5}$ wird *Diskontfaktor* oder *Abzinsungsfaktor*
genannt.

Der *Endwert* eines CashFlows nach einer gegebenen Haltedauer ist der
Wert, auf den er anwächst, wenn er inclusive Zinseszinsen mit dem für die
Haltedauer gültigen Zerosatz angelegt wird.

Der *Barwert* eines zukünftigen CashFlows ist der heutige Wert dieses
CashFlows.

Das Berechnen eines Endwertes nennt man *Aufzinsen*.

Das Berechnen eines Barwertes heißt *Diskontieren* oder *Abzinsen*.

Es ist leicht einzusehen, daß Barwerte *additiv* sind: Der Barwert einer
Folge von CashFlows ist gleich der Summe der einzelnen Barwerte.

Der Endwert einer Folge von CashFlows ist hingegen nur dann additiv,
wenn sich die einzelnen Endwerte auf denselben Zeitpunkt beziehen.

Ein *Forwardsatz (Forwardzinssatz* oder *Forwardrate)* ist ein Zinssatz, der einen Zeitraum abdeckt, der in der Zukunft, nach der aktuellen Spotvaluta, beginnt. Dazu folgendes Beispiel:

Beispiel *1.3.3.*:
Der Zerosatz für 3 Jahre liege bei 4%.
Der Zerosatz für 5 Jahre liege bei 4,5%
In drei Jahren erwarten wir einen Geldeingang in Höhe von EUR 100 Mio, in fünf Jahren erwarten wir einen Eingang von EUR 90 Mio.
Heute haben wir einen Kreditbedarf von EUR 161,12 Mio.
Der Barwert der EUR 100 Mio liegt bei EUR **88,9** Mio $\left(100 = x \cdot 1,04^3\right)$, der Barwert der EUR 90 Mio liegt bei EUR 72,22 Mio.
Wir können also heute einen Kredit von EUR 88,9 Mio für drei Jahre aufnehmen und einen Kredit von EUR 72,22 Mio für 5 Jahre aufnehmen. Damit ist unser kompletter Kreditbedarf gedeckt. Man kann auch sagen, der Barwert der beiden CashFlows liegt bei EUR 161,12 Mio $\left(161,12 = 88,9 + 72,22\right)$.
Der Barwert des Kredites und der beiden Cash-Inflows liegt bei 0, da Zahlungseingänge mit einem positiven Vorzeichen, Zahlungsausgänge aber mit einem negativen Vorzeichen versehen werden und der Barwert des Kredites gerade seiner Nominalhöhe entspricht.

Beispiel *1.3.4.*:
Es sei folgende Situation gegeben:
Zerosatz für 2 Jahre: 3,5%.
Zerosatz für 3 Jahre: 4,0%.
Dann muß der Forwardsatz vom zweiten bis zum dritten Jahr bei 5,007% liegen.
Denn:

$$\left(1+3,5\%\right)^2 \cdot \left(1+z\%\right) = \left(1+4,0\%\right)^3$$

bzw

$$\left(1+z\%\right) = \frac{\left(1+4,0\%\right)^3}{\left(1+3,5\%\right)^2} \Rightarrow z\% = 5,007\%$$

Eine Vertiefung der Berechnung von Forwardrates folgt in den Kapiteln FRA und IRS.

1.4. Übungen

Übung 1.1.:

Ein Investor legt EUR 100.000,-- nach folgendem Plan an:

Vom 10.10.96 bis 10.01.97 zu 3,50%

Vom 10.01.97 bis 10.06.97 zu 3,25%

Vom 10.06.97 bis 10.12.97 zu 3,10%

1.   Wie hoch sind seine Zinserträge nach den Tagemethoden *act/360* und *30/360*?

2.   Wie lauten die Diskontfaktoren für die einzelnen Perioden?

3.   Wie hoch ist der Zerozinssatz vom 10.10.96 bis 10.12.97 nach der Tagemethode *act/360*?

4.   Wie hoch ist sein Endvermögen unter Berücksichtigung von Zinseszinsen?

Übung 1.2.:

1.   Berechnen Sie den Barwert der folgenden CashFlows unter Berücksichtigung der angegebenen Zerozinssätze:

Von	Bis	Cash-Flows	Zerosatz	Laufzeit in Jahren
10.10.96	10.10.97	200.000,00	3,50%	1
10.10.96	10.10.98	300.000,00	4,00%	2
10.10.96	10.10.99	400.000,00	4,50%	3

Tabelle *1.7.*

2.   Welchen Preis würden Sie für diese CashFlows maximal zahlen?

3.   Was könnte man tun, wenn der Preis für diese CashFlows bei EUR 800.000,-- liegen würde?

Übung 1.3.:

Gegeben ist folgende Zinssituation (*act/360*):

Monate	Von	Bis	Zinssatz	Tage
1	12.04.96	12.05.96	3,000	30
3	12.04.96	12.07.96	3,250	91
6	12.04.96	12.10.96	3,750	183
9	12.04.96	12.01.97	4,000	275
12	12.04.96	12.04.97	4,125	365

Tabelle *1.8.*

1.   Ergänzen Sie die entsprechenden Diskontfaktoren.

2.   Berechnen Sie die Forwardrate vom 12.10.96 auf den 12.4.97.

Übung *1.4.*:

(Berechnen von *Durchschnittszinssätzen*)

Ein Festgeld wird auf 6-Monatsbasis regelmäßig verlängert. In den letzten drei Perioden erzielte der Anleger die folgenden Zinssätze: 3,00%, 5,00%, 7,00%. Der Einfachheit halber sei die Zinsmethode *30/360* vorausgesetzt.

Welche durchschnittliche Verzinsung erreichte der Anleger, wenn die folgenden Prämissen gelten:

1. Entnahme der Zinszahlungen direkt nach Gutschrift.
2. Wiederanlage der Zinszahlungen direkt nach Gutschrift.

2. Zinskurven

In diesem Kapitel wollen wir die verschiedenen Formen und Arten von Zinskurven einführen.

2.1. Zerozinskurve

Die *Zerozinskurve* stellt einen Zusammenhang zwischen der Höhe eines *Zerozinssatzes* und seiner Laufzeit her. Sie ermöglicht es deshalb, für einen bestimmten Zeitpunkt einen Zerozinssatz zu berechnen, der dann zum Beispiel zum Abzinsen eines CashFlows herangezogen werden kann. Die Zerozinskurve stellt die Grundlage für das Pricing von Zins-instrumenten dar.

Sie wird zuweilen auch einfach *Zinsstrukturkurve* oder *Spot-Yield-Curve* genannt.

Beispiel 2.1.1.:
Gegeben sei ein Bond mit einem Kupon von 10% (BondBasis) und einer Laufzeit von genau 3 Jahren.

Der Zerosatz für ein Jahr liege bei 5%, der Zerosatz für 2 Jahre bei 7%, der Zerosatz für 3 Jahre bei 9%, jeweils auf BondBasis quotiert.

Der Preis des Bonds errechnet sich dann als Summe der Barwerte der einzelnen CashFlows des Bonds:

$$\text{Preis} = 10 \cdot \frac{1}{(1+5\%)} + 10 \cdot \frac{1}{(1+7\%)^2} + (10+100) \cdot \frac{1}{(1+9\%)^3} = 103,198$$

Das Problem liegt jedoch im Aufbau der Zerozinskurve. In Deutschland existiert kein liquider Markt für Zerobonds. Die Renditen von Zerobonds, die Zerozinssätze, sind also nicht direkt am Markt beobachtbar. Da aber jedes Zinsinstrument auf Basis der Zerozinskurve bewertet werden kann, muß sich auch aus den Preisen dieser Zinsinstrumente die Zerozinskurve berechnen lassen.

Für die Laufzeiten bis zu einem Jahr ist dies auch kein Problem, da unterjährig die beobachtbaren Depotsätze, Zinssätze im Interbankenmarkt, bekannt sind und bereits Zerozinssätze sind. Bei Laufzeiten über einem Jahr sind zumeist jährliche Zinszahlungen vereinbart, die rechnerisch eliminiert werden müssen, um Zerozinssätze zu erhalten.

Das Vorgehen, um aus den beobachtbaren Zinssätzen Zerozinssätze zu be-rechnen, basiert auf der Überlegung, die im vorherigen Beispiel bereits vorgestellt wurde, im Wesentlichen dreht man das Pricing eines Wertpapiers nur um:

Angenommen, es existiert ein Wertpapier, welches bei 100% notiert und jährlich einen bestimmten Kupon K zahlt. Dieses Wertpapier werde nach einer Laufzeit von T zu 100% getilgt. Dann ist der Kupon *am Markt*, da das Wertpapier keinen Auf- oder Abschlag hat.

Seien die Zerozinssätze für Laufzeiten bis $T-1$ bekannt, dann gilt für den Zerosatz z für die Laufzeit T):

$$100 = K \cdot DF_1 + \ldots + K \cdot DF_{T-1} + (K + 100) \cdot \frac{1}{(1 + z\%)^T}$$

$$\Leftrightarrow \quad 100 = K \cdot \sum_{t=1}^{T-1} DF_t + (100 + K) \cdot \frac{1}{(1 + z\%)^T}$$

$$\Leftrightarrow \quad \frac{100 - K \cdot \sum_{t=1}^{T-1} DF_t}{(100 + K)} = \frac{1}{(1 + z\%)^T}$$

bzw.

$$z\% = \left(\frac{100 + K}{100 - K \cdot \sum_{t=1}^{T-1} DF_t} \right)^{\frac{1}{T}} - 1$$

Formel *2.1*

Aus der obigen Formel ist ersichtlich, daß der Zerosatz für den Zeitpunkt T erst berechnet werden kann, wenn die Zerosätze für die Zeitpunkte *1* bis *T-1* bereits bekannt sind. Das Verfahren ist iterativ und wird als *Bootstrapping* bezeichnet.

Zu derselben Formel kommt man auch über eine andere Überlegung:

Beispiel *2.1.2.*:
Angenommen, der einjährige Zerozinssatz sei bekannt (=4%). Es existiere am Markt ein Wertpapier mit zweijähriger Laufzeit, welches zu 100% notiert und auch zu 100% getilgt wird. Der Kupon sei wieder mit K bezeichnet (K=5%). Dann sieht die CashFlow-Struktur dieses Wertpapiers folgendermaßen aus:

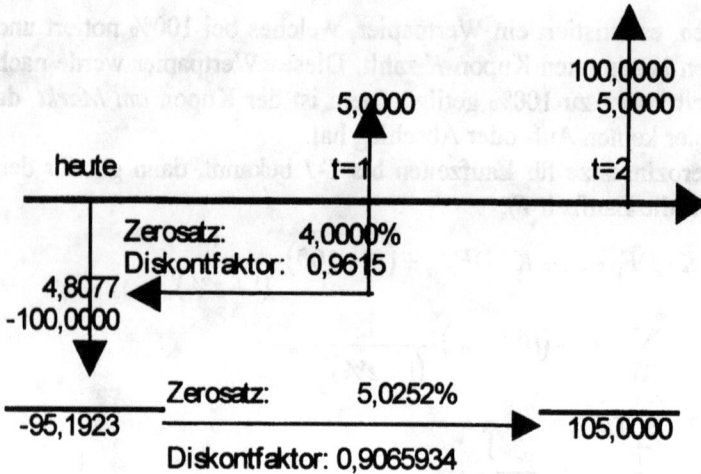

Abbildung *2.1*

Mit Hilfe des ersten Kupons kann man einen Kredit bedienen, der zu 4% (dem bereits bekannten einjährigen Zerosatz) aufgenommen wird. Damit hat man die Struktur eines zweijährigen Zerobonds kreiert, der zu 95,1923 gekauft wird und am Ende der Laufzeit 105,000 zahlt. Die Rendite dieses Zerobonds liegt bei 5,0252%.

Führt man diese Überlegungen fort, gelangt man *iterativ* wieder zu der oben dargestellten Formel.

Die solchermaßen aufgebaute Zerozinskurve wird aus Depotzinssätzen und aus Wertpapieren konstruiert, die immer genau zwei, drei, vier,..., zehn Jahre laufen.
Derartige Wertpapiere gibt es zwar nicht in jeder Währung und nicht unbedingt in ausreichender Liquidität, aber als Ersatz stehen Interest-Rate-Swaps zur Verfügung, die einen sehr liquiden Markt darstellen. Näheres siehe im Kapitel *6.5.Interest-Rate-Swap.*

Beispiel *2.1.3.*:
In der folgenden Tabelle ist aus den Depotzinssätzen (Zinssatz *act/360*) und den Zinssätzen für Interest-Rate-Swaps (Zinssatz *30/360*) eine Zerozinskurve aufgebaut worden (die vom Markt gegebenen Zinssätze sind fett hervorgehoben):

Heute: 14.10.96 Valuta: 16.10.96

Lauf zeit	Von	Bis	Tage act	Tage Bond	Zinssatz act	Zinssatz 30/360	Zero satz 30/360	Zins Satz 30/360	Diskont faktor
O/N	14.10.96	15.10.96	1	1	3,0520	3,0520	3,0520	3,0520	0,9999
T/N	15.10.96	16.10.96	1	1	3,0520	3,0520	3,0520	3,0520	0,9999
S/N	16.10.96	17.10.96	1	1	3,0520	3,0520	3,0520	3,0520	0,9999
1 M	16.10.96	16.11.96	31	30	3,1200	3,2240	3,2240	3,2240	0,9973
2 M	16.10.96	16.12.96	61	60	3,1200	3,1720	3,1720	3,1720	0,9947
3 M	16.10.96	16.01.97	92	90	3,1900	3,2609	3,2609	3,2609	0,9919
6 M	16.10.96	16.04.97	182	180	3,1900	3,2254	3,2254	3,2254	0,9841
12 M	16.10.96	16.10.97	365	360	3,2500	3,2951	3,2951	3,2951	0,9681
2 J	16.10.96	16.10.98			3,5704	3,6200	3,6259	3,6200	0,9312
3 J	16.10.96	16.10.99			4,0833	4,1400	4,1665	4,1400	0,8847
4 J	16.10.96	16.10.00			4,6356	4,7000	4,7643	4,7000	0,8301
5 J	16.10.96	16.10.01			5,0696	5,1400	5,2457	5,1400	0,7744
6 J	16.10.96	16.10.02			5,4247	5,5000	5,6503	5,5000	0,7191
7 J	16.10.96	16.10.03			5,7008	5,7800	5,9725	5,7800	0,6663
8 J	16.10.96	16.10.04			5,9178	6,0000	6,2313	6,0000	0,6166
9 J	16.10.96	16.10.05			6,0855	6,1700	6,4345	6,1700	0,5705
10 J	16.10.96	16.10.06			6,2137	6,3000	6,5913	6,3000	0,5282

Tabelle *2.1.*

Bei Laufzeiten bis zu einem Jahr sind die Zerosätze gleich den Kuponsätzen, bei Laufzeiten über einem Jahr werden die Zerozinssätze mit Hilfe der Bootstrapping Methode berechnet.

Die Zerozinskurve kann auch graphisch dargestellt werden:

Zerokurve

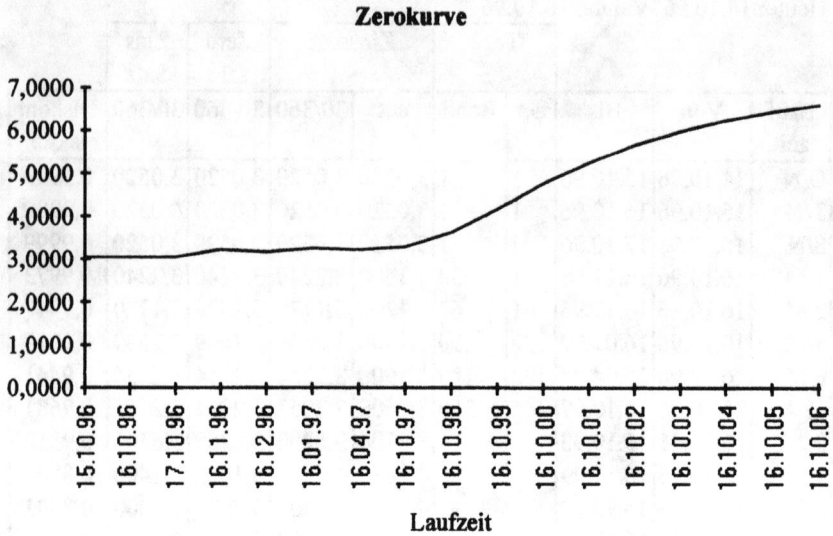

Abbildung *2.2*

In der Praxis wird der Bereich zwischen drei Monaten und zwei Jahren oftmals mit Hilfe von *ForwardZinssätzen* aufgebaut. Die Methode funktioniert folgendermaßen:

Angenommen, der Drei-Monats-Zinssatz (z%) sei bekannt und der ForwardZinssatz (3x6) sei ebenfalls bekannt (f%). Dann ist der Zerozins für 6 Monate (x%) einfach aus folgender Beziehung zu berechnen:

$$\left(1 + z\% \, \frac{90}{360}\right) \cdot \left(1 + f\% \, \frac{90}{360}\right) = \left(1 + x\% \, \frac{180}{360}\right)$$

Formel *2.2*

(Aus Übersichtlichkeitsgründen ist die Zinsmethode *30/360* vorausgesetzt.)

Ebenso kann man dann unter Zuhilfenahme des (6x12), (12x15),... – Forwardsatzes den Zerosatz für 12 Monate, 15 Monate,... berechnen.

Die zur Konstruktion benötigten ForwardZinssätze bekommt man von den 3-Monats-EUR-Futures. Siehe hierzu das Kapitel *6.6.Future*.

Mit den bisher gezeigten Methoden wird die Zerozinskurve nur an bestimmten Stützstellen berechnet. Oftmals benötigt man jedoch die Zerozinssätze an Stellen (zu Zeitpunkten), die zwischen den bekannten Stellen liegen. Dazu bieten sich verschiedene Methoden an:

1. Lineare *Interpolation* der Zerosätze zwischen benachbarten Stützstellen.
2. Lineare *Interpolation* der Diskontfaktoren zwischen benachbarten Stützstellen.
3. *Forward-Based-Interpolation.*

Beispiel *2.1.4.*:
Gegeben sei der Zerosatz für 4 Jahre (z_4=6,50%) und für 5 Jahre (z_5=7,00%). Gesucht ist der Zerosatz für 4,5 Jahre ($z_{4,5}$).

1.) Lineare Interpolation der Zerosätze:
Der Unterschied zwischen 4 und 5 Jahren liegt bei einem Jahr oder 360 Tagen. Die Differenz zwischen den Zinssätzen liegt bei 0,50%. Pro Tag sind dies 0,00139%. Dies auf ein halbes Jahr, 180 Tage, bezogen führt zu 0,25%. Der Zinssatz für 4,5 Jahre liegt also 0,250% höher als der Zinssatz für 4 Jahre, d.h. bei 6,75%.

2.) Lineare Interpolation der *Diskontfaktoren*:
Die Diskontfaktoren liegen bei 0,7773 für 4 Jahre und bei 0,7130 für 5 Jahre.
Die lineare Interpolation zwischen diesen beiden Diskontfaktoren nach dem Beispiel der Interpolation der Zinssätze ergibt einen Diskontfaktor für 4,5 Jahre von 0,7452.
Rechnet man diesen wieder in einen Zinssatz um, erhält man 6,743%:

$$0,7452 = \frac{1}{\left(1+6,743\%\right)^4} \cdot \frac{1}{\left(1+6,743\% \cdot \dfrac{180}{360}\right)}$$

Bei dieser Methode wird ein anderer Zinssatz berechnet denn die Bildung eines Diskontfaktors, als Funktion des Zinssatzes aufgefasst, ist nicht linear.

3.) Forward-Based-Interpolation:
Man geht von der Vorstellung aus, daß es in jeder Periode der Zukunft für jeden Tag einen ForwardZinssatz gibt. In unserem Beispiel berechnet sich dieser Zinssatz folgendermassen:

$$\left(1+6,5\%\right)^4 \cdot \left(1+z\% \cdot \frac{1}{360}\right)^{360} = \left(1+7,0\%\right)^5$$

(Man rechnet die Forwardrate (4Jx5J) von jährlichen Zinsterminen auf tägliche Zinstermine um.)

Es ergibt sich für x%=8,640%.
Den Zerosatz für 4,5 Jahre erhält man aus folgender Beziehung:

$$\left(1+6,5\%\right)^4 \cdot \left(1+8,64\% \cdot \frac{1}{360}\right)^{180} = \left(1+z_{4,5}\%\right)^4 \cdot \left(1+z_{4,5}\% \cdot \frac{180}{360}\right)$$

Der Zinssatz 6,7647% löst diese Gleichung.

In der folgenden Tabelle sind die Ergebnisse der einzelnen Methoden einander gegenübergestellt:

Tage	Zinssatz interp.	Diskont faktoren Interp.	Forward-Based-Interp.	Tage	Zinssatz interp.	Diskont faktoren Interp.	Forward-Based-Interp.
0	6,500	6,500	6,500	180	6,750	6,743	6,765
20	6,528	6,526	6,531	200	6,778	6,770	6,792
40	6,556	6,553	6,562	220	6,806	6,798	6,819
60	6,583	6,579	6,592	240	6,833	6,826	6,846
80	6,611	6,606	6,622	260	6,861	6,855	6,872
100	6,639	6,633	6,652	280	6,889	6,883	6,898
120	6,667	6,660	6,680	300	6,917	6,912	6,924
140	6,694	6,687	6,709	320	6,944	6,941	6,950
160	6,722	6,715	6,737	340	6,972	6,970	6,975
				360	7,000	7,000	7,000

Tabelle *2.2.*

Verschiedene Interpolationsmethoden

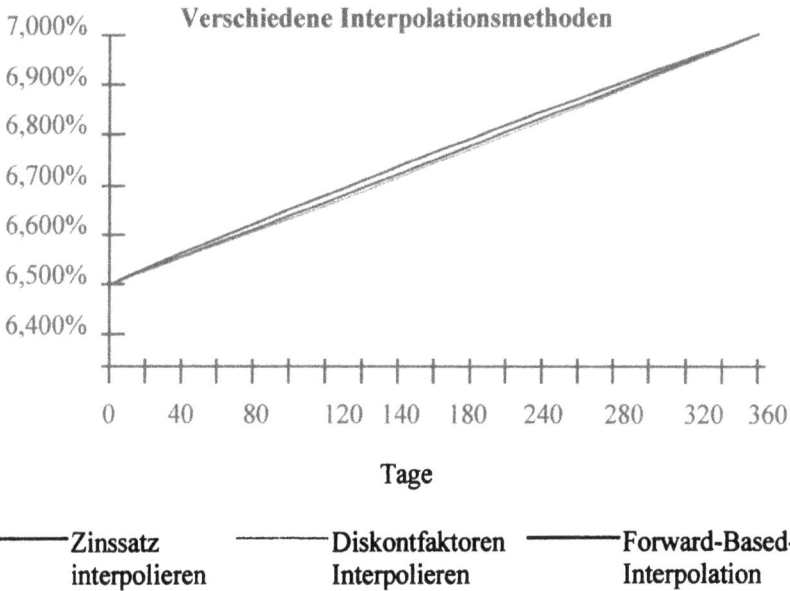

Tage

───── Zinssatz   ───── Diskontfaktoren   ───── Forward-Based-
interpolieren   Interpolieren   Interpolation

Abbildung *2.3*

Die Lineare Interpolation legt, anschaulich gesprochen, eine Gerade durch die bekannten Stützstellen. Dies führt jedoch dazu, daß im Normalfall gerade an diesen *Stützstellen* eine Ecke im Graphen der Zinskurve entsteht.

Zinssatz

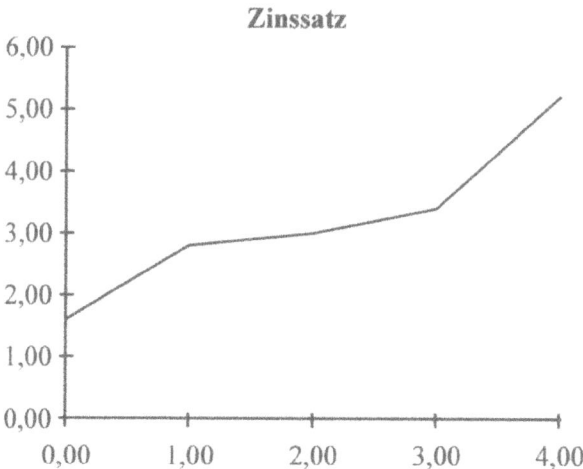

Abbildung *2.4*

Andere Interpolationsverfahren, wie zum Beispiel die Interpolation mit einem kubischen Spline Verfahren, führen teilweise zu einer *glatten Kurve*, die auch an den Stützstellen *differenzierbar* ist.

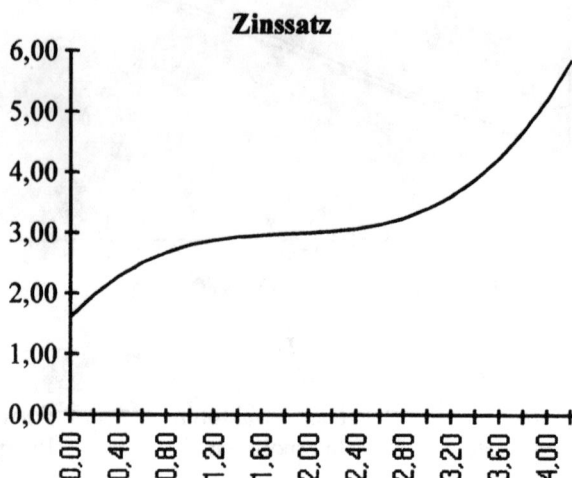

Abbildung *2.5*

Unabhängig von der Methode der Interpolation sind die obigen Verfahren durch folgende Eigenschaft gekennzeichnet: Man kann die Instrumente, aus denen die Zinskurve aufgebaut wurde, mit Hilfe dieser Zinsstrukturkurve exakt bewerten. Im **Beispiel *2.1.1.*** ist zur Herleitung der Zinsstrukturkurve gerade die Formel, die zum Bewerten eines Bonds herangezogen wird, umgekehrt worden, um die Zerozinssätze und damit die Diskontfaktoren an den Stützstellen zu berechnen.

Es existieren jedoch noch andere, statistische, Methoden, die eine Zero-zinskurve aufbauen, aber die soeben erwähnte Eigenschaft nicht besitzen. Beispielsweise kann man aus den beobachteten Diskontfaktoren Parameter schätzen, die die Eigenschaft haben, einen vorgegebenen Funktionstyp (*Polynom dritten Grades* oder eine *Exponentialfunktion*) so anzupassen, daß ein bestimmtes Optimalitätskriterium (Minimierung der Quadrate der Abweichungen der geschätzten Kurve von den Stützstellen) erfüllt wird.
Aus einer derart aufgebauten Zinskurve kann normalerweise der Preis der Instrumente, aus denen die Kurve aufgebaut wurde, nicht mehr exakt berechnet werden.

2.2. Renditekurve

Die *Renditestrukturkurve* darf nicht mit der Zerozinskurve verwechselt werden. Die Renditestrukturkurve stellt die *Renditen* von Zinsinstrumenten im Zeitablauf dar. Dies ist jedoch nur sinnvoll, wenn die betrachteten Instrumente in Hinblick auf ihr Kreditrisiko gleich eingestuft werden, beispielsweise gleiches *Rating* besitzen, und auch in steuerlicher Hinsicht gleichermaßen behandelt werden.

So kann man die Renditestrukturkurve von Staatspapieren aufbauen, die Renditestrukturkurve von Schuldscheindarlehen, von Pfandbriefen oder von Interest Rate Swaps.

Die Renditestrukturkurve wird auch als *Par-Yield-Curve* oder *Conventional-Yield-Curve* bezeichnet.

Beispiel 2.2.1.:
Am 05.11.1996 wurden die folgenden Renditen für Bundeswertpapiere und für Pfandbriefe beobachtet:

Bundeswertpapiere		Bundeswertpapiere	
Titel	Rendite	Titel	Rendite
BUND FDE 8 % 1/02	5,28%	BUND TREU 6 % 11/03	5,63%
BUND BRD 8 % 7/02	5,28%	BUND TREU 6,25 % 3/04	5,71%
BUND TREU 7,75 % 10/02	5,36%	TREU 6,75 % 5/04	5,77%
BUND BRD 7,25 % 10/02	5,35%	BUND BRD 6,75 % 7/04	5,77%
BUND TREU 7,375 % 12/02	5,41%	TREU 7,5 % 9/04	5,81%
BUND BRD 7,125 % 12/02	5,42%	BUND BRD 7,5 % 11/04	5,84%
BUND TREU 7,125 % 1/03	5,46%	BUND BRD 7,375 % 1/05	5,86%
BUND BRD 6,75 % 4/03	5,54%	BUND ANL 6,875 % 5/05	5,92%
BUND TREU 6,5 % 4/03	5,55%	BUND ANL 6,5 % 10/05	5,97%
BUND TREU 6,625 % 7/03	5,58%	BUND ANL 6 % 1/06	5,98%
BUND BRD 6,5 % 7/03	5,59%	BUND ANL 6 % 2/06	5,98%
BUND BRD 6 % 9/03	5,51%	BUND ANL 6,25 % 4/06	5,97%
		BUND BRD 6 % 6/16	6,63%

Pfandbriefe		Pfandbriefe	
Titel	Rendite	Titel	Rendite
HYP ESSEN 4,75 % 1/98	3,57%	BAYERN.HYP 6 % 12/00	4,74%
DEPFA-BANK 4,5 % 5/98	3,59%	SACHSEN LB 5 % 2/00	4,67%
WUERTT.HYP 5,25 % 6/98	3,68%	SACHSEN LB 4,25 % 10/00	4,62%
HYP ESSEN 3,5 % 7/98	3,80%	DEPFA 5,25 % 8/01	5,16%
HYP ESSEN 4,125 % 8/99	3,95%	ALLGEM.HYP 6 % 8/02	5,30%
HYP ESSEN 4 % 9/99	3,95%	WUERTT HYP 4,75 % 11/02	5,23%
WESTF.HYP 5,5 % 10/99	4,18%	DT.HYP 6 % 1/02	5,31%
RHEINHYP 5,5 % 12/99	4,39%	BAYERN HYP 5 % 1/02	5,44%
DEPFA-BANK 5,5 % 1/99	4,40%	HYP ESSEN 5,75 % 1/04	5,83%
HYP ESSEN 5 % 3/00	4,41%	HYP ESSEN 5,75 % 1/04	5,76%
NORD LB 4,25 % 4/00	4,47%	NORD LB 6,75 % 1/05	6,08%
DT.HYP 6 % 8/00	4,68%	HYP ESSEN 6,5 % 1/05	6,16%
		NBG HYP 6 % 1/06	6,15%

Tabelle *2.3.*

Trägt man diese Renditen in einem Diagramm ein, erhält man die
graphische Darstellung der Renditestrukturkurven:

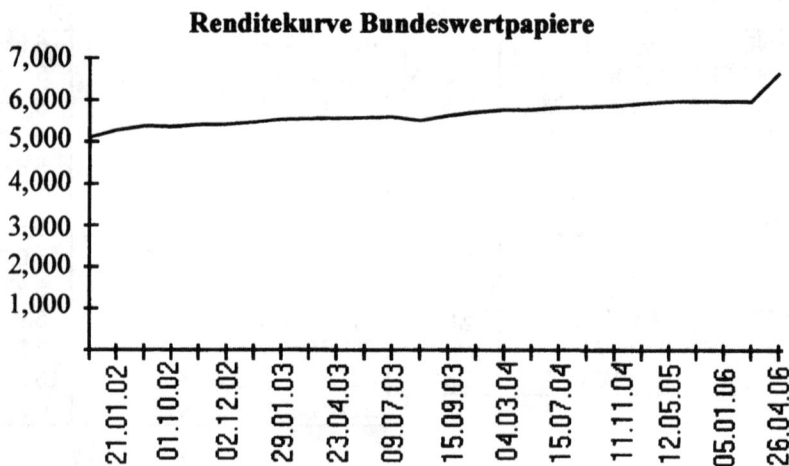

Abbildung *2.6*

Renditekurve Pfandbriefe

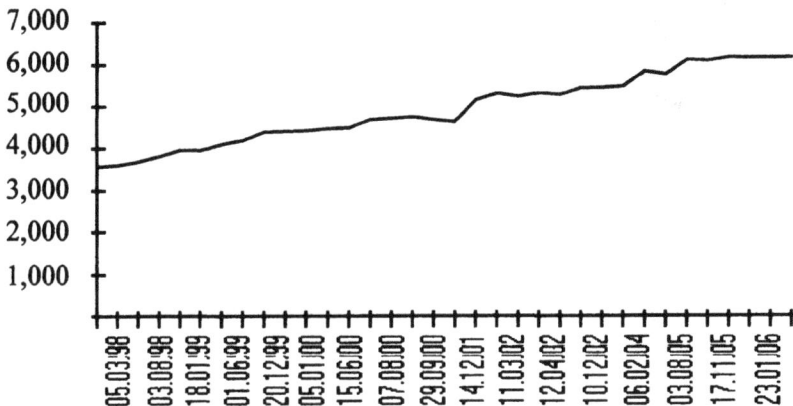

Abbildung 2.7

2.3. Übungen

Übung 2.1.:

Gegeben seien die folgenden Zerozinssätze (*30/360*):

Ausgangslage		Ausgangslage	
Laufzeit	Zerozinssatz	Laufzeit	Zerozinssatz
1	3,000	6	5,125
2	3,750	7	5,500
3	4,000	8	5,750
4	4,500	9	6,125
5	4,950	10	6,250

Tabelle 2.4.

1.   Stellen Sie die Zerozinskurve graphisch dar.
2.   Berechnen Sie die Diskontfaktoren für die Laufzeiten 1, 2, 3, ..., 10 Jahre.
3.   Welchen Preis hat ein festverzinsliches Wertpapier, welches jährlich 2% zahlt und in 4 Jahren zu 110% getilgt wird?
4.   Welchen Preis hat ein *Zerobond*, der in 10 Jahren mit EUR 100 Mio zurückgezahlt wird?

Übung 2.2.:

Gegeben seien folgende Zinssätze für Interest-Rate-Swaps:

Ausgangslage		Ausgangslage	
Laufzeit	IRS	Laufzeit	IRS
1 Jahr	2,000	6 Jahre	5,500
2 Jahre	3,000	7 Jahre	5,780
3 Jahre	3,500	8 Jahre	6,000
4 Jahre	4,000	9 Jahre	6,170
5 Jahre	5,140	10 Jahre	6,300

Tabelle *2.5.*

1.   Berechnen Sie die Diskontfaktoren und die Zerozinssätze.
2.   Stellen Sie die Zerozinssätze und die IRS-Sätze in einer Graphik dar.

Übung 2.3.:
Gegeben seien folgende Zinssätze für Interest-Rate-Swaps:

Ausgangslage		Ausgangslage	
Laufzeit	IRS	Laufzeit	IRS
1 Jahr	6,300	6 Jahre	5,140
2 Jahre	6,170	7 Jahre	4,000
3 Jahre	6,000	8 Jahre	3,500
4 Jahre	5,780	9 Jahre	3,125
5 Jahre	5,500	10 Jahre	3,000

Tabelle *2.6.*

1.   Berechnen Sie die Diskontfaktoren und die Zerozinssätze.
2.   Stellen Sie die Zerozinssätze und die IRS-Sätze in einer Graphik dar.

Übung 2.4.:
Berechnen Sie aus der Zerozinskurve in **Übung 2.2.** und **Übung 2.3.**
jeweils die Forwardrates für folgende Perioden:
Notation:
(Start;Ende), jeweils ab aktueller Valuta in Jahren:
(0;1), (1;2), (2;3), (3;4), (4;5), (5;6), (6;7), (7;8), (8;9), (9;10)

Übung 2.5.:
Warum liegen die Zerozinssätze in **Übung 2.2.** über den IRS-Sätzen,
während die Zerosätze in **Übung 2.3.** unter den IRS-Sätzen liegen?
Was wäre, wenn die IRS-Sätze für alle Laufzeiten gleich wären?

Übung 2.6.:
Berechnen Sie in der Situation der **Übung 2.2.** den Zerosatz für vier Jahre
und 2 Monate nach den Methoden: Lineare Interpolation der Zerosätze,
Lineare Interpolation der Diskontfaktoren, Forward-Based-Interpolation.

Übung *2.7.*:
Bei der Durchführung des Bootstrappings werden die Diskontfaktoren iterativ aus beobachteten Par-Rates bestimmt. Schreiben Sie die dazu notwendigen Formeln für die Laufzeiten 1 Jahr bis 4 Jahre als Gleichungssystem auf (siehe **Beispiel** *2.1.1.*) und leiten Sie eine Darstellung mit Hilfe von Matrizen her. Lösen Sie das entsprechende Gleichungssystem und vergleichen Sie die Ergebnisse mit Tabelle *2.1*.

3. Renditen

Die Rendite ist der am weitesten verbreitete Maßstab für die Vorteilhaftigkeit eines sicheren Zahlungsstromes. Unglücklicherweise existieren
jedoch viele verschiedene Renditebegriffe, die jeweils unterschiedliche
Voraussetzungen machen bezüglich der zugrundegelegten Tagemethode,
der Behandlung unterjähriger Zahlungen und der Verrechnung von
Kursgewinnen und -verlusten.

Man kann die verschiedenen Renditemethoden in zwei Kategorien
einteilen:
Die *direkten Methoden* und die *indirekten Methoden*.
Die direkten Methoden zeichnen sich durch eine verhältnismäßig einfache
Formel aus, aus der die gesuchte Rendite durch einfache Umformungen
direkt berechnet werden kann.
Bei den indirekten Methoden hingegen wird das *Barwertkonzept* angewendet. Die Rendite ist bei diesen Methoden so definiert, daß der Barwert
des gesamten Zahlungsstromes gleich 0 ist, wenn alle CashFlows mit der
Rendite diskontiert werden. Diese Definition der Rendite führt im allge-
meinen zu komplizierten Gleichungen, aus denen die Rendite nur noch iterativ bestimmt werden kann. Auf die dazu notwendigen mathematischen
Methoden werden wir in Kapitel *3.8.Berechnen der Rendite* näher eingehen. Die indirekten Methoden unterscheiden sich untereinander in erster
Linie in der Behandlung von gebrochenen Perioden und unterjährigen
Zahlungen.

Zu den *direkten Methoden* (*direkten Renditen*) zählen:
●   Die Geldmarktrendite
●   Die Current Yield
●   Die Simple Yield to Maturity

Zu den *indirekten Methoden* (*indirekten Renditen*) zählen:
●   Die Yield to Maturity nach Braeß-Fangmeyer
●   Die Yield to Maturity nach Moosmüller
●   Die Yield to Maturity nach AIBD

Allen Renditen ist gemeinsam, daß sie eine *ex ante* Analyse darstellen. Ob
diese Renditen dann auch *ex post* tatsächlich realisiert werden können, ist
im allgemeinen nicht vorhersagbar. Die Gegenüberstellung der ex ante
und der ex post Analyse werden wir im Kapitel *Total Return* vornehmen.
Obwohl die AIBD-Rendite in Bezug auf die impliziten Voraussetzungen
nicht die plausibelste Rendite ist, werden wir ausschließlich sie in den

folgenden Kapiteln weiterverwenden. Dies liegt zum einen daran, daß sie die größte Marktakzeptanz aufweist und zum anderen daran, daß sie mathematisch am einfachsten zu handhaben ist.

Die Rendite ist für den Investor ein Maß für die Vorteilhaftigkeit eines Investments, sie gibt ihm eine gewichtete Durchschnittsverzinsung seiner Anlage an. Auf der anderen Seite des Marktes steht aber immer auch ein Kreditnehmer; die Bank, die das Festgeld hereinnimmt, der Emittent des Wertpapiers, in das der Anleger investiert. Für den Kreditnehmer stellt die Rendite die durchschnittlichen Kreditkosten dar. Die Refinanzierungskosten für eine Projektfinanzierung beispielsweise.
Eine Rendite kann sowohl Brutto als auch Netto angegeben werden. Das heißt, daß sie ohne oder mit den für die finanzielle Transaktion notwendigen Nebenkosten und/oder Steuern berechnet werden kann.
Im Kreditbereich wird die Rendite im allgemeinen auch als *Effektivverzinsung* bezeichnet.

3.1. Die Geldmarktrendite

Für Laufzeiten unter einem Jahr kann die Rendite aus folgender Grundformel berechnet werden:

$$\text{Endwert} = \text{Eingesetztes Kapital} \cdot \left(1 + \frac{\text{Zinssatz}}{100} \cdot \frac{\text{Tage}}{\text{Basis}}\right)$$

Formel *3.1*

Auflösen nach dem Zinssatz, der dann *Geldmarktrendite* (*GR*) genannt wird, ergibt:

$$GR = \left(\frac{\text{Endwert}}{\text{Eingesetztes Kapital}} - 1\right) \cdot \frac{100 \cdot \text{Basis}}{\text{Tage}}$$

Formel *3.2*

Wenn Investitionen verglichen werden sollen, die nach verschiedenen Tagekonventionen behandelt werden, muß man sich auf eine Tagekonvention festlegen, nach der dann die Rendite für alle Investitionen berechnet werden soll.

Beispiel *3.1.1.*:
Ein Investor hat die Auswahl zwischen den folgenden Investitionen:

1. Anlage von EUR 100.000,-- in ein Festgeld, Laufzeit drei Monate, *BondMethode*, Nominalzins 3,00%.
2. Anlage in ein festverzinsliches Wertpapier, Restlaufzeit drei Monate, *BondMethode*, Nominalzins 9,00%, Kaufkurs 101,48%, Tilgung zu 100,00%, ohne Berücksichtigung von Stückzinsen (beispielsweise ein *Schuldscheindarlehen*, siehe auch Kapitel *6.2.Bond*).
3. Anlage in einen abgezinsten Sparbrief, Restlaufzeit drei Monate, eingesetztes Kapital EUR 90.000,--, Rückzahlungsbetrag: EUR 90.690,--
4. Anlage in ein Festgeld, Eurozinsmethode, Zinssatz 3,00% (Die Anzahl der aktuellen Tage sei 92)

Die Renditen der einzelnen Anlageformen sind in der folgenden Tabelle aufgeführt:

Instrument	Eingesetztes Kapital	Tage	Nominalzins	Endwert	Rendite
1	100.000,00	90	3,00%	100.750,00	3,00%
2	101.480,00	90	9,00%	102.250,00	3,04%
3	90.000,00	90	0,00%	90.690,00	3,07%
4	100.000,00	92	3,00%	100.766,67	3,07%

Tabelle *3.1*.

Die unterschiedliche Tageberechnungsmethode geht hier nur in die Berechnung der Endwerte ein, die Renditen sind auf BondBasis berechnet.

3.2. Die Current Yield

Diese Rendite wird auch *Flat Yield, Interest Yield, Income Yield, Running Yield* oder auch *laufende Verzinsung* genannt.
Sie kann einfach berechnet werden mit Hilfe der folgenden Formel:

$$CY = \frac{Nominalkupon \cdot 100}{Eingesetztes \quad Kapital}$$

Formel *3.3*

Diese Renditemethode führt bei niedrigverzinslichen Wertpapieren oder gar bei Zerokuponanleihen zu im allgemeinen völlig unbrauchbaren Ergebnissen.

Beispiel 3.2.1.:
Gegeben sind die folgenden Wertpapiere:
1. Festverzinsliches Wertpapier, Kaufkurs 110,00%, Tilgung zu 100,00%, Nominalkupon 9,00%, Laufzeit 10 Jahre.
2. Festverzinsliches Wertpapier, Kaufkurs 100,00%, Tilgung zu 100,00%, Nominalkupon 8,00%, Laufzeit 10 Jahre.
3. Zerobond, Laufzeit 10 Jahre, Kaufkurs 44,23%, Tilgung zu 100,00%

Die Current Yields dieser Papiere stehen in der folgenden Tabelle:

Instrument	Eingesetztes Kapital	Nominalzins	Rendite
1	110	9,00%	8,18%
2	100	8,00%	8,00%
3	44,23	0,00%	0,00%

Tabelle 3.2.

Die Laufende Verzinsung ist bei dem Zerobond gleich 0, aber es wird sich in den folgenden Kapiteln zeigen, daß dieser Zerobond dennoch besser sein kann als die beiden anderen Alternativen.

3.3.Die Simple Yield to Maturity

Diese Rendite wird auch *Börsenformel* oder *Wertsteigerung* genannt.
Im Falle der Current Yield wurden Kursgewinne oder Kursverluste nicht berücksichtigt. Dies zeigt sich besonders bei Wertpapieren, die ein hohes *Agio* (Kurs steht über 100) oder *Disagio* (Kurs steht unter 100) haben. Die explizite Berücksichtigung der Agien (Disagien) wird in der Börsenformel vorgenommen: Das Agio (Disagio) wird linear auf die Restlaufzeit des Wertpapiers verteilt und zur *Laufenden Verzinsung* addiert:

$$SYTM \ = \ CY + \frac{\dfrac{\text{Tigungskurs} - \text{Kaufkurs}}{\text{Kaufkurs}}}{\dfrac{\text{Basis}}{\text{Restlaufzeit in Tagen}}} \cdot 100$$

Formel *3.4*

Beispiel 3.3.1.:
Die Simple Yield to Maturity für die Anlageformen aus **Beispiel 3.2.1.** stehen in der folgenden Tabelle:

Instrument	Eingesetztes Kapital	Tilgungskurs	Nominalzins	CY Rendite	SYTM Rendite
1	110	100	9,00%	8,18%	7,27%
2	100	100	8,00%	8,00%	8,00%
3	44,23	100	0,00%	0,00%	12,61%

Tabelle 3.3.

Die lineare Verteilung des Disagios im Falle des Zerobonds überschätzt den Vorteil des Zerobonds gegenüber den anderen Alternativen, denn der Ertag aus der Anlage fließt nicht wie bei Alternative 2 regelmäßig zu, sondern erst in zehn Jahren in einem Betrag.

Dieser Ansatz wird den verschiedenen Fälligkeiten der CashFlows also nicht gerecht.

3.4.Die Rendite nach Bräß/Fangmeyer

Die Rendite nach Bräß/Fangmeyer ist eine indirekte Rendite. Sie spielt heute nur noch eine untergeordnete Rolle und wurde in der Vergangenheit in erster Linie im Sparkassensektor verwendet.
Diese Renditemethode behandelt alle nicht ganzjährigen Perioden linear. Bevor wir jedoch die Besonderheiten von gebrochen Perioden betrachten, zeigen wir den allgemeinen Zugang an einem einfachen Beispiel:

Beispiel 3.4.1. (Ganzjährige Laufzeit, jährliche Zinszahlung):
Gegeben sei ein Bond mit zweijähriger Laufzeit und jährlicher Zinszahlung. Der Kupon liege bei 8,00%, der Kaufkurs bei 98,00%, getilgt wird zu 100,00%.
Der Zahlungsstrom sieht dann folgendermaßen aus:

Rendite: 9,1391%

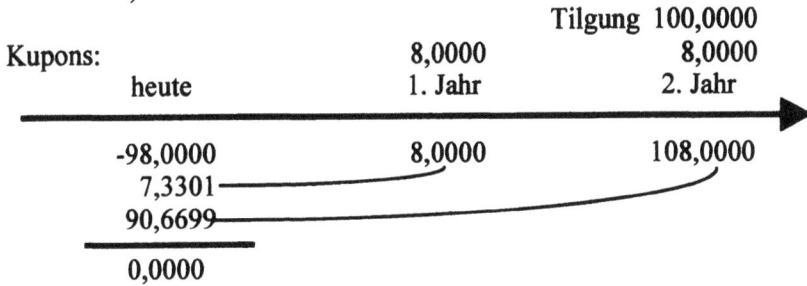

Tilgung 100,0000

Kupons: 8,0000   8,0000

heute   1. Jahr   2. Jahr

-98,0000   8,0000   108,0000
7,3301
90,6699

0,0000

Abbildung *3.1*

Der Barwert des gesamten Zahlungsstromes ist bei Anwendung der Rendite gleich 0.

Rechnerisch ist folgende Gleichung nach der Rendite aufzulösen:

$$\text{Barwert} = \sum_{i=1}^{n}\left(\text{CashFlow}_i \cdot \left(\frac{1}{1+\text{Rendite}}\right)^i\right)$$

Formel *3.5*
(Renditegleichung)   ✖

Wenn statt einem Ganzjahreskupon ein Halbjahreskupon vereinbart wurde, wird der so entstehende CashFlow-Plan zunächst künstlich in einen CashFlow-Plan mit jährlichen Zahlungen umgewandelt. Auf diesen kann das Vorgehen des **Beispiel 3.4.1.** angewandt werden.
Die "künstliche" Umwandlung von einem Halbjahreskupon in einen Jahreskupon erfolgt linear mit Hilfe folgender Gleichung:

$$\text{Jahreskupon} = \frac{\text{Kupon}}{2}\cdot\left(1+\frac{\text{Rendite}}{2}\right)$$

Formel *3.6*

Beispiel 3.4.2.: (Ganzjährige Laufzeit, halbjährliche Zinszahlung):
Gegeben sei ein Bond mit zweijähriger Laufzeit und halbjährlicher Zinszahlung. Der Kupon liege wieder bei 8,00%, der Kaufkurs bei 98,00%, getilgt wird zu 100.
Der Zahlungsstrom sieht dann folgendermaßen aus:

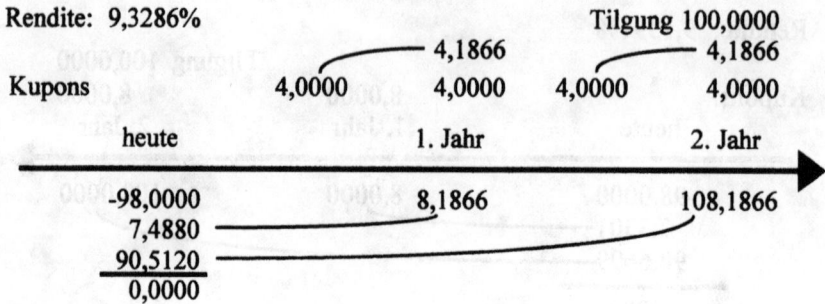

Rendite: 9,3286%   Tilgung 100,0000
                                    ⌐──── 4,1866   ⌐──── 4,1866
Kupons   4,0000   4,0000   4,0000   4,0000

        heute   1. Jahr   2. Jahr
───▶
        -98,0000   8,1866   108,1866
         7,4880 ─────────────────────────────────────
        90,5120 ───
          0,0000

Abbildung 3.2

Der Barwert des gesamten Zahlungsstromes ist bei Anwendung der Rendite gleich 0.

Rechnerisch ist mit den (teilweise) synthetischen CashFlows wiederum die *Renditegleichung* (Formel *3.5*) nach der Rendite aufzulösen:

$$\text{Barwert} = \sum_{i=1}^{n}\left(\text{CashFlow}_i \cdot \left(\frac{1}{1+\text{Rendite}}\right)^i\right)$$

Renditegleichung (Formel *3.5*)

Wenn die Restlaufzeit des Bonds nicht in ganzen Jahren gemessen werden kann und eine gebrochene Periode beinhaltet, sind neben dem reinen Kurs noch die sogenannten Stückzinsen zu berücksichtigen. Diese werden entsprechend der Tagemethode des Wertpapiers berechnet. Für amerikanische *Treasuries* gibt es eine besondere Art der Stückzinsberechnung, auf die wir im Kapitel *6.2.Bond* näher eingehen werden.

Beispiel 3.4.3. (Gebrochene Laufzeit, jährliche Zinszahlung):
Betrachtet wird ein Bond mit jährlichen Zinszahlungen in Höhe von 8,00% und einer Restlaufzeit von einem Jahr und 140 Tagen. Der an der Börse gestellte Kurs liege bei 98,00%. Dann liegen die Stückzinsen, deutsche *BondMethode* unterstellt, bei

$$\textit{Stückzinsen} = 8,00\% \cdot \frac{360-140}{360} \cdot 100 = 4,8889$$

Damit hat der Investor ohne Berücksichtigung von Gebühren einen *Dirty-Price* (= *Clean Price* + *Stückzinsen*) von 98,00+4,8889 = 102,8889 zu zahlen.

Der CashFlow-Plan hat folgende Gestalt:

Rendite: 9,4539%

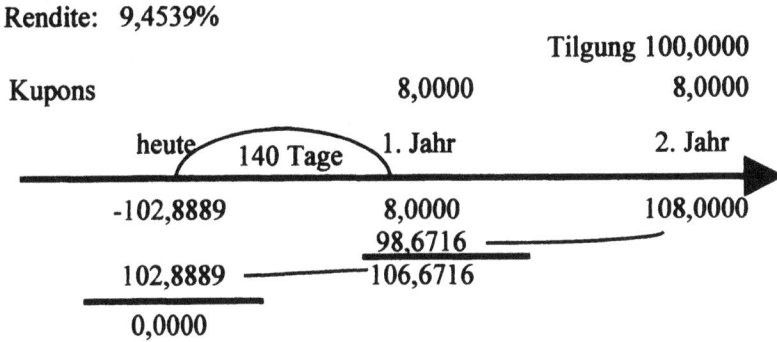

Abbildung *3.3*

Hier geht man folgendermaßen vor:
Zunächst werden alle zukünftigen jährlichen CashFlows exponentiell mit der Rendite auf den Zeitpunkt der nächsten Zinszahlung diskontiert. Der so erhaltene Wert wird linear mit der Rendite auf die heutige Valuta diskontiert. Der Barwert aller zukünftigen CashFlows muß ebenso hoch sein wie der heute zu investierende Betrag inclusive Stückzinsen, der Barwert des gesamten Zahlungsstromes muß also gleich 0 sein.

3.5. Die Rendite nach Moosmüller

Die Rendite nach Moosmüller ist ebenfalls eine indirekte Rendite. Sie wird vor allem im deutschen institutionellen Rentenhandel, bei den Finanzministerien der Bundesländer und im Pfandbriefsektor verwendet.
Die Berechnung der Moosmüller-Rendite erfolgt nach folgendem Schema:
Zunächst werden alle Kupons auf den Zeitpunkt des nächsten Kupontermins mit dem periodenkonformen Zinssatz abgezinst. Der so erhaltene Wert wird auf die heutige Kassevaluta abgezinst.
Wenn der solchermaßen berechnete Barwert gerade gleich dem *Dirty-Price* des Zahlungsstromes ist, hat man die periodenkonforme Rendite gefunden, die dann gegebenenfalls in eine Jahresrendite umzurechnen ist.

Wir wollen dieses Vorgehen schrittweise an einigen Beispielen aufzeigen:

Beispiel *3.5.1*. (Ganzjährige Laufzeit, jährliche Zinszahlung):
Gegeben sei der Bond aus **Beispiel *3.4.1*.**
Der Zahlungsstrom sieht folgendermaßen aus:

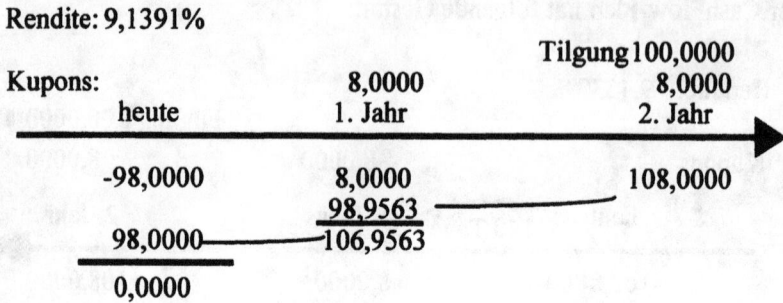

Rendite: 9,1391%

Kupons:		8,0000	Tilgung 100,0000
	heute	1. Jahr	8,0000
			2. Jahr

```
        -98,0000            8,0000                    108,0000
                           98,9563  ───────────
            98,0000────── ─106,9563
             0,0000
```

Abbildung *3.4*

Der Barwert des gesamten Zahlungsstromes ist bei Anwendung der Rendite gleich 0.

Rechnerisch ist wiederum die *Renditegleichung* (Formel *3.5*) nach der Rendite aufzulösen.   �ख

Die solchermaßen berechnete Rendite ist gleich der Rendite nach *Bräß-Fangmeier*.
Dies ist für jährliche Kuponzahlungen immer der Fall. Beide Rendite-methoden unterscheiden sich jedoch im Falle unterjähriger Kupons wie folgendes Beispiel zeigt:

Beispiel *3.5.2*. (Ganzjährige Laufzeit, halbjährliche Zinszahlung):
Gegeben sei der Bond aus **Beispiel *3.4.2*.**
Der Zahlungsstrom hat folgende Gestalt:

PeriodenRendite: 9,1165%
Rendite: 9,3243%

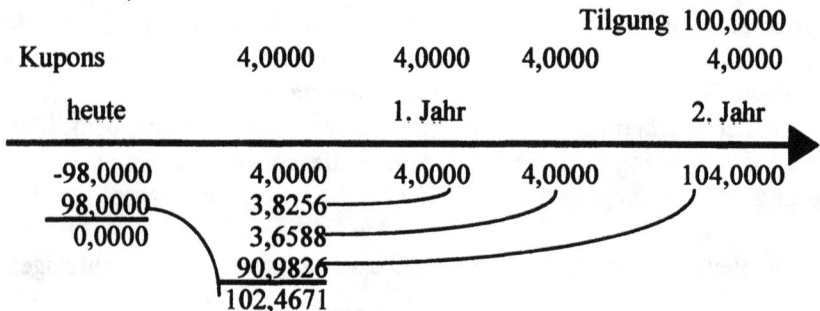

Kupons	4,0000	4,0000	4,0000	Tilgung 100,0000
				4,0000
heute		1. Jahr		2. Jahr

```
   -98,0000      4,0000    4,0000    4,0000     104,0000
    98,0000      3,8256
     0,0000      3,6588
                 90,9826
                102,4671
```

Abbildung *3.5*

Der Barwert des gesamten Zahlungsstromes ist bei Anwendung der *PeriodenRendite* gleich 0.

Da bei diesem Bond die Kuponzahlungen halbjährlich erfolgen, ist mit einer *periodenkonformen Rendite* zu rechnen, die auf halbjährlichen Zahlungen beruht. Den (exponentiellen) Zusammenhang zwischen halbjährlicher Rendite und jährlicher Rendite stellt folgende Gleichung her:

$$\left(1 + \frac{\text{Rendite}_{halbj\ddot{a}hrlich}}{2}\right)^2 = \left(1 + \text{Rendite}_{j\ddot{a}hrlich}\right)$$

Formel *3.7*

Durch die exponentielle Umrechnung wird die Wiederanlageprämisse zur *PeriodenRendite* deutlich, bei der auch *Zinseszinseffekte* berücksichtigt werden.

Die so gefundene jährliche Rendite oder Rendite p.a. wird **Moosmüller-Rendite** genannt.

Beispiel 3.5.3. (Gebrochene Laufzeit, jährliche Zinszahlung):
Gegeben sei der Bond aus **Beispiel 3.4.3.** Der Clean Price liege bei 98,00%, die Stückzinsen betragen 4,8889, damit liegt der Dirty Price bei 102,8889.

Der CashFlow-Plan hat folgende Gestalt:

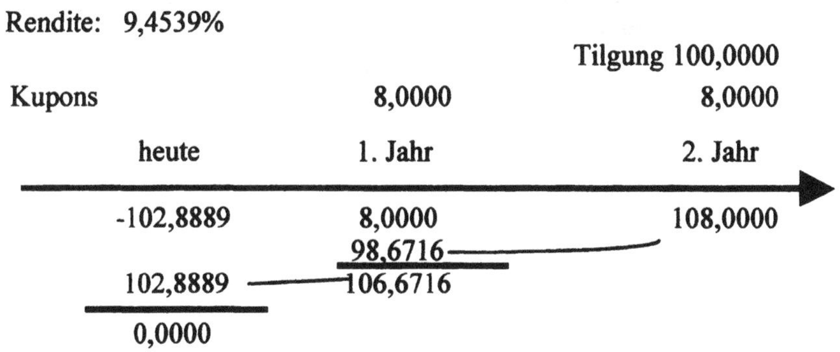

Rendite: 9,4539%

		Tilgung 100,0000
Kupons	8,0000	8,0000
heute	1. Jahr	2. Jahr

heute	1. Jahr	2. Jahr
-102,8889	8,0000	108,0000
	98,6716	
102,8889	106,6716	
0,0000		

Abbildung *3.6*

Die Rendite nach Moosmüller ist gleich der Rendite nach Bräß-Fangmeier.

3.6. Die AIBD-Rendite

Die Rendite, die von der Association of International Bond Dealers vorgeschlagen wird, ist die Rendite, die finanzmathematisch am einfachsten zu handhaben ist und zu weiteren Berechnungen und Umformungen am leichtesten herangezogen werden kann.
Sie umgeht die Problematik von unterjährigen Kupons und gebrochenen Perioden, indem sie bei der Berechnung von Diskontfaktoren gebrochene Exponenten zuläßt. Damit ist eine exponentielle Abdiskontierung auch unterjährig erlaubt. Insofern verstößt sie zwar gegen die Marktusancen bei der Verzinsung unterjähriger Zahlungen. Die durch die einfachere Handhabung der Methode eingekaufte Ungenauigkeit wird jedoch durch die unbestreitbaren Vorteile dieser Methode überkompensiert.
Diese Vorteile werden wir in den Kapiteln über die *Duration*, die *Modified Duration* und die *Key-Rate-Duration* genauer kennenlernen.

Beispiel *3.6.1.* (Ganzjährige Laufzeit, jährliche Zinszahlung):
Gegeben sei der Bond aus **Beispiel *3.4.1.*** und **Beispiel *3.5.1.***
Der Zahlungsstrom und die Rendite sind mit denen in den Kapitel der Bräß-Fangmeier und der Moosmüller-Rendite identisch, da nur ganze Perioden und nur jährliche Zinstermine vorkommen,

Rechnerisch ist wieder die *Renditegleichung* (Formel *3.5*) nach der Rendite aufzulösen.

Beispiel *3.6.2.* (Ganzjährige Laufzeit, halbjährliche Zinszahlung):
Gegeben sei der Bond aus **Beispiel *3.4.2.*** und **Beispiel *3.5.2.***
Der Zahlungsstrom sieht dann folgendermaßen aus:

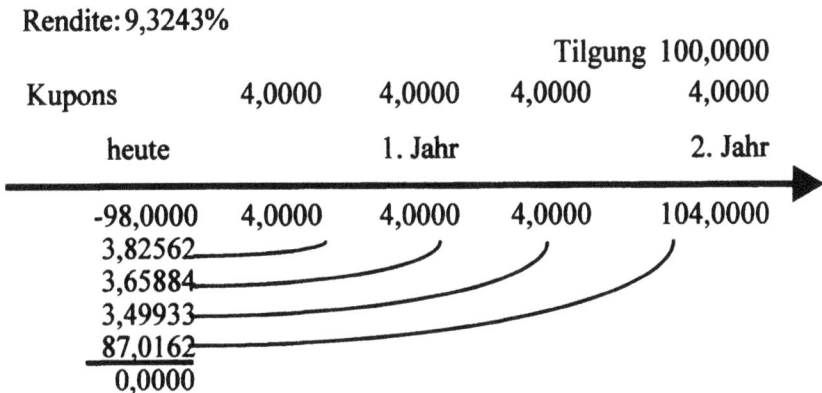

Rendite: 9,3243%

Tilgung 100,0000

| Kupons | 4,0000 | 4,0000 | 4,0000 | 4,0000 |

| heute | 1. Jahr | | 2. Jahr |

-98,0000   4,0000   4,0000   4,0000   104,0000
 3,82562
 3,65884
 3,49933
 87,0162
  0,0000

Abbildung *3.7*

Der Barwert des gesamten Zahlungsstromes ist bei Anwendung der Rendite gleich 0.

❊

Beispiel *3.6.3.* (Gebrochene Laufzeit, jährliche Zinszahlung):
Gegeben sei der Bond aus **Beispiel *3.4.3.***.
Der CashFlow-Plan hat folgende Gestalt:

Laufzeit: 1,388889
Rendite: 9,5353%

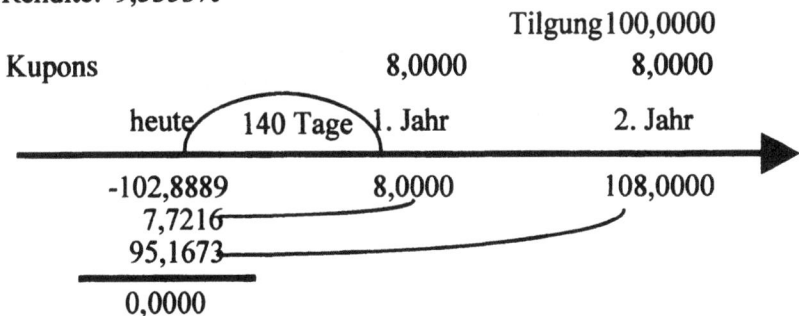

Tilgung 100,0000

| Kupons | 8,0000 | 8,0000 |

| heute | 140 Tage | 1. Jahr | 2. Jahr |

-102,8889   8,0000   108,0000
   7,7216
  95,1673

   0,0000

Abbildung *3.8*
Der Barwert des Bonds wird berechnet über die Summe der Barwerte der einzelnen CashFlows. Diese berechnet man folgendermaßen (siehe auch **Beispiel *3.8.1.***):

$$Barwert = CashFlow \cdot \frac{1}{\left(1 + Rendite\right)^{Laufzeit}}$$

Formel *3.8*

Laufzeit ist für den ersten Kupon gleich 0,38889, für die Tilgung und den zweiten Kupon gleich 1,38889.   ▧

Eine interessante Eigenschaft der AIBD-Rendite wird in folgendem Beispiel deutlich:

Beispiel *3.6.4.*:
Gegeben sei folgender Zahlungsstrom:
Laufzeit 6 Jahre, anfänglicher Kupon 5,00%, jährlich um 100 Basispunkte steigend, Tilgung zu 100% .
Dann liegt die Rendite bei 8,3602%.

Laufzeit	Cash-Flow	Diskontfaktoren	Barwerte
0	-95,00	1,00000	-95,0000
1	5,00	0,92285	4,6142
2	6,00	0,85165	5,1099
3	7,00	0,78594	5,5016
4	8,00	0,72531	5,8024
5	9,00	0,66935	6,0241
6	110,00	0,61771	67,9477
Summe	50,00		0,0000

Tabelle *3.4.*

Die folgenden Zahlungsströme haben genau dieselbe Rendite:
Die CashFlows der Jahre 1, 3 und 5 des ersten Falles wurden mit der Rendite um jeweils ein Jahr aufgezinst und zu den CashFlows der Jahre 2, 4 und 6 addiert.
Man kann sogar noch einen Schritt weitergehen und alle CashFlows mit der Rendite auf das sechste Jahr projezieren.

Laufzeit	Cash-Flow	Barwerte	Laufzeit	Cash-Flow	Barwerte
0	-95,00	-95,00	0	-95,00	-95,00
1			1		
2	11,42	9,72	2		
3			3		
4	15,59	11,30	4		
5			5		
6	119,75	73,97	6	153,79	95,00
Summe		0	Summe		0

Tabelle *3.5.*   Tabelle *3.6.*

Hier zeigt sich, daß alle CashFlows (auch Teile davon), die im Innern eines Zahlungsstromes liegen, mit der Rendite im Innern des Zahlungsstromes verschoben werden können, ohne daß sich die Rendite ändert. Dies ist im *Financial Engineering* sehr wichtig, da man einen Zahlungsstrom durch Auf- und Abzinsen von einzelnen TeilCashFlows renditeinvariant verändern kann.   ✖

3.7. Der Total Return
Die Renditemethoden, die bisher vorgestellt wurden, basieren auf bestimmten, mehr oder weniger plausiblen Annahmen in Bezug auf die Verrechnung von (insbesondere unterjährigen) Kuponzahlungen. Dies waren bei den indirekten Methoden vor allem Annahmen über den Zinssatz, zu dem die Kuponzahlungen wiederangelegt werden können (nämlich zur Rendite) und die Art der Verrechnung (AIBD: Exponentielle Verrechnung auch von unterjährigen CashFlows).

Als ex ante Analyse hat die Rendite im Laufe der Jahre einen festen Platz im Instrumentarium der Investoren eingenommen. Bei der ex post Analyse jedoch stellt sich heraus, daß die Rendite tatsächlich nie realisiert wurde, bis auf den Spezialfall des Zerobonds. Als Maßstab für den ex post-Erfolg eines Investments hat sich der Begriff des *Total Return* eingebürgert, der alle mit dem Investment zusammenhängenden Aufwendungen und Erträge in ihrer tatsächlichen Höhe berücksichtigt.
Wir wollen im folgenden die AIBD-Rendite und den Total Return einander gegenüberstellen und ihre verschiedenen Sichtweisen diskutieren.

Beispiel 3.7.1.:
Betrachten wir die Anlage in eine Anleihe mit siebenjähriger Laufzeit. Der Kupon liege bei 5%, die Tilgung bei 100%, der Kaufkurs liege bei 98%.
Die AIBD-Rendite von 5,3500% unterstellt eine Wiederanlage der Kupons zur Rendite. Der Gesamtertrag liegt dann bei EUR 43,15. Er setzt sich zu 4,64% aus dem Kursgewinn, zu 81,12% aus den Kupons und zu 14,24% aus den Zinseszinsen zusammen. Dies ist in folgender Tabelle zusammengestellt:

Zeitpunkte	Cash-Flows		Wiederanlage zu (Forward)	Zinseszins ertrag	Total Return
	Nominal	Kupon			
0	-98			0	
1		5	5,35%	0,27	
2		5	5,35%	0,55	
3		5	5,35%	0,85	
4		5	5,35%	1,16	
5		5	5,35%	1,49	
6		5	5,35%	1,84	
7	100	5		0	
Summe:	2	35		6,15	43,15
in Prozent:	4,64%	81,12%		14,24%	100,00%

Tabelle *3.7.*

Stellt man dieser ex ante Analyse die ex post Analyse gegenüber, muß man die Wiederanlagezinssätze ändern. Dies führt zu einem ganz anderen Total Return:

Zeitpunkte	Cash-Flows		Wiederanlage zu (Forward)	Zinseszins ertrag	Total Return
	Nominal	Kupon			
0	-98			0	
1		5	5,00%	0,25	
2		5	6,00%	0,62	
3		5	7,00%	1,11	
4		5	8,00%	1,76	
5		5	7,50%	2,16	
6		5	7,00%	2,51	
7	100	5		0	
Summe:	2	35		8,4	45,4
in Prozent:	4,41%	77,09%		18,50%	100,00%

Tabelle *3.8.*

Den erwarteten Total Return kann man festschreiben, indem man die Wiederanlagezinssätze mit Hilfe von Zinssicherungsinstrumenten absichert. Hier bieten sich *FRA's* oder *ForwardSwaps* an. Diese werden in *6.4.Forward Rate Agreement* und *6.5.Interest-Rate-Swap* genauer behandelt. Nach einer solchen Absicherung wird der realisierte Total Return mit Sicherheit gleich dem erwarteten Total Return sein.

Es gibt außer der Methode der Zinsabsicherung noch einen anderen Fall, in dem der erwartete Total Return gleich dem realsierten Total Return sein wird: Die Investition in einen Zerobond. In diesem Falle liegen nur Kursgewinne vor, die keinem Wiederanlagerisiko unterliegen.

Wenn wir von dem Total Return sprechen, meinen wir natürlich den in Währungseinheiten gemessenen tatsächlichen Ertrag, auch *Dollar Total Return DTR* genannt, aus einem Investment. Will man diesen in Geldeinheiten gemessenen Ertrag in eine Prozentangabe, *Percentage Total Return PTR*, umwandeln, bietet sich vernünftigerweise folgende Methode an:

Die Frage lautet: Mit welcher Verzinsung muß ein Zerobond gleicher Laufzeit ausgestattet sein, damit sein Dollar Total Return ebensohoch ist, wie der der zu beurteilenden Anlage.

Die Antwort erhält man mit Hilfe folgender Formel:

$$100 \cdot \left(1 + PTR\%\right)^{Laufzeit} = 100 + DTR$$

bzw.

$$PTR\% = \left(\frac{100 + DTR}{100}\right)^{\frac{1}{Laufzeit}} - 1$$

Formel *3.9*

Beispiel 3.7.2.:
Der PTR ist in **Beispiel 3.7.1.** unter der Prämisse *Wiederanlage zur Rendite* gleich

$$\left(\frac{100 + 43,15}{100}\right)^{\frac{1}{7}} - 1 = 5,2582\%$$

Im Falle, daß die Wiederanlagen wie im zweiten Teil des **Beispiel 3.7.1.** stattfanden, liegt der PTR bei

$$\left(\frac{100 + 45,40}{100}\right)^{\frac{1}{7}} - 1 = 5,4930\%$$

3.8. Berechnen der Rendite

In diesem Kapitel wollen wir die praktischen Möglichkeiten der Berechnung der AIBD-Rendite beschreiben.

Dazu stellen wir für verschiedene CashFlow-Strukturen zunächst die Barwertfunktion dar und versuchen sie mit Hilfe der geometrischen Reihe zu vereinfachen. Die (mathematischen) Nullstellen dieser Barwertfunktion sind die (wirtschaftlichen) Renditen der CashFlow-Struktur.

3.8.2. Die Barwertfunktionen

Im folgenden sollen für einige wichtige Spezialfälle von CashFlow-Strukturen die entsprechenden Barwertfunktionen hergeleitet werden. In den einzelnen Formeln steht die Variable q für den Term

$$\frac{1}{(1+ Rendite)} = \frac{1}{(1+r)}.$$

Beispiel 3.8.1.: (Zerobond)
Der Zerobond hat nur eine Auszahlung A zu Beginn der Laufzeit und nur eine Einzahlung E am Ende der Laufzeit. Die Gesamtlaufzeit betrage n Jahre.
Die Barwertfunktion hat also folgende Gestalt:

$$Barwert = -A + E \cdot DF_E$$
$$= -A + E \cdot q^n$$

bzw.

$$Barwert = -A + E \cdot \frac{1}{(1+r)^n}$$

Formel 3.10

Zerobond

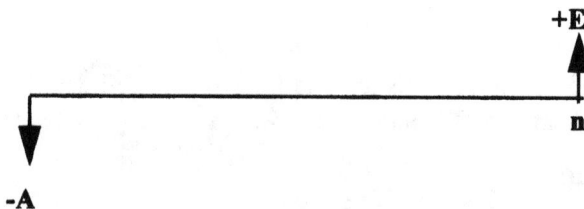

Abbildung 3.9

Beispiel 3.8.2.: (Spot-Rente)
Die Spot-Rente besteht aus einer einmaligen Auszahlung A zum Zeitpunkt 0 und endlich vielen jährlich gleichbleibenden Einzahlungen E. Die Gesamtlaufzeit betrage n Jahre.
Die Barwertfunktion lautet also:

$$Barwert = -A + E \cdot \sum_{i=1}^{n} DF_i$$

$$= -A + E \cdot \sum_{i=1}^{n} q^i$$

$$= -A + E \cdot \frac{q - q^{n+1}}{1 - q}$$

bzw.

$$\boxed{Barwert = -A + E \cdot \frac{(1+r)^n - 1}{(1+r)^n \cdot r} = -A + E \cdot \frac{1}{r} \cdot \left(1 - \frac{1}{(1+r)^n}\right)}$$

Formel *3.11*

Spot Rente

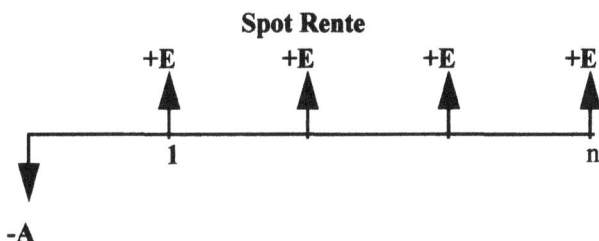

Abbildung *3.10*

Beispiel *3.8.3.*: (Forward-Rente)

Die Forward-Rente besteht aus einer einmaligen Auszahlung A zum Zeitpunkt 0 und jährlich gleichbleibenden Einzahlungen E, die jedoch nicht am Ende des ersten Jahres beginnen, sondern erst später. Wenn die Rente mit dem Jahr f startet und im Jahr n endet, lautet die Barwertfunktion folgendermaßen:

$$Barwert = -A + E \cdot \left(\sum_{k=1}^{n} q^k - \sum_{l=1}^{f-1} q^l\right)$$

$$= -A + E \cdot \left(\frac{q - q^{n+1}}{1 - q} - \frac{q - q^f}{1 - q}\right)$$

$$= -A + E \cdot \frac{q^f - q^{n+1}}{1 - q}$$

bzw.

$$\boxed{Barwert = -A + E \cdot \frac{(1+r)^{n+1-f} - 1}{(1+r)^n \cdot r}}$$

Formel *3.12*

Bemerkung: Für $f = 1$ ergibt sich die Formel der Spot-Rente.

Forward Rente

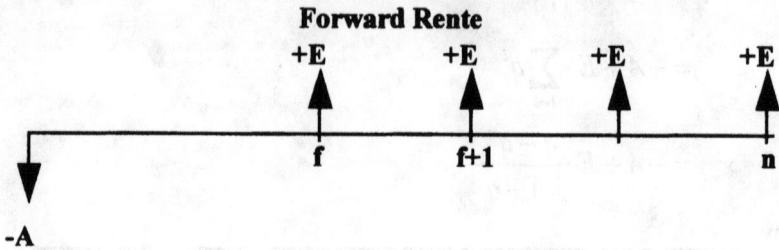

Abbildung *3.11*

Beispiel *3.8.4.*: (Ewige Rente)

Die Ewige Rente besteht aus einer einmaligen Auszahlung A zum Zeitpunkt *0* und unendlich vielen jährlich gleichbleibenden Einzahlungen E.

Zur Herleitung der Barwertfunktion greifen wir auf **Beispiel *3.8.2.*** zurück und führen für n $\rightarrow \infty$ den Grenzübergang durch:

$$-A + E \cdot \frac{q - q^{n+1}}{1 - q} \xrightarrow{n \to \infty} -A + E \cdot \frac{q}{1 - q} = -A + E \cdot \frac{1}{r} = Barwert$$

Formel *3.13*

Ewige Rente

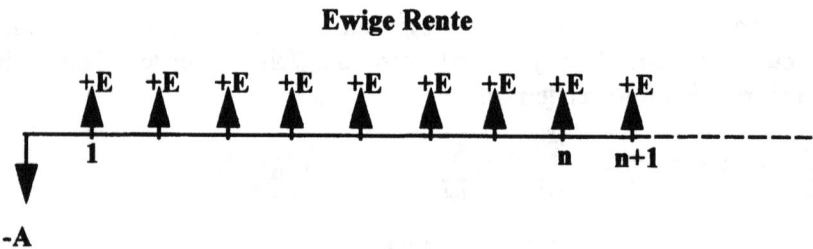

Abbildung 3.12

Beispiel *3.8.5.*: (StraightBond)

Der StraightBond ist durch eine Anfangsauszahlung A zu Beginn der Laufzeit und eine Tilgung T am Ende der Laufzeit (n Jahre), sowie jährlich gleichbleibende Kuponzahlungen K gekennzeichnet.
Somit läßt er sich als Summe eines Zerobonds und einer Spot-Rente gleicher Laufzeit darstellen, die Barwertfunktion lautet damit:

$$Barwert = -A + T \cdot q^n + K \cdot \sum_{t=1}^{n} q^t$$

$$Barwert = -A + T \cdot q^n + K \cdot \frac{q - q^{n+1}}{1-q}$$

$$Barwert = -A + T \cdot \frac{1}{(1+r)^n} + K \cdot \frac{(1+r)^n - 1}{(1+r)^n \cdot r}$$

bzw.

$$Barwert = -A + T \cdot \frac{1}{(1+r)^n} + K \cdot \frac{1}{r} \cdot \left(1 - \frac{1}{(1+r)^n}\right)$$

Formel *3.14*

Straight Bond

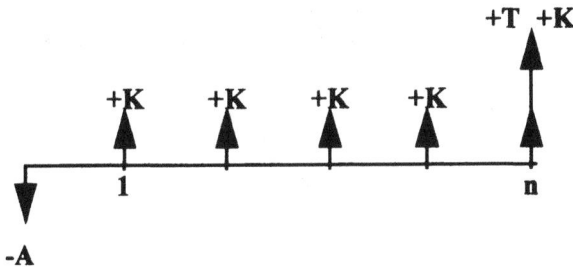

Abbildung *3.12*

Beispiel *3.8.6.*: (StraightBond mit gebrochener Laufzeit)

Sei die Zeit bis zur nächsten Kuponzahlung mit $m < 12$ Monaten gegeben, kann der Barwert folgendermaßen berechnet werden:

Mit $f = \dfrac{m}{12}$ gilt:

$$Barwert = -A + q^f \cdot \left(K \cdot \sum_{t=0}^{n} q^t + T \cdot q^n\right) = -A + q^f \cdot \left(K \cdot \frac{1 - q^{n+1}}{1-q} + T \cdot q^n\right)$$

bzw.

$$Barwert = -A + \frac{1}{(1+r)^f} \cdot \left(K \cdot \frac{1}{r} \cdot \left((1+r) - \frac{1}{(1+r)^n}\right) + T \cdot \frac{1}{(1+r)^n}\right)$$

Formel *3.15*

Straight Bond

mit gebrochener Laufzeit +T +K

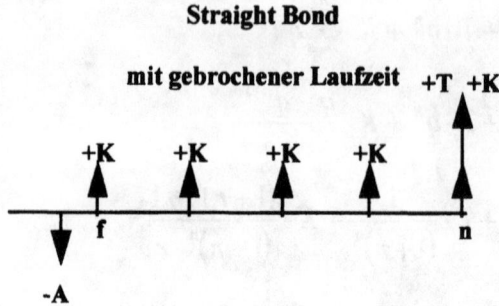

Abbildung *3.13*

3.8.3. Die Verfahren

Um die Rendite einer CashFlow-Struktur berechnen zu können, muß zunächst die Barwertfunktion aufgestellt werden. Wenn diese bekannt ist, ist die Suche nach der wirtschaftlichen Rendite oder der Internal Rate of Return (IRR) des Zahlungsstromes gleichzusetzen mit der Suche nach der mathematischen Nullstelle der Barwertfunktion.

Wir wollen die einzelnen Methoden jeweils am Beispiel eines StraightBonds mit 10-jähriger Laufzeit aufzeigen, die Barwertfunktion stammt aus **Beispiel 3.8.6.**

Beispiel *3.8.7*.: (Graphisches Verfahren)
Gesucht ist die Nullstelle der Funktion

$$Barwert(Rendite) = -A + T \cdot \frac{1}{(1+r)^n} + K \cdot \frac{(1+r)^n - 1}{(1+r)^n \cdot r}$$

Formel *3.16*

Diese Funktion hat folgenden Graphen:

Barwert

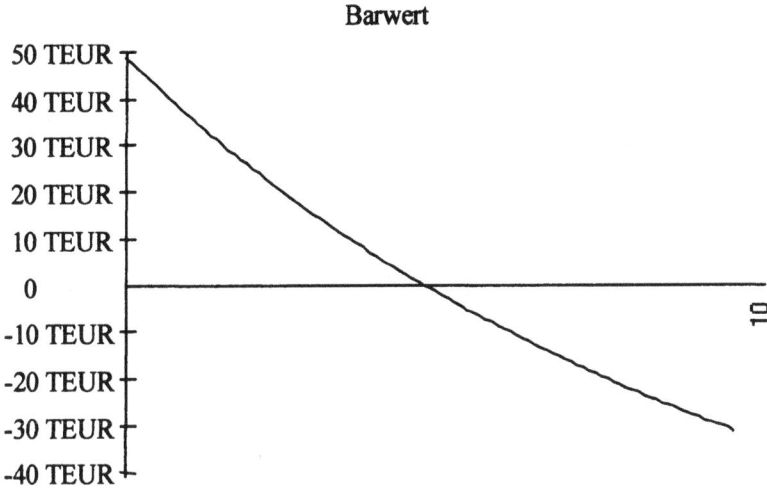

Abbildung *3.14*

Man kann die Rendite, mehr oder weniger exakt, aus dem Graphen ablesen.

Direkt aus der graphischen Variante ergibt sich das Verfahren der Intervallschachtelung:

Beispiel *3.8.8.*: (Intervallschachtelung)
Man sucht nach einem Zinssatz, bei dem die Barwertfunktion positiv ist, und einen Zinssatz, bei dem die Funktion negativ ist. Wegen der Stetigkeit und der Monotonie der Funktion muß die Rendite im Innern des abgesteckten Intervalles liegen. Halbiert man das Intervall, sieht man, in welcher Hälfte der Vorzeichenwechsel und die Rendite liegen müssen. Mit diesem Intervall arbeitet man wie beschrieben weiter. Bei einem Startintervall von (3,0000% ; 9,0000%) gelangt man nach 10 Iterationsschritten bereits bis auf 0,2 BP an die Lösung heran.

Iterations schritt		Untere Grenze	Intervall mitte	Obere Grenze	Intervall länge
1	Rendite:	3,0000%	6,0000%	9,0000%	6,0000%
	Barwert	17,0604	-7,3601	-25,6706	
2	Rendite:	3,0000%	4,5000%	6,0000%	3,0000%
	Barwert	17,0604	3,9564	-7,3601	
3	Rendite:	4,5000%	5,2500%	6,0000%	1,5000%

	Barwert	3,9564	-1,9072	-7,3601	
4	Rendite:	4,5000%	4,8750%	5,2500%	0,7500%
	Barwert	3,9564	0,9711	-1,9072	
5	Rendite:	4,8750%	5,0625%	5,2500%	0,3750%
	Barwert	0,9711	-0,4811	-1,9072	
6	Rendite:	4,8750%	4,9688%	5,0625%	0,1875%
	Barwert	0,9711	0,2417	-0,4811	
7	Rendite:	4,9688%	5,0156%	5,0625%	0,0938%
	Barwert	0,2417	-0,1206	-0,4811	
8	Rendite:	4,9688%	4,9922%	5,0156%	0,0469%
	Barwert	0,2417	0,0603	-0,1206	
9	Rendite:	4,9922%	5,0039%	5,0156%	0,0234%
	Barwert	0,0603	-0,0302	-0,1206	
10	Rendite:	4,9922%	4,9980%	5,0039%	0,0117%
	Barwert	0,0603	0,0151	-0,0302	

Iterierte Lösung:	4,9980%
Tatsächliche Lösung:	5,0000%
Fehler:	0,1953 BP

Tabelle *3.9.*

Verfahren bei denen die Ableitung der Barwertfunktion von Bedeutung sind, wie zum Beispiel das Newton-Verfahren, sind wegen des großen Aufwandes, den die Berechnung der Ableitung verursacht, in der Praxis nur sehr schwer zu implementieren.

Zum Abschluß muß noch auf ein besonderes Phänomen hingewiesen werden. Die Rendite ist im Falle einer *Normalinvestition* immer eindeutig. Eine Normalinvestition ist eine CashFlow-Struktur, die nur einen Vorzeichenwechsel aufweist. Bonds sind beispielsweise Normalinvestitionen. Liegt hingegen keine Normalinvestition vor, können mehrere Renditen existieren.

Beispiel *3.8.9.*: (Nicht-Normalinvestition)
Gegeben sei folgende Zahlungsreihe:

Zeitpunkt	t=0	t=1	t=2	t=3
CashFlow	100	-310	319,75	-109,73

Tabelle *3.10.*

Diese hat drei Renditen
r% = -5% , r% = 5% und r% = 10%

wie man am Verlauf der Barwertfunktion sehen kann:

Barwert

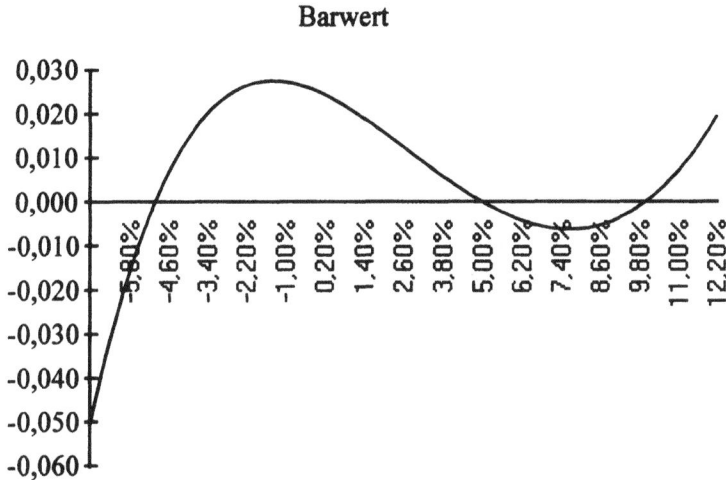

Abbildung *3.15*

Daß bei Nichtnormalinvestitionen mehrere Renditen existieren, bei einer Normalinvestition aber nur eine Rendite existiert, liegt an dem Fundamentalsatz der Algebra. (siehe Anhang).

3.9. Übungen

Übung *3.1.*:
Gegeben sei der folgende Bond:
Kaufkurs: 99,50%
Kupon: 5,25% jährlich
Tilgung: 100,00%
Restlaufzeit: 5 Jahre, 6 Monate
Berechnen Sie:
1.   Die Laufende Verzinsung (CY)
2.   Die Simple Yield to Maturity (SYTM)
3.   Die Rendite nach Bräß/Fangmeyer (BFR)
4.   Die Rendite nach Moosmüller (MMR)
5.   Die Rendite nach AIBD (AIBDR)

6. Den erwarteten Dollar Total Return (DTR), der Wiederanlagezinssatz sei gleich der AIBD-Rendite.
7. Den erwarteten Prozent Total Return (PTR). (Wiederanlageprämisse: Wiederanlage zur AIBD-Rendite)

Übung 3.2.:
Gegeben sei der folgende Bond:
Kaufkurs: 112,50%
Kupon: 9,50% jährlich
Tilgung: 105,00%
Restlaufzeit: 5 Jahre
Berechnen Sie:
1. Die Laufende Verzinsung (CY)
2. Die Simple Yield to Maturity (SYTM)
3. Die Rendite nach Bräß/Fangmeyer (BFR)
4. Die Rendite nach Moosmüller (MMR)
5. Die Rendite nach AIBD (AIBDR)
6. Den Dollar Total Return (DTR)
7. Den Prozent Total Return (PTR). (Wiederanlageprämisse: Wiederanlage zur AIBD-Rendite)

Übung 3.3.:
Gegeben sei der folgende Bond:
Kaufkurs: 79,50%
Kupon: 0,00%
Tilgung: 100,00%
Restlaufzeit: 4 Jahre
Berechnen Sie:
1. Die Laufende Verzinsung (CY)
2. Die Simple Yield to Maturity (SYTM)
3. Die Rendite nach Bräß/Fangmeyer (BFR)
4. Die Rendite nach Moosmüller (MMR)
5. Die Rendite nach AIBD (AIBDR)
6. Den Dollar Total Return (DTR)
7. Den Prozent Total Return (PTR). (Wiederanlageprämisse: Wiederanlage zur AIBD-Rendite)

Übung 3.4.:
Gegeben sei der folgende Bond:
Kaufkurs: 100,50%
Kupon: 6,00% p.a, halbjährliche Auszahlung
Tilgung: 100,00%

Restlaufzeit: 3 Jahre
Berechnen Sie:
1. Die Laufende Verzinsung (CY)
2. Die Simple Yield to Maturity (SYTM)
3. Die Rendite nach Bräß/Fangmeyer (BFR)
4. Die Rendite nach Moosmüller (MMR)
5. Die Rendite nach AIBD (AIBDR)
6. Den Dollar Total Return (DTR)
7. Den Prozent Total Return (PTR). (Wiederanlageprämisse: Wiederanlage zur AIBD-Rendite)

Übung *3.5.*:
Gegeben sei die folgende CashFlow-Struktur

Zeitpunkt	t=0	t=1	t=2	t=3
CashFlow	150	-465	479,63	-164,59

Tabelle *3.11.*

1. Berechnen Sie die AIBD-Rendite mit Hilfe des Iterationsverfahrens. Benutzen Sie hierfür als Startwerte einmal -9% , 4% und 11%. Hinweis: Nehmen Sie die Startwerte als die Mitte des Startintervalles, welches eine Länge von 10% haben soll.
2. Zeichnen Sie die Barwertfunktion im Intervall von -7% bis +12%.

4. Tilgungsrechnung

Es gibt für Kredite mehrere verschiedene Möglichkeiten der Tilgung. Zum einen kann man einen Kredit bei Fälligkeit in einer Summe tilgen. Dies ist der mathematisch einfachste Weg und bei Interbankkrediten normal. Daneben kann man aber auch gleichbleibende Tilgungsraten vereinbaren. Diese Art von *Tilgungskrediten* ist vor allem im Kundengeschäft anzutreffen.

Will der Kreditnehmer seine regelmäßige Belastung konstant halten, spricht man von einem *Annuitätenkredit*: Die Summe aus Zins- und Tilgungsleistung ist zu jedem Zahlungstermin gleich.

Neben diesen Normalformen von Krediten ist natürlich jede sonstige Tilgungsstruktur denkbar.

Wir wollen auf den endfälligen Kredit nur kurz eingehen und uns direkt dem Tilgungskredit zuwenden.

Darauf aufbauend stellen wir die verschiedenen Fragestellungen bei Annuitätenkrediten vor.

Beispiel *4.0.1.*:
Ein Kunde möchte einen vierjährigen Kredit über EUR 100.000,--, Zinszahlung jährlich nachträglich nach deutscher Zinsmethode. Er tilgt den Kredit in einer Summe am Ende der Laufzeit. Der Nominalzins liege bei 4,7300% p. a. + 10 Basispunkte Kreditmarge.

Der CashFlow-Plan des Kredites sieht folgendermaßen aus:

Zeitpunkt	Cash-Flow	Zinsbetrag	Marge	Gesamt-Cash-Flow
0	100.000			100.000
1		-4.730	-100	-4.830
2		-4.730	-100	-4.830
3		-4.730	-100	-4.830
4	-100.000	-4.730	-100	-104.830

Tabelle *4.1*.

Im folgenden wollen wir der Einfachheit halber die *Kreditmarge* nicht weiter berücksichtigen.

4.1.Tilgungskredite

In diesem Abschnitt betrachten wir Kredite, die in jährlich gleichbleibenden Raten getilgt werden.
Diese spezielle Kreditvereinbarung wollen wir zunächst anhand eines Beispiels darstellen.

Beispiel 4.1.1.:
Gegeben sei folgende Kreditanfrage:
Ein Kunde möchte EUR 100.000,-- für vier Jahre, Zinszahlung jährlich nachschüssig nach deutscher Zinsmethode, Zinssatz 10,00% p.a. in jährlich gleichbleibenden Raten tilgen.
Dann sieht die CashFlow-Struktur folgendermaßen aus:

Tilgungsdarlehen					
Laufzeit	Nominalbetrag	Zinssatz	Zinsbetrag	Tilgungsbetrag	Zahlung
1	100.000,00	10,0000%	-10.000,00	-25.000,00	-35.000,00
2	75.000,00	10,0000%	-7.500,00	-25.000,00	-32.500,00
3	50.000,00	10,0000%	-5.000,00	-25.000,00	-30.000,00
4	25.000,00	10,0000%	-2.500,00	-25.000,00	-27.500,00

Tabelle *4.2.*

Der Tilgungsbetrag ist einfach zu berechnen: Man dividiert den Nominalbetrag durch die Anzahl der Tilgungsleistungen.

Da der Tilgungsbetrag gleichbleibt, reduziert sich der Zinsanteil an jeder Zahlung linear, der Kreditnehmer kann mit fallenden jährlichen Belastungen rechnen.

Formal kann für beliebige Tilgungsstrukturen der Zusammenhang zwischen den Zahlungen (A_i), den Tilgungen (T_i), den Zinsbeträgen (Z_i), den jeweiligen Kapitalbeträgen (K_i) und dem Nominalzinssatz (z) folgendermaßen beschrieben werden:

$$A_n = T_n + \left(K_1 - \sum_{i=1}^{n-1} T_i \right) \cdot z$$

Formel *4.1*

Diese Formel drückt ganz einfach aus, daß sich die Annuität aus der Tilgung und den Zinsen auf das Nominalkapital der aktuellen Laufzeit zusammensetzt.

Im Falle eines Tilgungsdarlehens sind alle $T_i \equiv T$ und es gilt damit:

$$A_n = T + \left(K_1 - (n-1) \cdot T\right) \cdot z$$
$$= T + Zinszahlung$$

Falls alle Tilgungen gleich 0 sind, erhält man den Fall eines endfälligen Darlehens.

Das obige Beispiel setzt voraus, daß die *Rendite*, auf Kreditseite auch *Effektivverzinsung* genannt, bekannt ist.

Die Frage lautet jedoch häufig: Wie hoch ist der Einstandssatz für die gewünschte Kreditstruktur?

Der Einstandssatz ist dadurch gekennzeichnet, daß bei seiner Anwendung auf den Kredit ein Barwert von 0 entsteht. Wir gehen von den Mitte-Zinssätzen aus, mit deren Hilfe auch die Diskontfaktoren berechnet werden. Zu dem, über die Mitte berechneten, Einstandssatz ist der halbe Geld-Brief-Spread (2,5 Basispunkte) zu addieren, um den Kreditsatz zu erhalten. (Subtrahiert man den halben Spread, erhält man den Satz für eine Geldanlage.) Auf diesen Kreditsatz muß in der Praxis noch die Kreditmarge addiert werden.

Den Einstandssatz erhält man über folgende Beziehung:

Es gelten in den folgenden Umformungen die Bezeichnungen:

df_i	=	*Diskontfaktor für Laufzeit i*
K	=	*Anfangskapital*
T	=	*Tilgungsbetrag*
SDF	=	*Summe der Diskontfaktoren$_i$*
SDF^*	=	*Summe aller $df_i \cdot (i-1)$*

$$\sum_{i=1}^{n} A_i \cdot df_i = K$$

$$\Leftrightarrow \sum_{i=1}^{n} \left[T + \left(K - (i-1) \cdot T\right) \cdot z\right] \cdot df_i = K$$

$$\Leftrightarrow \sum_{i=1}^{n} T \cdot df_i + K \cdot df_i \cdot z - (i-1) \cdot T \cdot df_i \cdot z = K$$

$$\Leftrightarrow T \cdot \sum_{i=1}^{n} df_i + K \cdot z \cdot \sum_{i=1}^{n} df_i - T \cdot z \cdot \sum_{i=1}^{n} df_i \cdot (i-1) = K$$

$$\Leftrightarrow T \cdot SDF + K \cdot z \cdot SDF - T \cdot z \cdot SDF^* = K$$

$$\Leftrightarrow z \cdot \left(K \cdot SDF - T \cdot SDF^* \right) = K - T \cdot SDF$$

daraus ergibt sich schließlich

$$z = \frac{K - T \cdot SDF}{K \cdot SDF - T \cdot SDF^*}$$

Formel *4.2*

Beispiel *4.1.2.*:
Gegeben sei folgende Zinsstruktur, quotiert ist die Mitte zwischen Geld und Brief, der Geld-Brief-Spread möge bei 5 Basispunkten liegen.

Laufzeit	Zinssätze		Diskont-	Zerosätze
	act	30/360	faktoren	30/360
O/N	3,052	3,052	0,99992	3,0520
T/N	3,052	3,052	0,99992	3,0520
S/N	3,052	3,052	0,99992	3,0520
1 Monat	3,120	3,224	0,99732	3,2240
2 Monate	3,120	3,172	0,99474	3,1720
3 Monate	3,190	3,261	0,99191	3,2609
6 Monate	3,190	3,225	0,98413	3,2254
12 Monate	3,250	3,295	0,96810	3,2951
2 Jahre	3,570	3,620	0,93124	3,6259
3 Jahre	4,083	4,140	0,88474	4,1665
4 Jahre	4,636	4,700	0,83013	4,7643
5 Jahre	5,070	5,140	0,77442	5,2457
6 Jahre	5,425	5,500	0,71908	5,6503
7 Jahre	5,701	5,780	0,66626	5,9725
8 Jahre	5,918	6,000	0,61657	6,2313
9 Jahre	6,085	6,170	0,57050	6,4345
10 Jahre	6,214	6,300	0,52818	6,5913

Tabelle *4.3.*

Gesucht ist der Zinssatz für ein vierjähriges Tilgungsdarlehen in Höhe von EUR 100.000,--.
Es ergibt sich:

df_1	0,96810	SDF	3,61421
df_2	0,93124	SDF_Stern	5,19112
df_3	0,88474	K_1	100.000,00
df_4	0,83013	T	25.000,00
		Zinssatz:	4,16%

Tabelle *4.4.*

Der gesuchte Zinssatz liegt bei 4,1636% in der Mitte. Zu diesem ist noch die Hälfte des Geld-Brief-Spreads (2,5 BP) zu addieren, um die Briefseite zu erhalten. Betrachtet man den obigen Kredit mit dem Zinssatz von 4,1636%, erhält man einen Barwert von EUR 100.000,--, unabhängig, ob man mit dem Nominalzinssatz oder mit der Zinskurve abzinst:

Tilgungsdarlehen					
Laufzeit	Nominalbetrag	Zinssatz	Zinsbetrag	Tilgungsbetrag	Zahlung
1	100.000,00	4,1636%	-4.163,57	-25.000,00	-29.163,57
2	75.000,00	4,1636%	-3.122,68	-25.000,00	-28.122,68
3	50.000,00	4,1636%	-2.081,78	-25.000,00	-27.081,78
4	25.000,00	4,1636%	-1.040,89	-25.000,00	-26.040,89

Tabelle *4.5.*

	Rendite:	4,1636%		Zinskurve	
		-100.000,00			-100.000,00
Laufzeit	DF	Barwerte		DF	Barwerte
1	0,96003	-27.997,86		0,96810	-28.233,25
2	0,92165	-25.919,40		0,93124	-26.189,07
3	0,88481	-23.962,37		0,88474	-23.960,31
4	0,84945	-22.120,37		0,83013	-21.617,38

Tabelle *4.6.*

4.2. Annuitätenkredite

Annuitätenkredite sind dadurch gekennzeichnet, daß die Summe aus Tilgung und Zinszahlung, die *Annuität*, über die Laufzeit des Kredites konstant bleibt. Im allgemeinen weicht jedoch entweder die erste oder die letzte Annuität etwas ab, damit Rundungsdifferenzen ausgeglichen werden können.

Für die *n* Annuitäten eines solchen Darlehens muß gelten (Bezeichnungen wie in **Beispiel 4.2.1.**):

$$A_1 = A_2 = A_3 = \ldots = A_n$$

Aus dieser Gleichung folgt:
$$A_1 = A_2 \Leftrightarrow T_1 + K_1 \cdot z = T_2 + (K_1 - T_1) \cdot z$$
$$\Leftrightarrow \ldots \Leftrightarrow T_1 \cdot (1 + z) = T_2$$

und ebenso folgt:
$$A_2 = A_3 \Leftrightarrow T_2 + (K_1 - T_1) \cdot z = T_3 + (K_1 - T_1 - T_2) \cdot z$$
$$\Leftrightarrow \ldots \Leftrightarrow T_1 \cdot (1 + z)^2 = T_3$$

Mittels *Vollständiger Induktion* (siehe **Übung 4.2.**) zeigt man, daß gilt:

$$T_n = T_1 \cdot (1 + z)^{n-1}$$

Formel *4.3*

Damit ist jede Tilgung *rekursiv* aus der Anfangstilgung zu berechnen.

In den folgenden Beispielen wollen wir die im Zusammenhang mit Annuitätenkrediten auftretenden Fragen behandeln.

Beispiel 4.2.1.: (Annuität?)
Sei das Anfangskapital gegeben, der Zinssatz und die Laufzeit seien bekannt. Wie hoch müssen die Annuitäten sein?
Da das Darlehen vollständig getilgt werden soll, muß gelten:

$$\sum_{i=1}^{n} T_i = K_1 \Leftrightarrow \sum_{i=1}^{n} T_1 \cdot (1+z)^{i-1} = K_1 \Leftrightarrow T_1 \cdot \sum_{i=0}^{n-1} (1+z)^i = K_1$$

Wendet man auf diesen Ausdruck die *Geometrische Reihe* an (siehe **8.1.Analytischer Anhang**), dann folgt:

$$T_1 \cdot \frac{1 - (1+z)^{n-1+1}}{1 - (1+z)} = K_1$$

bzw.

$$T_1 = \frac{-K_1 \cdot z}{1 - (1+z)^n}$$

Formel *4.4*

Falls das Kapital bei EUR 100.000,--, der Zinssatz bei 10,00% und die Laufzeit bei 5 Jahren liegt, muß die anfängliche Tilgung genau EUR 16.379,75 betragen.

Die CashFlow-Struktur sieht folgendermaßen aus:

Annuitätendarlehen					
Laufzeit	Nominalbetrag	Zinssatz	Zinsbetrag	Tilgungsbetrag	Zahlung
1	100.000,00	10,0000%	-10.000,00	-16.379,75	-26.379,75
2	83.620,25	10,0000%	-8.362,03	-18.017,73	-26.379,75
3	65.602,53	10,0000%	-6.560,25	-19.819,50	-26.379,75
4	45.783,03	10,0000%	-4.578,30	-21.801,45	-26.379,75
5	23.981,58	10,0000%	-2.398,16	-23.981,59	-26.379,75

Tabelle *4.7.*

Die Annuität liegt damit bei konstant EUR 26.379,75.

Beispiel *4.2.2.*: (Nominalzinssatz?)
Sei das Anfangskapital gegeben, die anfängliche Tilgung und die Laufzeit seien bekannt. Wie hoch ist der Zinssatz z?

Es muß wiederum gelten:

$$\sum_{i=1}^{n} T_i = K_1$$

Mit den bereits in **Beispiel *4.2.2.*** vorgenommenen Umformungen ergibt sich die Formel

$$\frac{1-(1+z)^n}{-z} = \frac{K_1}{T_1}$$

Formel *4.5*

aus der der Zinssatz r iterativ bestimmt werden kann (siehe Anhang zu *Iterationsverfahren*).

Für ein Kapital in Höhe von EUR 100.000,-- und eine Laufzeit von 5 Jahren ergibt sich bei einer anfänglichen Tilgung von EUR 16.379,75 ein Zinssatz von 10,00%.

Beispiel *4.2.3.*: (Laufzeit?)
Sei das Anfangskapital gegeben, die anfängliche Tilgung und der Zinssatz seien bekannt.
Wann ist der Kredit vollständig getilgt?
Aus der bereits bekannten Grund-Gleichung

$$\sum_{i=1}^{n} T_i = K_1$$

ergibt sich wieder lt **Beispiel 4.2.1.**:

$$\frac{1-(1+z)^n}{-z} = \frac{K_1}{T_1}$$

Diese Formel kann folgendermaßen weiter umgeformt werden:

$$\frac{1-(1+z)^n}{-z} = \frac{K_1}{T_1}$$

$$\Leftrightarrow 1-(1+z)^n = \frac{-r \cdot K_1}{T_1}$$

$$\Leftrightarrow \ln\left((1+z)^n\right) = \ln\left(1+\frac{z \cdot K_1}{T_1}\right)$$

$$\Leftrightarrow n \cdot \ln(1+z) = \ln\left(1+\frac{z \cdot K_1}{T_1}\right)$$

und man erhält für die Laufzeit n:

$$n = \frac{\ln\left(1+\dfrac{z \cdot K_1}{T_1}\right)}{\ln(1+z)}$$

Formel 4.6

(Zum Rechnen mit Logarithmen sei auf den **8.1.Analytischer Anhang** verwiesen).

Für EUR 100.000,-- Kapital und eine anfängliche Tilgung in Höhe von EUR 16.379,75 ergibt sich bei einem Zinssatz von 10,00% eine Laufzeit von 5 Jahren.

Beispiel 4.2.4.: (Nominalkapital?)
Welches Anfangskapital kann bei bekannter Annuität, bekanntem Zinssatz und bekannter Laufzeit refinanziert werden?
Aus der Fragestellung ergeben sich folgende Bedingungen:
I: $A = K_1 \cdot z + T_1$ denn die Annuität ist bekannt und setzt sich aus Zins- und Tilgungsleistung zusammen.

$II:\ \dfrac{1-(1+z)^n}{-z}=\dfrac{K_1}{T_1}$ denn die Laufzeit ist bekannt (siehe **Beispiel**

4.2.3.)

Setzt man Gleichung I in Gleichung II ein, folgt:

$\dfrac{1-(1+z)^n}{-z}=\dfrac{K_1}{A+K_1\cdot z}$ und man hat die Tilgung aus Gleichung II

eliminiert.

Umformen und Ausrechnen führt zu folgendem Term:

$$K_1 = A\cdot\frac{1-(1+z)^n}{-z\cdot(1+z)^n}\ \text{bzw. zu}\ K_1 = A\cdot\frac{(1+z)^n-1}{z\cdot(1+z)^n}$$

Mit einer gleichbleibenden jährlichen Belastung von EUR 26.379,75 und einer Laufzeit von 5 Jahren sowie einem Zinssatz von 10,00% können EUR 100.000,-- finanziert werden.

Betrachtet man die CashFlow-Struktur, erkennt man in einem Annuitätendarlehen eine endliche Rente. Aus diesem Grunde verwundert es nicht, daß die Gleichung, die in **Beispiel 4.2.4.** hergeleitet wurde, die bereits bekannte Formel aus **Beispiel 3.8.2.** ist.

Diese Idee, ein Annuitätendarlehen als endliche Rente anzusehen, erlaubt auch das Berechnen des Nominalzinssatzes bei vorgegebener Zinsstrukturkurve. Der anfängliche Kreditbetrag K_1 kann als Barwert aller Annuitäten aufgefaßt werden. Damit ergibt sich folgende Beziehung:

$$K_1 = \sum_{i=1}^{n} A_i\cdot df_i = A\cdot SDF$$

andererseits gilt:

$$K_1 = A\cdot\frac{1-(1+z)^n}{-z\cdot(1+z)^n}$$

somit folgt:

$$SDF = \frac{1-(1+z)^n}{-z\cdot(1+z)^n}$$

Die Summe der Diskontfaktoren (*SDF*) ist durch die Zinsstrukturkurve gegeben, der Bruch auf der rechten Seite der Gleichung enthält nur noch die bekannte Laufzeit n und den gesuchten Zinssatz r, der wiederum leider nur iterativ bestimmt werden kann.

Beispiel *4.2.5.*:
(vgl. **Beispiel *4.1.2.*)**
Gesucht ist der Zinssatz für ein vierjähriges Annuitätendarlehen in Höhe
von EUR 100.000,--.
Es gilt (vgl. **Beispiel *4.1.2.*):**

$$SDF = 3,61421 = \frac{1-(1+z)^n}{-r \cdot (1+z)^n}$$

Der Zinssatz 4,1840 % löst diese Gleichung.

Da gemäß **Beispiel *4.1.2.*** $T_1 = \dfrac{-K_1 \cdot z}{1-(1+z)^n}$ gilt, liegt die anfängliche

Tilgung bei EUR 23.484,57.

Von	Bis	Nominalbetrag	Tilgung	Zinsbetrag	Annuität
0	1	100.000,00	23.484,57	4.184,00	27.668,56
1	2	76.515,43	24.467,16	3.201,40	27.668,56
2	3	52.048,27	25.490,87	2.177,70	27.668,56
3	4	26.557,40	26.557,40	1.111,16	27.668,56

Tabelle *4.8.*

4.3. Übungen

Übung *4.1.*:
Gegeben sei eine Kreditanfrage über EUR 100 Mio, Laufzeit 5 Jahre.
Die momentane Zinsstruktur sei wie in Tabelle *4.3* gegeben

1.   Welchen Kreditsatz geben Sie an den Kunden für ein endfälliges
     Darlehen, Zinsmethode *30/360*?
2.   Wie sieht die CashFlow-Struktur für ein fünfjähriges
     Tilgungsdarlehen inklusive einer Kreditmarge von 30 Basispunkten
     aus?
3.   Bestimmen Sie den Nominalzinssatz und die CashFlow-Struktur für
     ein fünfjähriges Annuitätendarlehen.

Übung *4.2.*:
Beweisen Sie mittels *Vollständiger Induktion*, daß für ein
Annuitätendarlehen gilt:

$$T_n = T_1 \cdot (1+z)^{n-1}$$

(Bezeichnungen wie in **Beispiel 4.2.1.**)

Übung 4.3.:
Ein Kunde benötigt einen Kreditbetrag in Höhe von EUR 100 Mio. Die
Effektivverzinsung liege bei 5,00 %. Er kann pro Jahr EUR 15.500.000,--
als Annuität zahlen. Wie lange benötigt er, um den Kredit zu tilgen.
(Keine Berücksichtigung der Marge in diesem Beispiel)

Übung 4.4.:
Gegeben sei die Zinsstruktur aus **Übung 4.1.**.
1. Berechnen Sie die Zinssätze
für einen einjährigen Kredit,
für einen Kredit, der in einem Jahr startet und in zwei Jahren endet,
für einen Kredit, der in zwei Jahren startet und in drei Jahren endet.
für einen Kredit, der in drei Jahren startet und in vier Jahren endet.
für einen Kredit, der in vier Jahren startet und in fünf Jahren endet.
2. Wie können Sie aus den soeben berechneten Zinssätzen ein fünfjähriges
Tilgungsdarlehen darstellen?
3. Vergleichen Sie das Ergebnis mit dem Kreditsatz aus **Übung 4.1.**
Frage 2.

Übung 4.5.:
Gegeben sei die Zinsstruktur aus **Übung 4.1.**.
Ein Kunde möchte einen Kredit über EUR 100 Mio, Laufzeit 10 Jahre. Er
hat jedoch eine ganz spezielle Tilgungsstruktur im Sinn:

Jahr	Tilgungsbetrag	Jahr	Tilgungsbetrag
1	0	6	-10.000.000
2	0	7	-5.000.000
3	-10.000.000	8	-10.000.000
4	-20.000.000	9	-5.000.000
5	-30.000.000	10	-10.000.000

Tabelle 4.9.

Wie kann ein Zinssatz für diesen Kredit bestimmt werden?

5. Risikokennzahlen

Zur Messung von Zinsänderungsrisiken stehen viele verschiedene Maßzahlen, Kennzahlen, Methoden und Verfahren zur Verfügung, die diese Risiken mehr oder weniger exakt darstellen, mit mehr oder weniger plausiblen Annahmen arbeiten und mehr oder weniger verständlich sind.
Zur Einstimmung auf die Problematik wollen wir folgendes Beispiel untersuchen:

Beispiel 5.0.1.:
Ein Investor kauft ein festverzinsliches Wertpapier zu einem Preis von 98,00%, einem Nominalkupon von 7,00% und einer Restlaufzeit von 5 Jahren.
Die Rendite dieses Papiers liegt bei 7,4943%, der Kuponertrag inclusive Zinseszinsen liegt bei Wiederanlage zur Rendite bei 43,7008.
Steigt die Rendite von 7,4943% auf 8,0000%, fällt der Kurs von 98,00% auf 96,01%, der Wiederanlageertrag steigt auf 44,3515.
Fällt die Rendite von 7,4943% auf 7,0000%, so steigt der Kurs auf 100,00%, der Wiederanlagegewinn geht jedoch auf 43,0730 zurück.

Ein festverzinsliches Wertpapier beinhaltet offenbar zumindest ein *Kursrisiko* und ein *Wiederanlagerisiko*.

Beispiel 5.0.2.:
Ein Investor hält ein festverzinsliches Wertpapier mit einer Restlaufzeit von 5 Jahren und 180 Tagen. Die Rendite liegt bei 5,000%, der Kupon bei 6,25%, das Papier wird zu pari getilgt.

5 Jahre und 180 Tage
Rendite: 5,00%

Laufzeit	0	0,5	1,5	2,5	3,5	4,5	5,5
Kuponzahlungen		6,25	6,25	6,25	6,25	6,25	6,25
Tilgungszahlungen							100
Cash-Flows		6,25	6,25	6,25	6,25	6,25	106,25
Diskontfaktoren		0,9759	0,9294	0,8852	0,8430	0,8029	0,7646
Barwerte	108,9708	6,0994	5,8089	5,5323	5,2689	5,0180	81,2433

Mit Stückzinsen für 180 Tage in Höhe von EUR 3,125 folgt ein Clean Price von:
108,9708 - 3,125 =
105,846

Tabelle 5.1.

Dann liegt der Dirty-Price des Wertpapiers bei 108,9708, der Clean-Price bei 105,8458.

Wenn die Rendite unverändert bleibt, ändert sich der Clean Price des Wertpapiers von einem Tag zum anderen Tag wiefolgt:

Renditeniveau 5,00%

Restlaufzeit	5 Jahre, 180 Tage	5 Jahre, 179 Tage	Veränderung
Dirty Price	108,9708	108,9856	0,0148
Stückzinsen	3,125	3,1424	0,0174
Clean Price	105,8458	105,8432	-0,0026

Tabelle 5.2.

Zum Vergleich:

Bei einem Renditeniveau von 7,0000% würde sich die Situation folgendermaßen verändern:

Renditeniveau 7,00%

Restlaufzeit	5 Jahre, 180 Tage	5 Jahre, 179 Tage	Veränderung
Dirty Price	99,7429	99,7616	0,0187
Stückzinsen	3,125	3,1424	0,0174
Clean Price	96,6179	96,6193	0,0014

Tabelle 5.3.

Neben dem *Kursrisiko* und dem *Wiederanlagerisiko* beinhaltet ein festverzinsliches Wertpapier also offenbar noch ein *Zeitrisiko*, welches darin besteht, daß sich der Wert des Papiers verändert, weil die Restlaufzeit sich verringert.

Der Wert eines festverzinslichen Wertpapiers hängt offenbar nicht nur von seinen unveränderlichen, in den Emissionsbedingungen festgeschriebenen Merkmalen wie Kupon, Tilgung und Fälligkeitstermin ab, sondern auch von exogenen Faktoren wie der Restlaufzeit, der Renditeänderung, der Wiederanlagemöglichkeit, des Ratings.

Bei festverzinslichen Wertpapieren (*Fixed-Income-Paper*s) sind die Einflußfaktoren im Gegensatz zu Futures und bei Optionen nicht so zahlreich. Insbesondere bei Zinsoptionen ist eine Vielzahl von Einflußfaktoren auf den Preis zu betrachten und vom Händler mehr oder weniger gleichzeitig zu managen.

Die Frage, der wir in diesem Kapitel nachgehen lautet:

Wie können die Marktrisiken von Zinsinstrumenten gemessen werden?
Ein zahlenmäßiges Greifbarmachen von Marktrisiken ist nicht nur zur
Kontrolle und Limitierung von Marktrisiken notwendig, sondern auch zur
Absicherung von offenen Positionen.
(*The first step to manage risk is to measure risk!*)

Neben den Marktrisiken in Form von Zins- und Devisenkursänderungen
gibt es noch eine Vielfalt anderer Risikoarten, die wir hier nicht weiter
untersuchen wollen. Dazu sei auf die Literatur verwiesen.

Im folgenden werden wir verschiedene Methoden und Kennzahlen zur
Messung des Zinsänderungsrisikos darstellen und ihr Für und Wider kurz
diskutieren.

Die zusätzlichen Risiken, die bei Zinsoptionen eine Rolle spielen, werden
im Kapitel über Zinsoptionen ausführlich behandelt.

Den meisten Risikokennzahlen ist gemeinsam, daß sie die Veränderung
des Barwertes eines Instrumentes bei einer marginalen, sehr kleinen oder
der kleinstmöglichen Änderung eines Einflußfaktors messen.
Diesen Ansatz haben wir bereits in **Beispiel 5.0.2.** gesehen: Die kleinste
Änderung in der Restlaufzeit ist die Verkürzung um einen Tag. Kleinere
Veränderungen sind nicht "meßbar".
Um diese marginalen Änderungen mathematisch in den Griff zu
bekommen, steht das Hilfsmittel der (partiellen) Ableitungen der
Barwertfunktionen zur Verfügung. Im Rahmen dieses Buches ist es nicht
möglich, die komplette Theorie der Differentialrechnung aufzuzeigen. Aus
diesem Grund muß auf die Literatur verwiesen werden. (z. B. Heuser).
Die wichtigsten Ableitungsregeln sind jedoch im Anhang kurz
zusammengefaßt.
Anschaulich gesprochen stellt die erste Ableitung einer Funktion die
Steigung dieser Funktion dar, die zweite Ableitung, die die erste Ableitung
der ersten Ableitung ist, ist ein Maß für die Krümmung der Funktion, bzw.
für die Steigung der ersten Ableitung.
Nimmt man die Steigung einer Funktion als Maß für die Veränderung der
Funktion auf eine marginale Veränderung des Einflußfaktors, so ist die
erste Ableitung der Barwertfunktion nach der Rendite ein Maß für die
Reagibilität des Barwertes auf eine marginale Änderung der Rendite.
(Dies führt zum *Basispointvalue* und zur *Modified Duration*).
Diese Reagibilität selbst ist nicht gleichförmig, linear, deshalb wird häufig
noch die zweite Ableitung betrachtet, die schließlich zur *Konvexität* führt.

Wendet man diese Methode auf eine Optionspreisformel an, erhält man die *griechischen Buchstaben* (*Greeks*) wie das *Delta*, das *Gamma*, *Theta* oder das *Vega* der Option.

Diese analytischen Methoden basieren auf einem mehr oder weniger strengen Fundament von Voraussetzungen, die in der Praxis sehr selten, um nicht zu sagen nie, erfüllt sind: Zu nennen ist zum Beispiel die bei der Modified Duration und dem Basispointvalue unterstellte flache Zinskurve oder der unterstellte lineare Zusammenhang zwischen Renditeänderung und Barwertänderung bei der Hochrechnung von einem Basispointvalue auf 75 Basispointvalues.

Diese Methoden berücksichtigen auch nicht den statistisch erwiesenen Zusammenhang zwischen verschiedenen Märkten: Die Zinssätze für EUR-Interest-Rate-Swaps verhalten sich nicht ganz unabhängig von denen in den USA, und der französische Notionnel bewegt sich fast im Gleichklang mit dem deutschen Bund-Future.
Die Korrelation zwischen verschiedenen Märkten wird im Ansatz des *Value at Risk*, *VaR*, explizit untersucht und zusammen mit der Varianz zur Risikomessung herangezogen. Der Nachteil liegt jedoch bei diesen statistischen Methoden in der Voraussetzung, daß die Zukunft sich aus der Vergangenheit schätzen lassen muß, daß beispielsweise die Korrelation zwischen dem BundFuture und dem Notionnel in der Zukunft so sein wird wie in der Vergangenheit beobachtet.

Darüberhinaus haben sich auch die sogenannten Simulationsverfahren einen festen Platz in der Risikobeurteilung von komplexen Portfolios verdient. Diese können die Schwächen der analytischen Verfahren teilweise ausgleichen, indem sie beispielsweise nicht nur Parallelverschiebungen der Zinskurve berücksichtigen, sondern auch Drehungen und Verwerfungen.

5.1. Basispointvalue

Der *Basispointvalue* (*BPV*) ist eine Risikokennzahl, die den Zusammenhang zwischen einer marginalen *Rendite*veränderung und dem Barwert eines Investments mißt. Eine marginale Renditeänderung liegt vor, wenn sich die Rendite des Investments um einen *Basispunkt* (0,01%) verändert. Alternativ kann dies als Parallelverschiebung der *Zinskurve* um einen Basispunkt interpretiert werden. Damit ist die erste und auch wichtigste Prämisse des Basispointvalues genannt: Die Unterstellung einer flachen Zinskurve.

Betrachten wir das folgende Beispiel:

Beispiel 5.1.1.:

Gegeben sei ein festverzinsliches Wertpapier mit einem Kupon von 6,00%, einer Restlaufzeit von 6 Jahren und einem Kurs von 102,5485%. Das Papier wird am Ende der Laufzeit zu 100,00% getilgt. Der Nominalbetrag liege bei EUR 10 Mio.

Die Rendite des Wertpapiers liegt bei 5,49%.

Wenn die Rendite um einen Basispunkt auf 5,50% steigt, fällt der Kurs um ca. 5 Stellen. Fällt die Rendite um einen Basispunkt auf 5,48%, steigt der Kurs um 5 Stellen.

Der Barwert hängt von der Rendite ab. Der Zusammenhang kann graphisch folgendermaßen dargestellt werden:

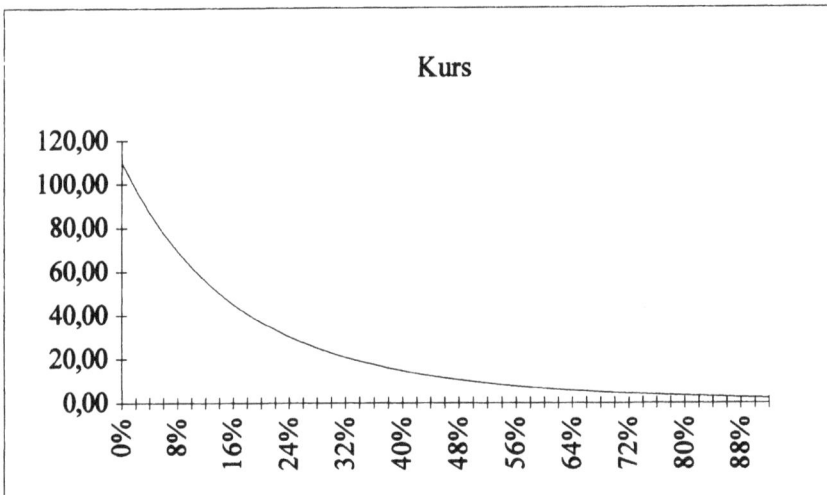

Abbildung *5.1*

Der obige Graph zeigt, daß der Zusammenhang zwischen Rendite und Barwert nicht linear ist, aber für geringe Renditeänderungen linear angenähert werden kann.

Aus diesem Grunde ist es möglich, für kleine Renditeänderungen, bis ca. 50 Basispunkte, die nichtlineare Barwertfunktion durch eine lineare Funktion zu approximieren.

Der mathematische Weg zu dieser linearen Approximierung liegt in folgender Überlegung:

Gesucht ist die Preisänderung $\Delta P := \left(P(Rendite_1) - P(Rendite_0) \right)$ wenn eine Renditeänderung von $\Delta Rendite := \left(Rendite_1 - Rendite_0 \right)$ unterstellt wird.

Bezeichnet man die erste Ableitung der Preisfunktion P nach der Rendite mit $\dfrac{\partial P}{\partial Rendite}$ so gilt:

$$\frac{\Delta P}{\Delta Rendite} \xrightarrow{\Delta Rendite \to 0} \frac{\partial P}{\partial Rendite}$$

Dies läßt sich umschreiben zu:

$$\frac{\Delta P}{\Delta Rendite} \approx \frac{\partial P}{\partial Rendite}$$

Also gilt:

$$\Delta P \approx \frac{\partial P}{\partial Rendite} \cdot \Delta Rendite$$

Wird eine Renditeänderung von 0,01%, oder einem Basispunkt, unterstellt und kennt man die Ableitung der Barwertfunktion eines festverzinslichen Wertpapiers, kann die Reagibilität mittels obiger Formel abschätzt werden.

Die Ableitung ist leicht zu berechnen:

Aus $P(Rendite) = \displaystyle\sum_{t=1}^{n} \frac{CF}{(1 + Rendite)^t}$ folgt für die Ableitung direkt:

$$\frac{\partial P}{\partial Rendite} = \frac{-1}{(1 + Rendite)} \cdot \sum_{t=1}^{n} t \cdot \frac{CF}{(1 + Rendite)^t}$$

Damit lautet die Formel zur Berechnung der absoluten Preisreagibilität eines festverzinslichen Wertpapieres auf eine Renditeerhöhung von einem Basispunkt folgendermaßen:

$$
\begin{aligned}
BPV = \Delta P &= \frac{\partial P}{\partial Rendite} \cdot 1BP \\
&= \frac{-1}{(1 + Rendite)} \cdot \sum_{t=1}^{n} t \cdot \frac{CF}{(1 + Rendite)^t} \cdot \frac{1}{10.000}
\end{aligned}
$$

Formel 5.1

Beispiel *5.1.2.*:
Für das Wertpapier aus **Beispiel *5.1.1.*** gilt:
Der Basispointvalue BPV liegt bei -0,0508 EUR für ein Nominalvolumen von EUR 100,-- oder bei -5.080,00 EUR für das investierte Volumen von EUR 10 Mio. ⌘

Es ist leicht einzusehen, daß der BPV eines Portfolios als direkte Summe der BPV der einzelnen Wertpapiere berechnet werden kann.

Beispiel *5.1.3.*:
Ein Portfolio enthält neben dem Wertpapier aus **Beispiel *5.1.2.*** im Nominalvolumen von EUR 5 Mio noch eine Position in einem Wertpapier mit den folgenden Merkmalen:
Nominalvolumen EUR 4 Mio, Kupon 3,00%, Tilgung zu 110,00%, Restlaufzeit 7 Jahre, Kurs 88,5592 bei einer Rendite von 6,00%.
Der BPV liegt für dieses Wertpapier bei 2.132,00

Wertpapier	Nominal	Barwert	BPV
WP1	5.000.000	5.127.425,00	-2.540,00
WP2	4.000.000	3.542.368,00	-2.132,00
Portefolio	9.000.000	8.669.793,00	-4.672,00

Tabelle *5.4.*

⌘

Neben dieser finanzmathematisch fundierten Methode gibt es noch die Simulationsmethode.

Simulationsmethode:
Die Simulationsmethode besteht darin, die Zinsstrukturkurve um einen Basispunkt anzuheben und den neuen Barwert zu berechnen, die Zinsstrukturkurve um einen Basispunkt nach unten zu verschieben und den neuen Barwert zu berechnen und aus diesen beiden neuen Barwerten die Reagibilität zu ermitteln:

$$\frac{(Barwert0 - Barwert1) - (Barwert0 - Barwert2)}{2}$$
$$= \frac{Barwert2 - Barwert1}{2}$$

Formel *5.2*

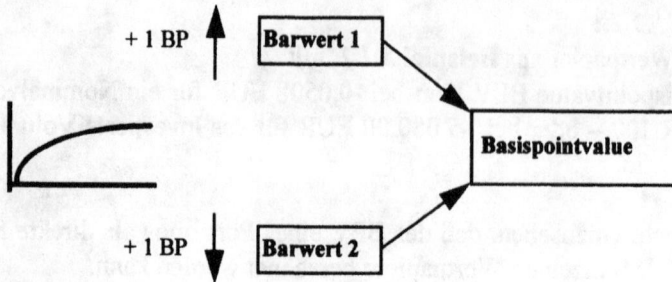

+ 1 BP ↑ | Barwert 1

Basispointvalue

+ 1 BP ↓ | Barwert 2

Abbildung 5.2

Beispiel 5.1.4.:
Gegeben sei der Bond aus **Beispiel 5.1.1.**:
Man berechnet den Barwert unter der aktuellen Rendite von 5,50% und vergleicht diesen mit den Barwerten, die mit einer Rendite von 5,49% bzw. 5,51% berechnet werden. Die mittlere Veränderung kann als BPV angesetzt werden.

Rendite	Kurs	Barwert	Veränderung	Mittlere Veränderung
5,49%	102,5485	5.127.425,00	-2.535,00	
5,50%	102,4978	5.124.890,00		-2.537,50
5,51%	102,4470	5.122.350,00	2.540,00	

Tabelle 5.5.

Auch in diesem Beispiel wird deutlich, daß die Reagibilität auf Renditesteigerungen nicht gleich der Reagibilität auf Renditesenkungen ist, daß die Chancen und Risiken der Position nicht symmetrisch sind. Aber man erkennt ebenfalls, daß die lineare Approximation dennoch eine gute Annäherung ist.

Hinweis:
Das Simulationsverfahren setzt ein leistungsfähiges Pricing-Tool für die betrachteten Instrumente voraus.

Bei der Anwendung des Basispointvalues auf ein Portfolio, welches bereits für eine gewisse Zeit refinanziert ist, entstehen im Gegensatz zur *Modified Duration* und der *Duration* keine Probleme:

Beispiel 5.1.5.:
Gegeben sei ein Floater mit einer Gesamtlaufzeit von sechs Jahren und einer halbjährlichen Zinsanpassung an den 6-Monats-EURIBOR (aktueller Kupon: 3,25%), Nominalvolumen EUR 5 Mio.

Damit ergibt sich folgender BPV (siehe **Übung 5.2.**): EUR -242,13

Wenn ein Wertpapier mit einer Restlaufzeit von 6 Jahren, einem Kupon von 5,00% und einer Rendite von 5,00% zu pari gekauft wird und dieses Wertpapier wird durch die Emission des Floaters refinanziert, dann ergibt sich folgendes Bild:

Instrument	Barwert	BPV
Floater	-5.000.000	242,13
Bond	5.000.000	-2.537,85
Portefolio (Addition)	0	-2.295,72

Tabelle 5.6.

Das Portfolio ist also noch immer sensitiv auf die Verschiebung der Zinskurve, vor allem im langen Laufzeitsegment.

In der Praxis sind die zu betrachtenden und zu managenden Portfolios oftmals sehr komplex. Zum einen bestehen sie aus mehreren Produkten (Bonds, IRS, Futures, Optionen), zum anderen sind zuweilen mehrere hundert oder gar tausend Positionen enthalten, die unter Umständen sogar das gesamte Laufzeitspektrum von einem Jahr bis zu 10 Jahren abdecken. Darüberhinaus ist die Marktsituation selten durch eine flache Zinskurve zu beschreiben.

Aus diesen Gründen wird ein Portfolio zuweilen in verschiedene Zeitbereiche, *Time buckets*, eingeteilt, die dann getrennt voneinander analysiert werden können.

Mögliche Zeitbereiche, Zonen, sind:

Zone 1: Bis eine Woche
Zone 2: Über einer Woche bis zu einem Monat
Zone 3: Über einem Monat bis zu einem Jahr
Zone 4: Über einem Jahr bis zu zwei Jahren
Zone 5: Über zwei Jahren bis zu drei Jahren
u.s.w.
Für jede Zone läßt sich dann der BPV berechnen.

Dazu ist es notwendig, die aus den verschiedenen Einzelgeschäften entstehenden CashFlows zu identifizieren und zu *Makro-CashFlows* (MCF) zusammenzufassen. Eine Möglichkeit besteht darin, alle CashFlows, die in einer Zone liegen, auf die Mitte dieser Zone zu projezieren (eventuell durch Auf- und Abzinsen). Dies kann dann inclusive oder exklusive der Kuponzahlungen sein. Wir wollen in dem folgenden Beispiel voraussetzen, daß alle CashFlows, auch Kuponzahlungen, in Betracht gezogen werden. Dies hat den Vorteil, daß die so entstehenden MCF wie Zerobonds behandelt werden können, deren mathematische Behandlung sehr einfach ist. Die solchermaßen berechneten BPV können *Key-Rate-BPV* genannt werden, da sie die Form der Zinsstrukturkurve berücksichtigen.

Beispiel 5.1.6.:
Gegeben seien die folgenden Einzelgeschäfte:
Pro Position ist der Zeitpunkt der CashFlows angegeben und deren absolute Höhe:

Mitte der Zonen	0,50	1,50	2,50	3,50	4,50	5,50	6,50	7,50	8,50	9,50
CF Pos 1	206,00									
CF Pos 2	3,50	3,50	103,50							
CF Pos 3	6,00	6,00	156,00							
CF Pos 4	12,00	12,00	12,00	312,00						
CF Pos 5	7,50	7,50	7,50	7,50	157,50					
CF Pos 6	1,10	1,10	1,10	1,10	1,10	21,10				
CF Pos 7	0,60	0,60	0,60	0,60	0,60	0,60	0,60	10,60		
CF Pos 8	2,40	2,40	2,40	2,40	2,40	2,40	2,40	2,40	2,40	32,40
CF Pos 9	3,80	3,80	3,80	3,80	3,80	3,80	3,80	3,80	3,80	43,80

Tabelle 5.7.

Wird das gesamte Laufzeitspektrum in Jahreszonen eingeteilt, ergeben sich folgende MCF, die sich mit (gegebenen) Zerozinssätzen in die entsprechenden Barwerte umrechnen lassen.

Zone	0	1	2	3	4	5
MCF	242,90	36,90	286,90	327,40	165,40	27,90
Zerosätze	3,25	3,75	4,00	4,25	4,50	4,75
Barwerte	239,05	34,92	260,10	283,02	135,68	21,62

Zone	6	7	8	9	10
MCF	6,80	16,80	6,20	76,20	0,00
Zerosätze	5,10	5,20	5,30	5,35	5,40
Barwerte	4,92	11,49	4,00	46,44	0,00

Tabelle 5.8.

Makro-Cash-Flows

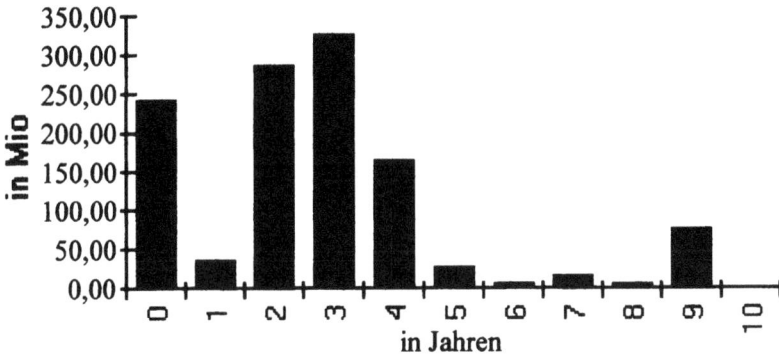

Abbildung 5.3

Der Einfachheit halber ist auf das Auf- und Abzinsen innerhalb einer Zone verzichtet worden.

Für jede einzelne Zone können folgende Basispointvalues berechnet werden:

Zone	0	1	2	3	4	5	6	7	8	9	10
Basispointvalue	-0,01	-0,01	-0,06	-0,10	-0,06	-0,01	0,00	-0,01	0,00	-0,04	0,00

Tabelle 5.9.

Basispointvalues

in Jahren

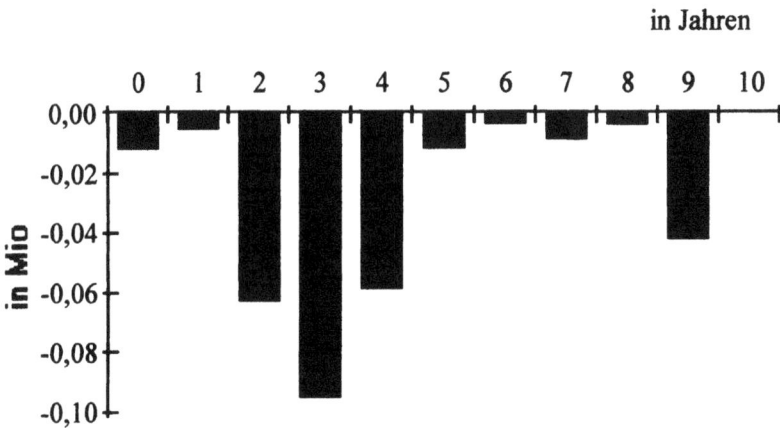

Abbildung 5.4

Mit dieser Darstellung hat der Manager eines Portfolios eine wesentlich bessere Risikodarstellung und Entscheidungsunterstützung als mit einer einzigen BPV-Kennzahl.

Er sieht, daß ein Drittel des Gesamtrisikos im Dreijahresbereich liegt, und kann entsprechend seiner Zinsmeinung handeln.

5.2. Modified Duration

Die Modified Duration gibt die prozentuale Preisreagibilität eines festverzinslichen Wertpapiers in Abhängigkeit von einer Änderung der *Rendite* um 100 *Basispunkte* an. Damit ist sie mit dem Basispointvalue eng verwandt.

Das Problem der Modified Duration liegt darin, daß sie ebenfalls wie der *BPV* eine flache Zinskurve unterstellt. Darüberhinaus unterstellt sie eine Renditeänderung, für die die Approximation der *Barwertfunktion* durch eine lineare Funktion unter Umständen nicht mehr vertretbar erscheint.

Außerdem ist die Modified Duration nicht so leicht zu interpretieren wie der BPV und sie ist nicht direkt additiv, sondern nur barwertgewichtet additiv.

Damit ist ihre Handhabung deutlich umständlicher und zum Zwecke der Risikolimitierung nicht mehr so gut geeignet.

Die Herleitung erfolgt analog zur Herleitung des BPV:

Aus der Abschätzung

$$\Delta P \approx \frac{\partial P}{\partial Rendite} \cdot \Delta Rendite$$

erhält man die prozentuale Reagibilität auf eine Renditeänderung von $\Delta Rendite := 100\, BP$ durch die folgende Formel:

$$
\begin{aligned}
ModDur = \frac{\Delta P}{P} &\approx \frac{\partial P}{\partial Rendite} \cdot \frac{100\,BP}{P} \\
&= -\frac{1}{(1 + Rendite)} \cdot \sum_{t=1}^{n} t \cdot \frac{CF}{(1 + Rendite)^t} \cdot \frac{1}{100 \cdot P} \\
&= -\frac{1}{(1 + Rendite)} \cdot \sum_{t=1}^{n} t \cdot \frac{CF}{P \cdot (1 + Rendite)^t} \%
\end{aligned}
$$

Beispiel 5.2.1.:

Für das Wertpapier aus **Beispiel 5.1.1.** liegt die Modified Duration bei 4,9517%.

Der Barwert ändert sich also bei einer Renditeerhöhung von 100 BP von 5,49% auf 6,49% um 4,9517% von EUR 5.127.426,41 auf EUR 4.873.530,85.

Die Bezeichnung Modified Duration stammt daher, daß sie durch eine einfache Modifikation aus der *Duration* berechnet werden kann.

Hinweis:
Obwohl der oben aufgezeigte Weg zur Herleitung der Modified Duration mathematisch exakt ist, wird in der Praxis nicht mit einer negativen Modified Duration gearbeitet. In der Praxis ist die Modified Duration eines festverzinslichen Wertpapiers normalerweise, gemäß Marktusance, positiv. Wir wollen uns im folgenden dieser Usance anschließen und folgende Formel für die Berechnung der Modified Duration heranziehen:

$$ModDur = \frac{\Delta P}{P} \approx -\frac{\partial P}{\partial Rendite} \cdot \frac{100 BP}{P}$$

$$= \frac{1}{(1 + Rendite)} \cdot \sum_{t=1}^{n} t \cdot \frac{CF}{(1 + Rendite)^t} \cdot \frac{1}{100 \cdot P}$$

$$= \frac{1}{(1 + Rendite)} \cdot \sum_{t=1}^{n} t \cdot \frac{CF}{P \cdot (1 + Rendite)^t} \%$$

Formel *5.3*

Es gilt außerdem näherungsweise:

$$BPV = -\frac{ModDur \cdot Barwert}{10.000}$$

bzw.

$$ModDur = -\frac{BPV}{Barwert} \cdot 10.000$$

Formel *5.4*

Beispiel 5.2.2.:
Gegeben sei das Portfolio aus **Beispiel 5.1.2.** Die Modified Duration des Portfolios ist als barwertgewichtete Summe der einzelnen Modified Duration's zu berechnen:

Wertpapier	Nominal	Laufzeit	Barwert	BPV	ModDur
WP1	5.000.000	6	5.127.425,00	-2.540,00	4,9517%

WP2	4.000.000	7	3.542.368,00	-2.132,00	6,0163%
Portefolio	9.000.000		8.669.793,00	-4.672,00	5,3867%

Tabelle *5.10*.

Die Anwendung der Modified Duration auf ein teilweise refinanziertes Portfolio führt zu konzeptionellen Schwierigkeiten. Es ist natürlich möglich, die Modified Duration formal sauber mit Hilfe des *BPV* zu definieren. Aber da der Barwert eines Portfolios wie in **Beispiel 5.1.5.** bei 0 liegt, ist die prozentuale Barwertveränderung bei einer auch noch so geringen Zinsänderung unendlich groß. Dies deckt sich zwar mit der formalen Herleitung und auch mit der Interpretation der Kennzahl, führt jedoch für den Händler, dessen Risiko mit Hilfe der Modified Duration berechnet wird, zu enormen Schwierigkeiten, da er durch eine risikovermeidende Teilrefinanzierung eine, rein rechnerisch, unendliche Risikoerhöhung verursacht. Diese ist auch dann noch gegeben, wenn er den Bond nicht nur auf ein halbes Jahr, sondern sogar auf mehrere Jahre refinanziert.

Aus diesem Grund ist die Modified Duration nur bedingt als Risiko-messzahl und zur Risikolimitierung geeignet.

Der Ausweg aus diesem konzeptionellen Problem besteht darin, sich von der strengen Definition zu lösen und die Modified Duration der Aktivposition und der Passivposition zu addieren. Dies führt wieder zu vernünftigen Ergebnissen.

Beispiel 5.2.3.:

Gegeben sei das Portfolio aus **Beispiel 5.1.5.** Die Kennzahlen Modified Duration und BPV, nach den oben beschriebenen Methoden berechnet, sind in der folgenden Tabelle zusammengefaßt:

Instrument	Barwert	BPV	ModDur
Floater	-5.000.000	242,13	-0,4843%
Bond	5.000.000	-2.537,85	5,0757%
Portefolio (Addition)	0	-2.295,72	4,5914%

Portfolio (gewichtet)	0		#DIV/0!

Tabelle *5.11*.

#DIV/0! bedeutet, daß die gewichtete Modified Duration nicht definiert ist.

Analog zu **Beispiel 5.1.6.** läßt sich die Modified Duration für verschiedene Laufzeitzonen betrachten. Man nennt die so berechnete Modified Duration *Key-Rate-Modified Duration*.

Beispiel 5.2.4.:

Gegeben sei das Portfolio aus **Beispiel 5.1.6.**:

Die Modified Durations pro Laufzeitzone stehen in der folgenden Tabelle. Die barwertgewichtete Modified Duration wird berechnet, indem die Modified Duration pro Zone mit dem Barwert pro Zone multipliziert und durch die Summe der Barwerte aller Zonen dividiert wird.

Zone	0	1	2	3	4	5
Modified Duration	0,48%	1,45%	2,40%	3,36%	4,31%	5,25%
Barwertgewichtete Modified Duration	0,10%	0,04%	0,52%	0,80%	0,49%	0,10%

Zone	6	7	8	9	10
Modified Duration	6,18%	7,13%	8,07%	9,02%	9,96%
Barwertgewichtete Modified Duration	0,03%	0,07%	0,03%	0,35%	0,00%

Tabelle *5.12.*

5.3. Duration

Die Duration ist sicherlich die am häufigsten genannte Kennzahl im Zusammenhang mit Zinsänderungsrisiken. Sicherlich gibt es auch aus diesem Grunde die unterschiedlichsten Interpretationen dieser Größe. Darüberhinaus kann man über verschiedene Wege zur Duration gelangen. Zunächst wollen wir die Formel der Duration angeben und uns dann deren Herleitung und Interpretation zuwenden:

$$Dur = \sum_{t=1}^{n} t \cdot \frac{CF}{P \cdot (1 + Rendite)^t}$$

Formel *5.5*

Die Duration wird in ganzen Jahren gemessen: Eine Duration von 1,25 bedeutet ein Jahr und drei Monate.

Interpretation 1.)
Wird ein Straight-Bond als Portfolio von Zerobonds interpretiert, die in ihrer Summe genau die CashFlow-Struktur des Straight-Bonds nachbilden, so ist die Duration gerade die mittlere Restlaufzeit dieses Portfolios aus Zerobonds. Wegen des Duplizierungsprinzips ist dies auch die mittlere Restlaufzeit des Straight-Bonds. Daher stammt auch die Interpretation der Duration als *die barwertgewichtete mittlere Restlaufzeit eines Straight-Bonds*.

$$Dur = \sum_{t=1}^{T} w_t \cdot t$$

mit

$$w_t = \frac{CashFlow_t \cdot (1 + Rendite)^{-t}}{Preis}$$

Aus dieser Formel, wie auch aus der Interpretation, folgt, daß die Duration eines Zerobonds gleich seiner Restlaufzeit sein muß.

Darauf aufbauend kann die Duration als Risikomeßzahl bezeichnet werden: Ein festverzinsliches Wertpapier mit der Duration D reagiert ebenso auf Renditeänderungen wie ein Zerobond mit der Restlaufzeit D.

Beispiel 5.3.1.:
Zerlegung eines Wertpapiers mit fünfjähriger Restlaufzeit und einem Kupon von 7,00% in ein Portfolio von Zerobonds.

Preis							
-6,54	7,00					Zerobond	1
-6,11		7,00				Zerobond	2
-5,71			7,00			Zerobond	3
-5,34				7,00		Zerobond	4
-76,29					107,00	Zerobond	5
-100,00	7,00	7,00	7,00	7,00	107,00	Kuponbond	

Abbildung 5.5

Einen anderen Zugang zur Duration liefert die folgende Überlegung:

Interpretation 2.)
Angenommen, die Rendite des Straight-Bonds steigt direkt nach Kauf marginal an. Wann wird der hierdurch verursachte Kursverlust durch die verbesserte Wiederanlagemöglichkeit der Kupons gerade kompensiert? Als Antwort bekommt man wieder die Duration. Die Duration kann also

als der Zeitpunkt interpretiert werden, zu dem *ein Straight-Bond sich selbst unter den genannten Voraussetzungen immunisiert*.
Sei P der Preis des Papiers vor der Renditeänderung und $\tilde{P}$ der Preis danach, dann ist der Zeitpunkt D so zu bestimmen, daß gilt:

$$P \cdot (1 + Rendite)^D = \tilde{P} \cdot (1 + Rendite + \lambda)^D$$

Wird diese Gleichung nach D aufgelöst und der Grenzübergang für ### gegen Null durchgeführt (unter Zuhilfenahme der Regel von l' Hospital, siehe Anhang), erhält man die Duration (siehe hierzu auch die **Übung 5.4.**):

$$D = \frac{\ln\left(\dfrac{\tilde{P}}{P}\right)}{\ln\left(\dfrac{1 + Rendite}{1 + Rendite + \lambda}\right)} \xrightarrow{\lambda \to 0} Duration$$

Formel 5.6

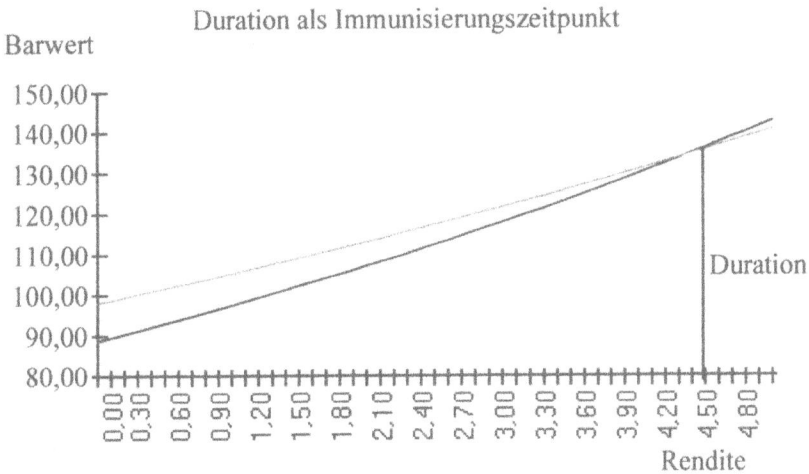

Abbildung 5.6

In diesem Diagramm ist der Barwertverlauf eines festverzinslichen Wertpapiers in Abhängigkeit von der Rendite graphisch dargestellt.
Die beiden Barwertkurven treffen sich genau zu dem Zeitpunkt, zu dem die verbesserte Wiederanlage durch die gestiegene Rendite den dadurch verursachten Kursverlust gerade ausgleicht. Kursverlust und Wieder-

anlagegewinn sind einander entgegengesetzte Folgen einer Renditeerhöhung.

Beispiel ***5.3.2.*****:**
Gegeben sei das Wertpapier aus **Beispiel** ***5.1.1.*** Die Duration liegt bei 5,22 Jahren.

In **Beispiel** ***5.3.1.*** wurde ein festverzinsliches Wertpapier in "seine" Zerobonds aufgespalten. Es ist leicht einsehbar, daß ein Portfolio von festverzinslichen Wertpapieren durch ein entsprechendes Portfolio von Portfolios von Zerobonds aufgefaßt werden kann.

Dies ist der Grund, warum die Duration eines Portfolios aus festverzinslichen Wertpapieren als (barwert)gewichtetes Mittel der Einzeldurationen berechnet werden kann. Die Herleitung der Duration kann also auf komplexe Portfolios fortgesetzt werden.

Beispiel ***5.3.3.*****:**
Gegeben sei das Portfolio aus **Beispiel** ***5.1.2.*** und **Beispiel** ***5.2.2.*****.**

Wertpapier	Nominal	Laufzeit	Barwert	BPV	ModDur	Duration
WP1	5.000.000	6	5.127.425,00	-2.540,00	4,9517%	5,22
WP2	4.000.000	7	3.542.368,00	-2.132,00	6,0163%	6,39
Portefolio	9.000.000		8.669.793,00	-4.672,00	5,3867%	5,70

Tabelle *5.13.*

Die Duration selbst ist keine Risikokennzahl, die zur Überwachung und Limitierung von Zinsänderungsrisiken herangezogen werden könnte. Zum einen berücksichtigt sie nicht die unterschiedlichen Nominalvolumina und zum anderen wird sie in Jahren gemessen. Es ist zwar richtig, daß eine höhere Duration ein höheres Zinsänderungsrisiko impliziert, aber diese Information läßt sich auch aus der Restlaufzeit eines Investments entnehmen. Dennoch wird die Duration immer wieder als Risikokennzahl genannt. Dies liegt insbesondere daran, daß die Duration in den Kennzahlen *Modified Duration* und *Basispointvalue* enthalten ist und diese linear von der Duration abhängen:

$$BPV = \frac{\partial P}{\partial Rendite} \cdot 1BP$$

$$= \frac{-1}{(1+Rendite)} \cdot \sum_{t=1}^{n} t \cdot \frac{CF}{(1+Rendite)^t} \cdot \frac{1}{10.000}$$

$$= \frac{-1}{(1+Rendite)} \cdot Dur \cdot P \cdot \frac{1}{10.000}$$

Formel 5.7

$$ModDur = -\frac{\partial P}{\partial Rendite} \cdot \frac{100 BP}{P}$$

$$= \frac{1}{(1+Rendite)} \cdot \sum_{t=1}^{n} t \cdot \frac{CF}{P \cdot (1+Rendite)^t} \%$$

$$= \frac{1}{(1+Rendite)} \cdot Dur\%$$

Formel 5.8

$$Dur = \sum_{t=1}^{n} t \cdot \frac{CF}{P \cdot (1+Rendite)^t}$$

Formel 5.9

Mit Hilfe dieser Zusammenhänge können, ausgehend von der leicht zu berechnenden Duration, die Kennzahlen *Modified Duration* und *Basispointvalue* berechnet werden.

Sowohl die Duration als auch die Modified Duration und natürlich damit auch der Basispointvalue hängen von dem aktuellen Renditeniveau ab.

Beispiel 5.3.4.:
Das Wertpapier aus **Beispiel 5.1.1.** hat in Abhängigkeit vom Renditeniveau die folgenden Parameter:
Nominal EUR 5.000.000

Rendite	Kurs	Preis	BPV	ModDur	Dur
4%	110,4843%	5.524.215,00	-2.791,73	5,0536%	5,2558
5%	105,0757%	5.253.784,60	-2.619,01	4,9850%	5,2342
6%	100,0000%	5.000.000,00	-2.458,66	4,9173%	5,2124
7%	95,2335%	4.761.673,02	-2.309,70	4,8506%	5,1901

Tabelle 5.14.

Dem Effekt, wie er in **Beispiel 5.3.4.** dargestellt wird, wird durch die *Konvexität* Rechnung getragen.

Ebenso wie bei der Modified Duration ergibt sich bei der formalen Fortsetzung der Duration auf ein fristeninkongruent refinanziertes Portfolio ein konzeptionelles Problem. Die Duration des Portfolios aus den **Beispiel 5.1.5.** und **Beispiel 5.2.3.** ist bei einer streng formalen Fortsetzung der Definition der Duration unendlich groß.
Der Ausweg besteht wieder in der Addition der Duration der Aktiv- und der Passivpositionen.

Beispiel 5.3.5.:
Gegeben sei wieder das Portfolio aus **Beispiel 5.1.5.** und **Beispiel 5.2.3.** Für die Duration ergibt sich folgendes:

Instrument	Barwert	BPV	ModDur	Dur
Floater	-5.000.000	242,13	-0,4843%	-0,50
Bond	5.000.000	-2.537,85	5,0757%	5,33
Portefolio (Addition)	0	-2.295,72	4,5914%	4,83
Portfolio (gewichtet)	0		#DIV/0!	#DIV/0!

Tabelle *5.15.*

Analog zu **Beispiel 5.1.6.** kann die Duration für verschiedene Laufzeitzonen betrachtet werden. Die Berechnung ist sehr einfach, da man es nur mit reinen CashFlows zu tun hat, deren Duration gleich ihrer Laufzeit ist. Die so berechnete Duration wird *Key-Rate-Duration* genannt.

Beispiel 5.3.6.:
Gegeben sei das Portfolio aus **Beispiel 5.1.6.**.
Die Durationen pro Laufzeitzone stehen in der folgenden Tabelle:

Zone	0	1	2	3	4	5	6	7	8	9	10
Duration	0,50	1,50	2,50	3,50	4,50	5,50	6,50	7,50	8,50	9,50	10,50
Barwertgewichtete Duration	0,10	0,04	0,54	0,83	0,51	0,10	0,03	0,07	0,03	0,37	0,00

Tabelle *5.16.*

5.4.Konvexität

Bevor wir direkt zur *Konvexität* (*Convexity*) kommen, betrachten wir die Barwertfunktion eines Straight-Bonds graphisch, die den Zusammenhang zwischen *Barwert* und *Rendite* zeigt:

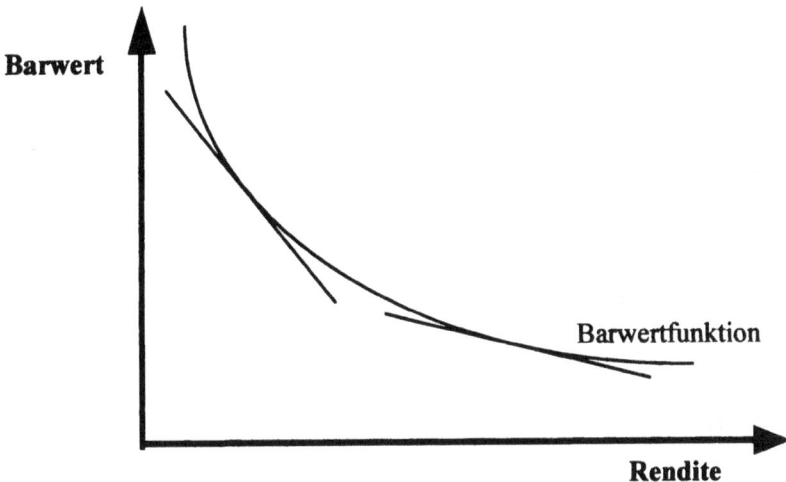

Abbildung 5.7

Diese Kurve hat in jedem Punkt eine Steigung, die graphisch durch die Tangente an die Barwertfunktion dargestellt werden kann. Mathematisch wird die Steigung durch die erste Ableitung der Barwertfunktion nach der Rendite beschrieben. (siehe *Basispointvalue*)
Darüberhinaus hat diese Kurve auch noch eine Krümmung.
Diese drückt sich graphisch dadurch aus, daß die Steigung der Tangente davon abhängt, an welchen Punkt der Barwertfunktion diese Tangente angelegt ist.
Mathematisch wird die Krümmung durch die zweite Ableitung der Barwertfunktion nach der Rendite beschrieben.
Damit stellt die Krümmung ein Maß für die Reagibilität der Steigung (*BPV*) auf eine marginale Renditeänderung dar.
Darüberhinaus drückt eine starke Krümmung (hohe Konvexität) aus, daß der Barwert bei einer Renditesenkung sehr viel stärker steigt als er bei einer gleichgroßen Renditeerhöhung fällt. Die Chancen und Risiken eines Investments sind also bei einer starken Krümmung zu Gunsten des Investors sehr stark asymmetrisch verteilt.
Eine hohe Konvexität bevorzugt insofern den Investor in Hinblick auf sein Chancen-Risiko-Profil.

Zur Herleitung der Konvexität:
Die Barwertfunktion kann mit Hilfe einer *Taylor-Entwicklung* bis zu einer beliebigen Genauigkeit approximiert werden, wenn nur ihre Ableitungen bekannt sind (siehe Anhang).

Wendet man den Satz von Taylor auf die Barwertfunktion eines festverzinslichen Wertpapiers an und bricht nach dem zweiten Glied ab, erhält man:

$$P(Rendite) \approx P(Rendite_0) + \frac{\partial P}{\partial Rendite} \Delta Rendite + \frac{1}{2} \cdot \frac{\partial^2 P}{\partial^2 Rendite} \Delta Rendite^2$$

Mit den Bezeichnungen aus *5.1.Basispointvalue* bis *5.3.Duration* ergibt sich für $\Delta Rendite = 0,01\% = 1 BP = \frac{1}{10.000}$:

$$P(Rendite) - P(Rendite_0) \approx BPV + \frac{1}{2} \cdot \frac{\partial^2 P}{\partial^2 Rendite} \Delta Rendite^2$$

$$= \frac{-1}{(1 + Rendite)} Duration \cdot P(Rendite_0) \cdot \frac{1}{100} + \frac{1}{2} \cdot \frac{\partial^2 P}{\partial^2 Rendite} \Delta Rendite^2$$

$$= -ModDuration \cdot P(Rendite_0) \cdot \frac{1}{100} + \frac{1}{2} \cdot \frac{\partial^2 P}{\partial^2 Rendite} \Delta Rendite^2$$

Zuweilen wird in der Literatur der Ausdruck
$$\frac{1}{2} \cdot \frac{\partial^2 P}{\partial^2 Rendite} \cdot \frac{1}{P}$$
als *Konvexität* bezeichnet.

In der Praxis und von der *ISMA* wird jedoch der Ausdruck

$$\boxed{\begin{aligned} Konv \quad &= \quad \frac{1}{P} \cdot \frac{\partial^2 P}{\partial^2 Rendite} \\ &= \quad \frac{1}{P} \cdot \frac{1}{(1 + Rendite)^2} \cdot \sum_{t=1}^{n} t \cdot (t+1) \cdot \frac{CF}{(1 + Rendite)^t} \end{aligned}}$$

Formel *5.10*

Konvexität genannt.
Wir wollen uns im folgenden dieser Marktusance anschließen.

Im allgemeinen genügt die folgende Annäherung für die Konvexität:

$$Konv^* = 10^6 \cdot \frac{P(Rendite + 10BP) + P(Rendite - 10BP) - 2 \cdot P(Rendite)}{P(Rendite)}$$

Formel *5.11*

In dieser Formel wird gerade die Asymmetrie zwischen Chancen und Risiken bei einer Renditeänderung von 10 BP gemessen.

Beispiel *5.4.1.*:
Das festverzinsliche Wertpapier aus **Beispiel *5.1.1.*** weist für eine Rendite von 5,49% eine Konvexität von 31,287 auf.
Die Approximation ergibt eine Konvexität von 31,20:

$$Konv^* = 10^6 \cdot \frac{P(5,59\%) + P(5,39\%) - 2 \cdot P(5,49\%)}{P(5,49\%)}$$

$$= 10^6 \cdot \frac{102,0423 + 103,0579 - 2 \cdot 102,5485}{102,5485} = 31,20$$

Analog zu den Kennzahlen *Duration* und *Modified Duration* ist die Konvexität barwertgewichtet additiv solange die aggregierten Positionen auf derselben Seite der Bilanz stehen. Für den Fall, daß ein Portfolio sowohl aus Aktiv- als auch aus Passivpositionen besteht, siehe **Beispiel *5.1.5.*** und **Beispiel *5.2.3.*,** sollten die Konvexitäten unter Berücksichtigung der Vorzeichen addiert werden.

Beispiel *5.4.2.*:
Betrachten wir das Portfolio aus **Beispiel *5.1.5.*,** **Beispiel *5.2.3.*** und **Beispiel *5.3.5.*:**

Instrument	Barwert	BPV	ModDur	Dur	Konvexität
Floater	-5.000.000	242,13	-0,4843%	-0,50	-0,71
Bond	5.000.000	-2.537,85	5,0757%	5,33	31,29
Portefolio (Addition)	0	-2.295,72	4,5914%	4,83	30,58

Portfolio (gewichtet)	0		#DIV/0!	#DIV/0!	#DIV/0!

Tabelle *5.17.*

Analog zu **Beispiel 5.1.6.**, **Beispiel 5.2.4.** und **Beispiel 5.3.5.** lassen sich die sogenannten *Key-Rate-Konvexitäten* definieren:

Beispiel 5.4.3.:
Gegeben sei das Portfolio aus dem **Beispiel 5.1.6.**.
Die Konvexitäten pro Laufzeitzone stehen in der folgenden Tabelle:

Zone	0	1	2	3	4	5
Konvexität	0,70	3,48	8,09	14,49	22,66	32,58
Barwertgewichtete Konvexität	0,14	0,10	1,76	3,44	2,58	0,59

Zone	6	7	8	9	10
Konvexität	44,13	57,60	72,83	89,88	0,00
Barwertgewichtete Konvexität	0,18	0,55	0,24	3,50	0,00

Tabelle *5.18.*

5.5. Theta

Im **Beispiel 5.0.2.** haben wir gesehen, daß ein festverzinsliches Wertpapier auch einem Zeitrisiko unterliegt. Diesem Zeitrisiko wollen wir uns in der gleichen Weise nähern, wie dem Zinsänderungsrisiko indem wir die partielle Ableitung der Barwertfunktion nach der Restlaufzeit bilden und somit die Barwertänderung linear approximieren.

Betrachten wir in einem ersten Schritt einen Zerobond. Dessen Barwertfunktion ist gegeben durch den Term:

$$P(Restlaufzeit) = \frac{Tilgung}{(1 + Rendite)^{Restlaufzeit}}$$
$$= Tilgung \cdot e^{-Restlaufzeit \cdot \ln(1 + Rendite)}$$

Für Restlaufzeiten, die über einem Jahr liegen.

Die erste Ableitung der Barwertfunktion nach der Restlaufzeit lautet:

$$\frac{\partial P}{\partial Restlaufzeit} = Tilgung \cdot \frac{-\ln(1 + Rendite)}{(1 + Rendite)^{Restlaufzeit}} = -\ln(1 + Rendite) \cdot P$$

Bei einer marginalen Restlaufzeitverkürzung von einem Tag ändert sich der Barwert gemäß folgender Formel:

$$\frac{\Delta P}{\Delta Restlaufzeit} \approx \frac{\partial P}{\partial Restlaufzeit} = -\ln(1 + Rendite) \cdot P$$

bzw

$$\Delta P \approx -\ln(1 + Rendite) \cdot P \cdot \Delta Restlaufzeit$$

Wird eine marginale Restlaufzeit**verkürzung** von einem Tag unterstellt, d.h. $\Delta Restlaufzeit = \frac{-1}{360}$ (negativ, da nur eine Restlaufzeitverkürzung untersucht werden darf), ergibt sich die Formel für das Theta eines Zerobonds:

$$Theta = \Delta P \approx \ln(1 + Rendite) \cdot P \cdot \frac{1}{360}$$

Formel *5.12*

Beispiel 5.5.1.:
Gegeben sei ein Zerobond, der nach 5,5 Jahren EUR 1.000.000,-- zahlt. Der Zerosatz für diese Laufzeit liege bei 5%.
Dann liegt der Barwert bei $P = \frac{1.000.000}{1,05^{5,5}} = 764.643,24$

Für Theta gilt: $Theta = \ln(1,05) \cdot 764.643,24 \cdot \frac{1}{360} = 103,63$

Der Zerobond gewinnt also zur Zeit pro Tag 103,63 EUR. Dies ist auch vergleichbar mit der Abschätzung, die man erhält, wenn man das Disagio durch die Restlaufzeit in Tagen dividiert:

$$\frac{1.000.000 - 764.643,24}{1980} = 118,87$$

Ein festverzinsliches Wertpapier ist als Portfolio von Zerobonds darstellbar. Aus diesem Grunde kann das obige Verfahren auf ein festverzinsliches Wertpapier folgendermaßen verallgemeinert werden:

Der Barwert lautet:

$$P(Restlaufzeit) = \sum_{t=1}^{n} \frac{CF}{(1 + Rendite)^t}$$

Die Ableitung nach der Restlaufzeit lautet damit:

$$\frac{\partial P}{\partial Restlaufzeit} = -\ln(1 + Rendite) \cdot \sum_{t=1}^{n} \frac{CF}{(1 + Rendite)^t}$$

und somit bleibt die obige Formel auch für ein festverzinsliches Wertpapier gültig:

$$Theta = \Delta P \approx \ln(1 + Rendite) \cdot P \cdot \frac{1}{360}$$

Formel 5.13

Beispiel 5.5.2.:
Das Theta des festverzinslichen Wertpapiers aus **Beispiel 5.1.1.** hat einen Wert von

$$Theta = \ln(1,0549) \cdot 102,5485 \cdot \frac{1}{360} = 0,0152 \text{ für Nominal EUR } 100,-$$

Für das Nominalvolumen von EUR 5 Mio ergibt sich ein Theta von EUR 761,22.

Einen alternativen Zugang zum Theta erhält man durch die folgende Überlegung:
Voraussetzung ist eine flache Zinskurve und ein *exponentielles Abzinsen* aller CashFlows auf heute. Das Theta soll die Barwertveränderung von heute auf morgen angeben. Dazu muß der heutige Barwert um einen Tag mit der Rendite exponentiell aufgezinst und der so entstandene Wertzuwachs mit dem heutigen Barwert verglichen werden:

$$Theta = P \cdot (1 + Rendite)^{\frac{1}{360}} - P = P \cdot \left((1 + Rendite)^{\frac{1}{360}} - 1 \right)$$

Formel 5.14

Beide Zugänge lösen das Problem und für kleine Restlaufzeitveränderungen (unter 10 Tagen) und kleine Renditen (unter 10%) liefern sie nahezu dasselbe Ergebnis.

Auch das Theta ist wie die *Duration* barwertgewichtet additiv:

Beispiel 5.5.3.
Für das Portfolio aus **Beispiel 5.1.2.** gilt daher:

Wertpapier	Nominal	Laufzeit	Barwert	BPV
WP1	5.000.000	6	5.127.425,00	-2.540,00
WP2	4.000.000	7	3.542.368,00	-2.132,00
Portefolio	9.000.000		8.669.793,00	-4.672,00

Wertpapier	ModDur	Duration	Theta
WP1	4,9517%	5,22	770,89
WP2	6,0163%	6,39	596,54
Portefolio	5,3867%	5,70	699,66

Tabelle *5.19*.

Auch für das Theta gelten die Anmerkungen für die Duration, die Modified Duration und die Konvexität:
Im Falle der Aggregation von reinen Aktivpositionen (Passivpositionen) ist das Theta des Portfolios als barwertgewichtetes Mittel der einzelnen Thetas zu berechnen. Falls jedoch wie in **Beispiel 5.1.5.**, **Beispiel 5.2.3.**, **Beispiel 5.3.5.** und **Beispiel 5.4.2.** ein teilweise refinanziertes Portfolio vorliegt, sollte das Theta des Portfolios durch einfache Addition ermittelt werden.

Beispiel 5.5.4.:
Gegeben sei das Portfolio aus in **Beispiel 5.1.5.**, **Beispiel 5.2.3.**, **Beispiel 5.3.5.** und **Beispiel 5.4.2.**
Es ergibt sich folgendes Bild:

Instrument	Barwert	BPV	ModDur	Dur	Konvexität	Theta
Floater	-5.000.000	242,13	-0,4843%	-0,50	-0,71	-444,21
Bond	5.000.000	-2.537,85	5,0757%	5,33	31,29	677,50
Portefolio (Addition)	0	-2.295,72	4,5914%	4,83	30,58	233,29
Portfolio (gewichtet)	0		#DIV/0!	#DIV/0!	#DIV/0!	#DIV/0!

Tabelle *5.20*.

Analog zu **Beispiel 5.1.6.**, **Beispiel 5.2.4.**, **Beispiel 5.3.5.** und **Beispiel 5.4.3.** lassen sich die sogenannten *Key-Rate-Thetas* definieren:

Beispiel 5.5.5.:
Gegeben sei das Portfolio aus **Beispiel 5.1.6.**
Die Thetas pro Laufzeitzone stehen in folgender Tabelle:

Zone	0	1	2	3	4	5	6	7	8	9	10
Theta	0,02	0,00	0,03	0,03	0,02	0,00	0,00	0,00	0,00	0,01	0,00

Tabelle *5.21.*

5.6. Delta-Plus-Ansatz

Wir haben in den letzten Kapiteln gesehen, daß mit Hilfe der Taylor-Entwicklung der Barwertfunktion eine Reihe von Risikoparametern verbunden sind. Ebenso wurde bereits angesprochen, daß die Taylor-Entwicklung einer Funktion auch zu deren Approximation herangezogen werden kann. (siehe *8.1. Analytischer Anhang*)
Das Delta-Plus-Verfahren nutzt diese Approximationsmöglichkeit konsequent und leitet so eine ganze Reihe von Kennzahlen für ein Produkt ab. Die Bezeichnung Delta-Plus-Ansatz stammt aus der Anwendung der Idee auf die Barwertfunktion von Optionen. Wir werden diesen Ansatz bei den Zinsoptionen noch einmal aufgreifen. Dennoch kann an dieser Stelle bereits der allgemeine Ansatz dargestellt und auf ein festverzinsliches Wertpapier angewandt werden.

Der Barwert eines festverzinslichen Wertpapiers hängt unter anderem von den Variablen Rendite und Restlaufzeit ab.
Es gilt also:

$$P = P(Rendite, Restlaufzeit) = \sum_{t=1}^{n} \frac{CashFlow}{(1 + Rendite)^t}$$

Formel *5.15*

Bildet man von dieser Barwertfunktion die erste und zweite Ableitung nach der Rendite und die erste Ableitung nach der Restlaufzeit, so hat man mit Hilfe der Taylor-Reihe eine Approximation der Funktion selbst. Darüberhinaus eröffnet sich noch die Möglichkeit, die Veränderung des Barwertes, oder die Reagibilität, auf marginale Änderungen der Variablen abzuschätzen.

Allgemein bedeutet dies:

$$\Delta P \approx \frac{\partial P}{\partial Rendite} \cdot \Delta Rendite + \frac{1}{2} \cdot \frac{\partial^2 P}{\partial^2 Rendite} \cdot \Delta^2 Rendite$$

$$+ \frac{\partial P}{\partial Restlaufzeit} \cdot \Delta Restlaufzeit$$

Mit den Bezeichnungen aus Kapitel **5. Risikokennzahlen** ergibt sich:

$$\Delta P \approx BPV \cdot \Delta Rendite + \frac{1}{2} \cdot Konv \cdot P \cdot \Delta^2 Rendite$$
$$+ (-Theta \cdot 360) \cdot \Delta Restlaufzeit$$

Formel *5.16*

Beispiel *5.6.1.*:
Für den Bond aus **Beispiel *5.1.1*.** gilt:

Nominal	Laufzeit	Kupon	Tilgung	Rendite	BPV	Theta	Konvexität
5.000.000	6	6,00%	100	5,49%	-2.540,00	770,89	31,28

Tabelle *5.22*.

Die Anwendung der obigen Formel ergibt eine deutlich bessere Schätzung der Veränderung des Barwertes auch bei stärkeren Renditebewegungen. Dies ist in der folgenden Tabelle dargestellt:

Ursache	Wirkung		Veränderung	
Rendite	Kurs	Barwert	Rendite	Barwert
5,49%	102,5485	5.127.425	0,00%	0
5,50%	102,4978	5.124.890	0,01%	-2.535
5,60%	101,9919	5.099.595	0,11%	-27.830
5,70%	101,4892	5.074.460	0,21%	-52.965
5,90%	100,4933	5.024.665	0,41%	-102.760

Ursache	Schätzung		Fehler	
Rendite	BPV	Delta-Plus	BPV	Delta-Plus
5,49%	0		0	0,00
5,50%	-2.540	-2.539	-5	-4,20
5,60%	-27.940	-27.843	-110	-12,96
5,70%	-53.340	-52.986	-375	-21,32
5,90%	-104.140	-102.792	-1.380	-31,83

Tabelle *5.23*.

Da hierdurch die Reagibilität des Barwertes, das Risiko, in verschiedene Komponenten aufgeteilt ist, lassen sich diese Komponenten auch einzeln steuern und limitieren.

Bei festverzinslichen Wertpapieren ist dies nicht so relevant, aber bei Optionen, deren Risikoparameter auch in der zweiten Ableitung einen verhältnismäßig hohen Einfluß auf den Preis der Option haben (Hebeleffekt der Option wegen geringen Kapitaleinsatzes), ist es dann schon sinnvoll, die einzelnen Risikoarten getrennt voneinander zu limitieren.

Desweiteren war die Praxis im Bereich der festverzinslichen Wertpapiere schneller als die Theorie und als sich die Mathematiker der Thematik angenommen haben, waren Begriffe wie *Duration, Konvexität* und *BPV* bereits praktisch besetzt. Aus diesem Grunde ist die Darstellung der obigen Formel etwas umständlich im Vergleich zu einer adäquaten Darstellung im Bereich der Optionen.
Der Begriff Delta-Plus entstammt auch der Optionstheorie, da die erste Ableitung der Optionspreisformel nach *Black&Scholes* nach dem *Underlying* allgemein *Delta* genannt wird.

5.7. Value at Risk

Der *Value at Risk* (*VaR*) Ansatz zur Darstellung, Berechnung und Limitierung von Marktpreisrisiken ist sehr komplex und sowohl für Zinsinstrumente als auch für Aktien und Waren sowie für Fremdwährungspositionen anwendbar.
Wir wollen im Rahmen dieses Buches nicht die komplette Anwendung des Ansatzes beschreiben, sondern nur auf den Teil eingehen, der für Bonds relevant ist.
Wir wollen jedoch die generelle Idee kurz darstellen, ohne auf die statistischen Details einzugehen, die in die statistische Test- und Schätztheorie führen. Zu einer detaillierten Darstellung des Konzeptes mit allen Feinheiten sei auf das RiskMetrics™-Technical Document von J. P. Morgan verwiesen.

Der *Value at Risk* (*VaR*) gibt an, welchen Verlust man auf eine Position innerhalb einer bestimmten Halteperiode (z. B. 10 Tage) mit einer vorgegebenen Wahrscheinlichkeit (z. B. 95%) maximal erleidet, wenn unterstellt wird, daß die Modellannahmen (z. B. Verteilungsannahmen, Übertragbarkeit historischer Erfahrung in die Zukunft) zutreffen.

Der Value at Risk Ansatz ist im Gegensatz zu den bisher behandelten Methoden ein statistisches Konzept. Es basiert auf den Arbeiten von *Harry Markowitz* zur *Portfoliotheorie*, die er 1952 geschrieben hatte und für die er 1991 mit dem Nobelpreis für Wirtschaftswissenschaften ausgezeichnet wurde.

Aus der Portfoliotheorie, insbesondere aus dem *Capital Asset Pricing Model* (*CAPM*), läßt sich der Begriff des Risikos folgendermaßen definieren:
Das Risiko eines Assets kann als Schwankungsbreite der Erträge dieses Assets definiert werden.
Die Statistik stellt hierzu die *Standardabweichung* zur Verfügung.
Sind der Erwartungswert der Erträge aus einem Asset und deren Standardabweichung bekannt, kann folgende Aussage getroffen werden (siehe *8.2.Statistischer Anhang*):
Die Wahrscheinlichkeit, daß die Erträge aus dem Asset in einem Intervall von 1,65 Standardabweichungen um den Erwartungswert schwanken, liegt unter 90 %.
Zu 5,0% (5 Tage von 100 Tagen) liegen die Gewinne außerhalb der erwarteten Spanne (gut für den Investor).
Zu 5,0% liegen die Verluste außerhalb der erwarteten Spanne (schlecht für den Investor).

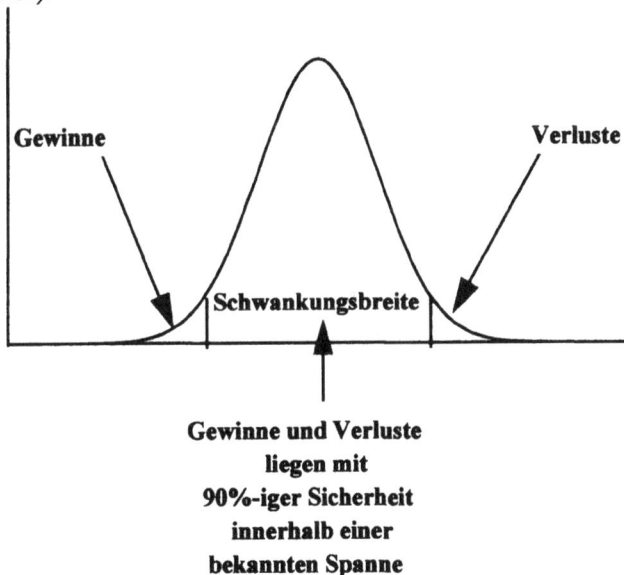

Abbildung *5.8*

Damit ist der Verlust, der in 95 Tagen (90 + 5) bei einer Haltedauer von 100 Tagen nicht überschritten wird, bekannt. Man hat also eine Sicherheit von 95 % daß der maximal verhergesagte Verlust nicht überschritten wird. In diesem Fall ist ein Sicherheitsniveau (Konfidenzniveau) von 95% , bzw. eine Irrtumswahrscheinlichkeit von 100% - 95% = 5% erreicht.

Aus diesem Grunde ist die Standardabweichung der Erträge (auch *Volatilität* genannt, aber nicht zu verwechseln mit der Volatilität im *Black&Scholes* Modell) als Risikokennzahl geeignet.

Zur Verdeutlichung dieser Idee betrachten wir folgendes Beispiel:

Beispiel 5.7.1.:
Gegeben sei ein Bond mit einer Restlaufzeit von 5 Jahren, einem Kupon von 5% und einer Tilgung von 100%. Das Nominalvolumen liege bei EUR 100.000,--, die aktuelle Rendite bei 4,90%. Der Kurs notiert somit bei 100,43%.
Wenn die Standardabweichung der relativen Kursänderungen in der Vergangenheit bei 0,2194% lag, dann ist von einer Kursschwankung von 1,65·0,2194%=0,36201% auszugehen.
Dies bedeutet, daß auf den gehaltenen Bond ein Verlust von
0,36201%·100,43%·100.000 = 363,57
mit 95-prozentiger Wahrscheinlichkeit nicht überschritten wird.

In der Praxis ist es schwierig die Standardabweichung der relativen Kurs-schwankungen zu beobachten, einerseits, weil in einem Portfolio unter Umständen mehrere hundert verschiedene Bonds gehalten werden, andererseits weil die Kursschwankungen der Vergangenheit ja auch zu ab-nehmenden Restlaufzeiten beobachtet wurden.

Darüberhinaus hängen die Kursschwankungen verschiedener Bonds mit gleicher, oder fast gleicher, Restlaufzeit von der aktuellen gegebenen Rendite ab, für die die Standardabweichung der relativen Änderungen sehr leicht berechnet werden kann.

Aus diesem Grunde kann auch die Standardabweichung der relativen Renditeänderungen berechnet und diese auf die aktuelle Rendite angewendet werden. Damit kann dann mit Hilfe der Sensitivität des Barwertes auf Renditeänderungen die mit einer gewissen Wahr-scheinlichkeit nicht überschrittene Barwertänderung berechnet werden.

Beispiel 5.7.2.:

Sei die Standardabweichung der 5-jährigen Rendite (aktuell: 4,90%) mit
0,9829% bekannt. Dann schwankt diese mit 90%-iger Wahrscheinlichkeit
maximal um
1,65·0,9829%=1,62179%
Bei einer *Modified Duration* von 4,3347% schwankt also der Barwert von
EUR 100.400,-- um nicht mehr als
1,62179%·4,90·4,3347%·100.430 = 345,95 EUR.

Alternativ kann statt mit der *Modified Duration* mit dem *Basispointvalue*
gearbeitet werden:
Bei einem BPV von -0,0435 (pro nominal EUR 100) bzw. EUR 4.350,00
(pro nominal EUR 100.000) schwankt der Barwert mit 90%-iger
Wahrscheinlichkeit um nicht mehr als
1,62179%·4,90·4.350 = 345,68 EUR
(vgl. **Beispiel 5.7.1.**)

Der Verlust wird also mit 95%-iger Wahrscheinlichkeit eine obere Grenze
von EUR 345,95 (bzw. EUR 345,68) nicht überschreiten.

Die Methoden, den *VaR* zu berechnen, variieren in erster Linie in der Art
und Weise, wie die Parameter der Barwertänderungen berechnet werden.
Hierzu bieten sich, in Abhängigkeit von den zu untersuchenden Assets,
mehrere Wege an:

Historische Daten:
Man schätzt die Parameter aus historischen Kursen (Preisen) direkt, indem
beispielsweise bei einem Future die von der Börse veröffentlichten
Schlußkurse herangezogen werden. (siehe **Beispiel 5.7.1.**, falls die
dortigen Kurse in der Vergangenheit beobachtet wurden.)

Monte Carlo Simulation:
Statt den Parametern der Preise werden die Parameter des
marktwertbestimmenden Faktors (*Rendite*) aus historischen Daten
geschätzt. Von diesen ausgehend können Szenarien simuliert werden, die
diesen Parametern entsprechen. Für jedes (Rendite-) Szenario berechnet
man den Preis des Assets (z. B. Optionen) und aus der Vielzahl der
berechneten Preise können die Parameter ihrer Verteilung geschätzt
werden. (siehe **Beispiel 5.7.1.**, falls die dortigen Kurse simuliert wurden.)

Analytische Approximation:
Man betrachtet die Entwicklung des marktwertbestimmenden Faktors (*Rendite*) und berechnet die Parameter seiner Verteilung (die Verteilung der Rendite), die schließlich mit Hilfe einer Sensitivität (*Modified Duration* oder *Basispointvalue*) in die Parameter der Verteilung des Barwertes transformiert werden. Dieses Vorgehen ist bei Instrumenten, bei denen zwischen dem marktwertbestimmenden Faktor (Rendite) und dem Barwert (Preis) ein ausgeprägt nichtlinearer Zusammenhang besteht (z. B. Optionen) nicht zu empfehlen.

Wie aber können die Parameter berechnet werden?
Zur Beantwortung dieser Frage führen wir folgende Variablen ein:

Z_t sei der Zinssatz zum Zeitpunkt t

K_t sei der Barwert des Bonds zum Zeitpunkt t

X_t sei die relative Zinssatzänderung von Zeitpunkt t-1 bis t

$n+1$ sei die Anzahl der Beobachtungen, der erste Zinssatz habe den Index 0

BPV   sei der Basispointvalue des Bonds

ModDur   sei die Modified Duration des Bonds

$1-\alpha$ sei das (Konfidenz-)Niveau

λ sei ein Parameter, der durch das Konfidenzniveau und die Standardabweichung festgelegt wird.

Damit gilt:

$$X_t = \frac{Z_t - Z_{t-1}}{Z_{t-1}} \approx \ln\left(\frac{Z_t}{Z_{t-1}}\right)$$; aus $n+1$ beobachteten Zinssätzen lassen

sich genau n relative Änderungen berechnen.
Da die Zinssätze LOG-normalverteilt sind (siehe *8.2.Statistischer Anhang*), sind deren relative Änderungen X_t normalverteilt. Die Parameter der Verteilung der relativen Zinssatzänderungen lassen sich folgendermaßen schätzen:
Der Erwartungswert:

$$EW(X) = \mu = \frac{1}{n}\sum_{t=1}^{n} X_t = \frac{1}{n}\sum_{t=1}^{n} ln\left(\frac{Z_t}{Z_{t-1}}\right)$$

$$= \frac{1}{n}\left(ln\left(\frac{Z_1}{Z_0}\right) + ln\left(\frac{Z_2}{Z_1}\right) + \dots + ln\left(\frac{Z_n}{Z_{n-1}}\right)\right)$$

$$= \frac{1}{n}\left(ln\left(\frac{Z_1}{Z_0}\cdot\frac{Z_2}{Z_1}\cdot\dots\cdot\frac{Z_n}{Z_{n-1}}\right)\right)$$

$$= \frac{1}{n} ln\left(\frac{Z_n}{Z_0}\right)$$

Die <u>Varianz</u>:

$$Var(X) = \sigma^2 \;=\; \frac{1}{n-1}\sum_{t=1}^{n} (X_t - \mu)^2$$

bzw.

Die <u>Standardabweichung</u>:

$$StD(X) = \sigma \;=\; \sqrt{\sigma^2} = \sqrt{\frac{1}{n-1}\sum_{t=1}^{n} (X_t - \mu)^2}$$

An dieser Stelle muß das Konfidenzniveau $1-\alpha$ festgelegt werden, sodaß gilt:

$$P\big(\mu - \lambda\cdot\sigma \le X \le \mu + \lambda\cdot\sigma\big) \ge 1-\alpha \;.$$

Damit ist gewährleistet, daß

$$P\big(X < \mu - \lambda\cdot\sigma \;\; \text{oder} \;\; \mu + \lambda\cdot\sigma < X\big) < \alpha$$

gilt.

Das heißt, daß die Wahrscheinlichkeit, daß die relative Schwankung der Rendite größer als $\lambda\cdot\sigma$ ist, unter α liegt.

Zu gegebenem α ist aus der Tabelle der Normalverteilung (siehe Tabelle 8.2) der Wert für λ leicht abzulesen, beispielsweise findet man zu $\alpha = 1\%$ für λ den Wert 2,56, für $\alpha = 2\%$ findet man den Wert $\lambda = 2,32$ und für $\alpha = 5\%$ findet man den Wert $\lambda = 1,96$.

Betrachtet man die aktuelle Rendite Z_n , dann kann man sagen, daß die Wahrscheinlichkeit dafür, daß die Renditeänderung größer als $\left|Z_n \cdot \sigma\cdot\lambda\right|$ ist, unter α liegt:

Diese mit gegebener Wahrscheinlichkeit maximale Renditeänderung kann leicht in eine Barwertänderung umgerechnet werden, indem sie mit der *Modified Duration* multipliziert wird: $|Z_n \cdot \sigma \cdot \lambda \cdot ModDur|$.

Wird dieser Term noch mit dem aktuellen Barwert multipliziert, erhält man das aktuelle Risiko auf diese Position, also den mit gegebener Wahrscheinlichkeit $1 - \dfrac{\alpha}{2}$ nicht übertroffenen Verlust auf diese Position.

$$|Z_n \cdot \sigma \cdot \lambda \cdot ModDur \cdot Barwert| = Barwertschwankung$$

Formel 5.17

Alternativ kann auch, wie in **Beispiel 5.7.2.** gezeigt, die Renditeschwankung mit dem Basispointvalue in eine Barwertschwankung umgerechnet werden:

$$|Z_n \cdot \sigma \cdot \lambda \cdot BPV \cdot Nominalwert| = Barwertschwankung$$

Formel 5.18

Beispiel 5.7.3.:
Betrachten wir am 05. Dezember 1996 einen Bond mit 10-jähriger Restlaufzeit und einem Kupon von 6,00% der zu pari getilgt wird. Die aktuelle Rendite liegt bei 6,01%, damit ist der Kurs bei 99,926%. Der Nominalbetrag sei EUR 100.000,--.

Die Renditen für 10-jährige Papiere verhielten sich in dem Zeitraum vom 05. September bis zum 05. Dezember wie in der im Anhang stehenden Tabelle *8.1* aufgeführt.

Der Erwartungswert der relativen Änderungen lautet:

$$\mu = \frac{1}{59} \cdot \ln\left(\frac{6,60}{6,01}\right) = 0,1587\%$$

und die Standardabweichung liegt bei:
$\sigma = 0,6102\%$

Graphisch lassen sich die relativen Renditeänderungen folgendermaßen darstellen:

Relative Renditeschwankung 10 Jahre

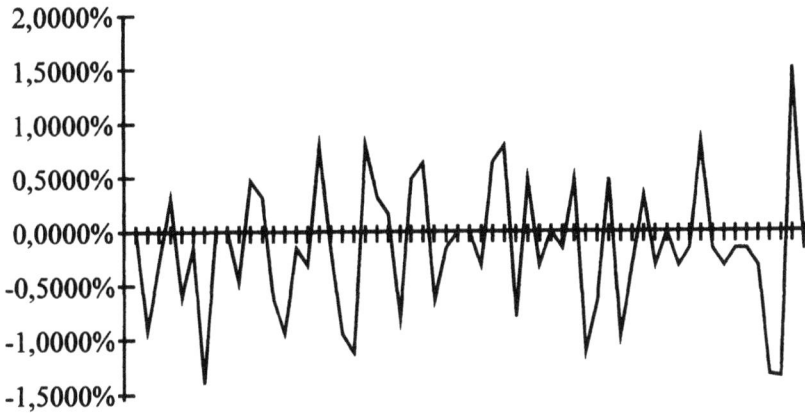

Abbildung *5.9*

Bei einem Konfidenzniveau von 90% erhält man ein λ von 1,65 (siehe Tabelle *8.2*) und es ergibt sich eine Renditeschwankung von $6,01 \cdot 0,6102\% \cdot 1,65 = 6,0510\%$ (Rendite am 05.12.96: 6,01 ; $\sigma = 0,6102\%$; ,λ =1,65) , die mit Hilfe der Modified Duration von - 7,3585% in eine Kursschwankung von $6,0510\% \cdot 7,3585\% \cdot 99,926\% = 0,4449\%$ umgerechnet werden kann. Damit ist mit 90%-iger Wahrscheinlichkeit eine Barwertschwankung von unter $0,4449\% \cdot 100.000 = 444,90$ zu erwarten, der Verlust auf diese Position ist also zu 95% kleiner als 444,90.

Das oben gezeigte Vorgehen ist noch einmal dargestellt in Abbildung *5.11* und Abbildung *5.12*.
In der Praxis zeigt die Erfahrung, daß sich verschiedene Kurse oder Zinssätze nicht völlig unabhängig voneinander bewegen, daß sie sich einander gegenläufig verhalten oder mehr oder weniger stark miteinander bewegen. Dieser Beobachtung trägt die *Korrelation* Rechnung, die ein Maß darstellt, wie Zufallsvariablen (Aktienkurse, Futurekurse, Devisenkurse, Zinssätze) statistisch miteinander zusammenhängen. (siehe Anhang)

Beispiel *5.7.4.*:
Werden die relativen Renditeänderungen für 5 Jahre und 10 Jahre aus **Beispiel *5.7.1.*** gemeinsam in einer Graphik abgetragen, wird ein enger Zusammenhang zwischen ihnen deutlich:

Relative Renditeschwankung

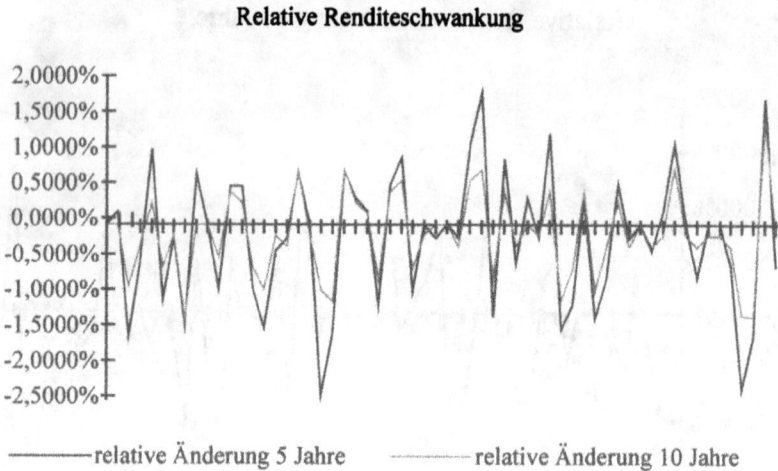

───────relative Änderung 5 Jahre   ·············· relative Änderung 10 Jahre

Abb
ildung *5.10*

Um die Korrelation berechnen zu können, muß zunächst die *Kovarianz*
berechnet werden. Zu den Formeln siehe *8.2.Statistischer Anhang*.
Die Kovarianz liegt bei $Cov = 0,0057\%$, die Korrelation bei
$\rho = 94,4226\%$.

Die beiden Bonds aus **Beispiel *5.7.1*.** und **Beispiel *5.7.2*.** verhalten sich
also nicht unabhängig voneinander, weshalb das Gesamtrisiko eines
Portfolios aus beiden Bonds nicht als Summe der Einzelrisiken berechnet
werden kann.
Ein Portfolio ist eine Kombination verschiedener Assets zu bestimmten
relativen Anteilen. Das Risiko des Portfolios kann deshalb wie das Risiko
eines einzelnen Assets mit Hilfe der Standardabweichung der relativen
Barwertschwankungen berechnet werden. Die Verbindung der einzelnen
Bestandteile untereinander wird mit Hilfe der Korrelationen hergestellt.
Um die Standardabweichung eines Portfolios aus m einzelnen
Komponenten und dessen Risiko zu berechnen, führen wir folgende
Bezeichnungen ein:

$$[VaR] := \begin{bmatrix} Var_1 \\ \vdots \\ Var_m \end{bmatrix} \qquad \text{der Vektor der VaR der einzelnen Komponenten}$$

$$[a] := \begin{bmatrix} a_1 \\ \vdots \\ a_m \end{bmatrix}$$ der Vektor der relativen Barwertanteile der

einzelnen Komponenten

$$[Korr] := \begin{bmatrix} 1 & \cdots & \rho_{1,m} \\ \vdots & \ddots & \vdots \\ \rho_{m,1} & \cdots & 1 \end{bmatrix}$$ die Korrelationsmatrix der einzelnen

Komponenten

$$[Cov] := \begin{bmatrix} \sigma_1^2 & \cdots & \sigma_{1,m} \\ \vdots & \ddots & \vdots \\ \sigma_{m,1} & \cdots & \sigma_m^2 \end{bmatrix}$$ die Varianz-Kovarianz-Matrix der

einzelnen Komponenten

$$[\Sigma] := \begin{bmatrix} \sigma_1 & \cdots & 0 \\ \vdots & \ddots & \vdots \\ 0 & \cdots & \sigma_m \end{bmatrix}$$ die *Diagonalmatrix*, die die

Standardabweichungen der einzelnen Komponenten enthält

λ sei der Parameter, der durch das Konfidenzniveau gegeben wird
BW_i der Barwert der *i*-ten Komponente in dem Portfolio
BW sei der Barwert des Portfolios
Dann gilt mit den einfachen Beziehungen
$VaR_i = \lambda \cdot \sigma_i \cdot BW_i$ für $1 \le i \le m$

$\sigma_{i,j} = \sigma_i \cdot \sigma_j \cdot \rho_{i,j}$ für $1 \le i, j \le m$

$\rho_{i,j} = 1$ für $i = j$

daß die Standardabweichung des Portfolios geschrieben werden kann als:
$$\sigma = \sqrt{[a]^t \cdot [Cov] \cdot [a]}$$

Damit gilt für den VaR des Portfolios:

$$
\begin{aligned}
VaR &= \lambda \cdot BW \cdot \sigma \\
&= \lambda \cdot BW \cdot \sqrt{[a]^t \cdot [Cov] \cdot [a]} \\
&= \lambda \cdot BW \cdot \sqrt{[a]^t \cdot [\Sigma]^t \cdot [Korr] \cdot [\Sigma] \cdot [a]} \\
&= \sqrt{(\lambda \cdot BW \cdot [\Sigma] \cdot [a])^t \cdot [Korr] \cdot (\lambda \cdot BW \cdot [\Sigma] \cdot [a])} \\
&= \sqrt{[VaR]^t \cdot [Korr] \cdot [VaR]}
\end{aligned}
$$

in dem offensichtlich die Korrelationen zwischen den relativen Barwertänderungen der einzelnen Komponenten berücksichtigt sind.

Mit Hilfe der Formel

$$
VaR = \sqrt{[VaR]^t \cdot [Korr] \cdot [VaR]}
$$

Formel *5.19*

kann also auf einfache Weise aus den VaR der einzelnen Bestandteile des Portfolios der VaR des gesamten Portfolios berechnet werden, wenn nur die Korrelationsmatrix vorliegt.

Die Anwendung auf die Bonds aus **Beispiel 5.7.1.** und **Beispiel 5.7.2.** wird in folgendem Beispiel deutlich:

Beispiel 5.7.5.:
Bei einem Konfidenzniveau von 90% errechnet man für die beiden Bonds aus **Beispiel 5.7.1.** und **Beispiel 5.7.3.** folgende Parameter:

Laufzeit	Nominal	VaR	Standard abweichung	Kovarianz	Korrelation
5 Jahre	100.000,00	-345,68	0,98%	0,01%	94,42%
10 Jahre	100.000,00	-444,79	0,61%		

Tabelle *5.24*.

Damit läßt sich der VaR für ein Portfolio aus beiden Bonds folgendermaßen berechnen:

$$
\begin{aligned}
VaR &= \sqrt{(-345,68 \quad -444,79) \cdot \begin{pmatrix} 100,0000\% & 94,4226\% \\ 94,4226\% & 100,0000\% \end{pmatrix} \cdot \begin{pmatrix} -345,68 \\ -444,79 \end{pmatrix}} \\
&= 779,55
\end{aligned}
$$

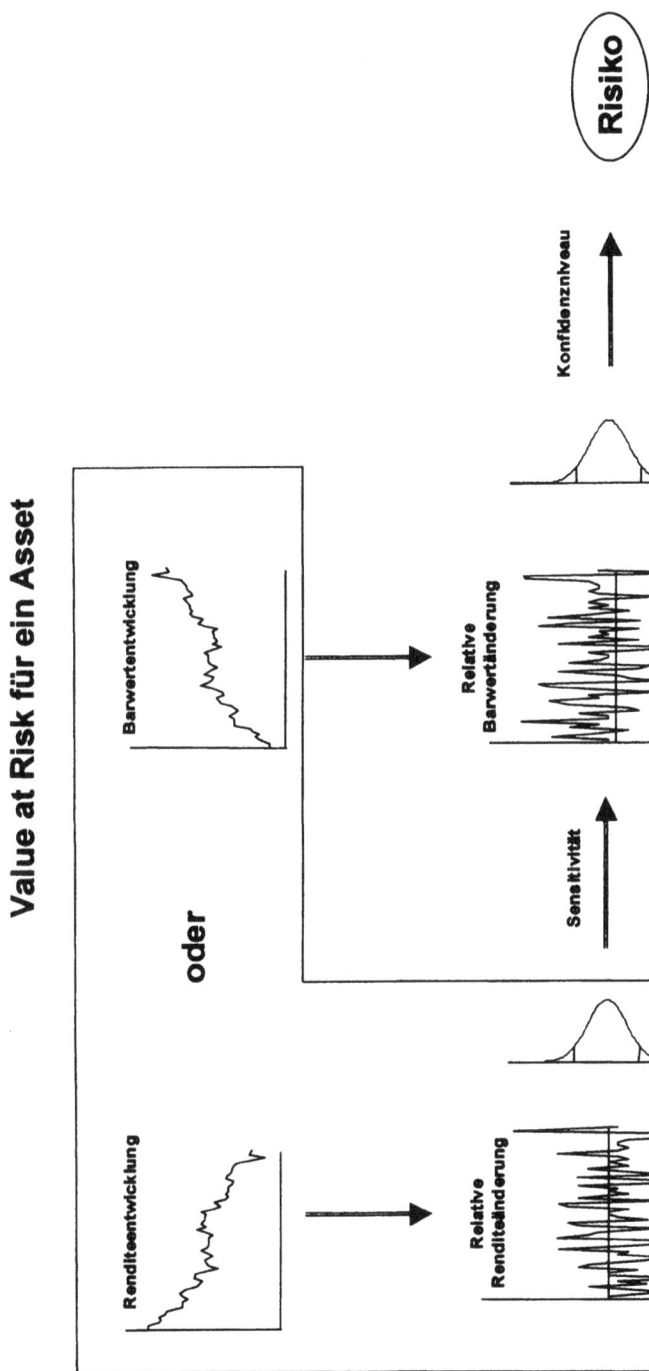

Abbildung *5.11*

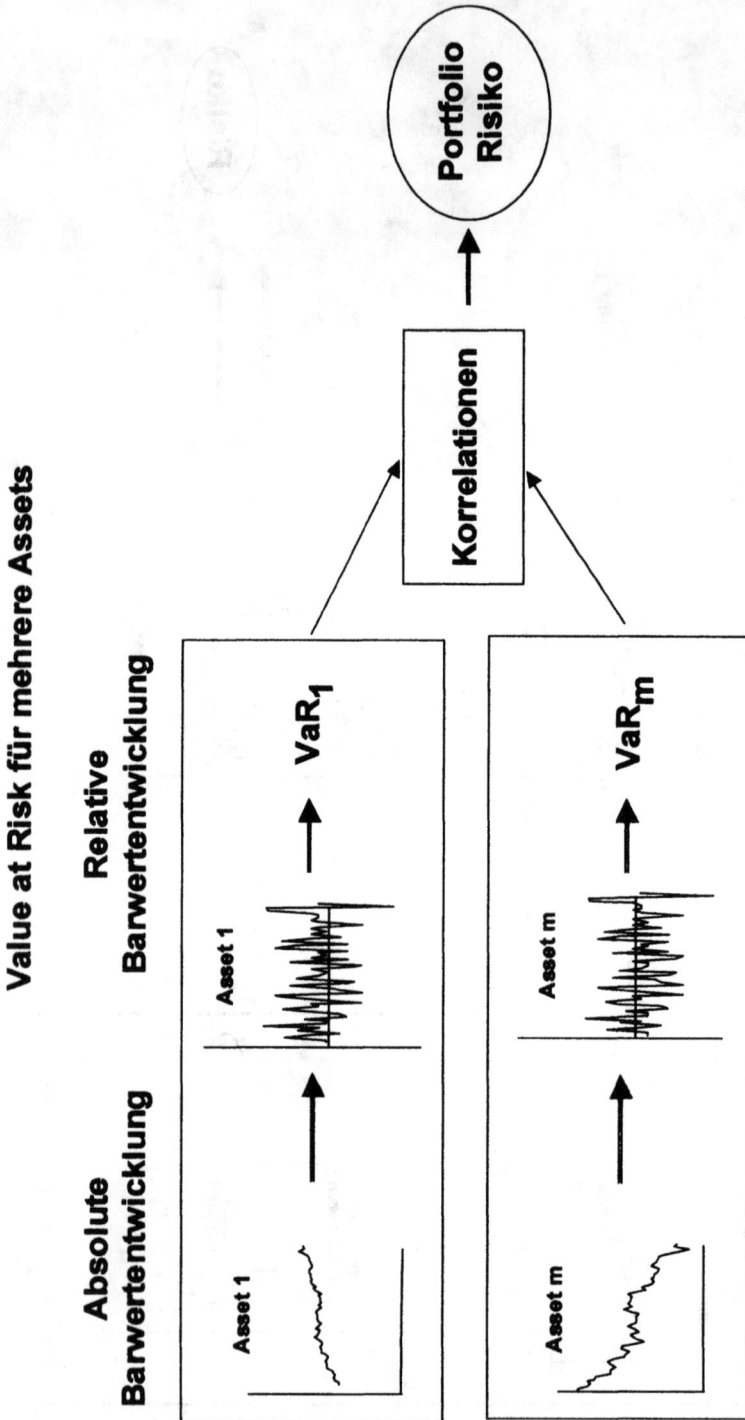

Abbildung *5.12*

5.8. Übungen

Übung 5.1.:
Berechnen Sie die Kennzahlen Duration, Modified Duration, Basispointvalue, Konvexität und Theta für eine Ewige Rente. Tragen Sie den Barwert der Ewigen Rente in Abhängigkeit von der Rendite in einem Graphen ab.
Nehmen Sie eine jährliche Zahlung in Höhe von EUR 3,-- an und eine Rendite von 6,00%.

Übung 5.2.:
Berechnen Sie die Kennzahlen Basispointvalue, Modified Duration, Duration, Konvexität und Theta für einen Floater mit einer Restlaufzeit von sechs Jahren und einer halbjährlichen Zinsanpassung an den 6-Monats-EURIBOR flat. Der EURIBOR, der den ersten Kupon festlegt, sei bei 3,50% gefixt. (siehe auch **Übung 6.3.**)

Übung 5.3.:
Betrachten Sie folgenden Forward-Bond:
Startvaluta in 2 Jahren, Endfälligkeit in 5 Jahren, Forward-Preis: 90,00%, Tilgung 100,00%, Kupon 6,00%.
Die Zinskurve sei flach mit einem Nominalzins von 6,50%.
1.   Stellen Sie die CashFlow-Struktur des Forward-Bonds in einer Tabelle dar.
2.   Wie hoch ist heute der Barwert dieses Forward-Bonds.
3.   Entwickeln Sie eine geschlossene Formel für den Barwert.
4.   Bestimmen Sie die erste Ableitung des Barwertes nach der Rendite.
5.   Berechnen Sie die Kennzahlen Duration, Modified Duration, Basispointvalue, Konvexität und Theta.

Übung 5.4.:
Beweisen Sie mit Hilfe der Regel von l' Hospital daß die folgende Beziehung gilt:

$$D = \frac{\ln\left(\dfrac{\tilde{P}}{P}\right)}{\ln\left(\dfrac{1+r}{1+r+\lambda}\right)} \xrightarrow{\lambda \longrightarrow 0} Dur$$

Vergleiche Kapitel **5.3.Duration**.

Übung 5.5.:

Gegeben seien folgende Bonds:

Bezeichnung:	Bond 1	Bond 2	Bond 3
Nominal:	100.000.000	100.000.000	246.169.746
Laufzeit:	10	2	5
Kupon:	6,00	3,00	1,02
Tilgung:	100	100	100
Rendite:	6,00%	3,00%	5,40%
Preis:	100.000.000	100.000.000	200.000.000
Basispointvalue:	-73.601	-19.135	-92.729
Modified Duration:	-7,36%	-1,91%	-4,64%
Duration:	7,80	1,97	4,89
Konvexität:	69,74	5,55	26,20
Theta:	16.186	8.211	29.218

Tabelle 5.25.

Stellen Sie aus den obigen Wertpapieren ein Portfolio zusammen, welches bei einem Anlagehorizont von 5 Jahren ein optimales Chancen-Risiko-Profil liefert.

Übung 5.6.:

In Ihrem Portfolio sind folgende drei Bonds enthalten:

Bezeichnung	Bond 1	Bond 2	Bond 3
Nominal	100,00	100,00	100,00
Laufzeit	10	5	2
Kupon	10,00%	5,00%	2,00%
Rendite	7,13%	3,88%	3,05%
Preis	120,00	105,00	98,00
Duration	7,96	4,20	1,88

Tabelle 5.26.

1. Welche Rendite hat Ihr Portfolio?
2. Welche Durchschnittsrendite hat Ihr Portfolio? Gewichten Sie mit dem Nominalwert, mit der Laufzeit, mit dem Barwert und mit der Duration.

6. Zinsinstrumente

In der Praxis hat sich eine ganze Menge von unterschiedlichen Zins-instrumenten herausgebildet. Prinzipiell jedoch können all diese Instrumente durch ihre CashFlows beschrieben werden. Dazu ist es notwendig, sich die einzelnen Dimensionen der CashFlows anzusehen: Jeder CashFlow ist gekennzeichnet durch seine Höhe (incl. Vorzeichen), durch seine Währung, durch seinen Zeitpunkt. Jede dieser Dimensionen kann sicher oder unsicher sein. Im Falle der Unsicherheit ist es, zumindest in der Theorie, möglich, für jede dieser Dimensionen eine Wahrscheinlichkeitsverteilung anzugeben.

Unter Unsicherheit wollen wir nicht die Möglichkeit eines Kontrahenten-ausfalls verstehen. Wir wollen hier nur die Marktunsicherheit betrachten.

Dimension		Beispiel
Währung	sicher	Bundesanleihe
	unsicher	manche Doppelwährungsanleihen
Höhe	sicher	Kuponzahlung einer Bundesanleihe
	unsicher	Floater
Zeitpunkt	sicher	Kupontermin einer Bundesanleihe
	unsicher	Amerikanische Zinsoption

Tabelle *6.1.*

Zerobonds weisen in allen drei Dimensionen Sicherheit auf.

Die "normalen" festverzinslichen Wertpapiere, Plain-Vanilla-Bonds, lassen sich aus Zerobonds zusammensetzen (siehe **Beispiel 5.3.1.**) und sind dementsprechend ebenfalls in allen drei Dimensionen sicher.

Bei "normalen" Floatern, Plain-Vanilla-Floatern, ist lediglich die Höhe der Kuponcashflows unsicher.

Wenn die Währung eines CashFlows unsicher ist, dann ist in der Kon-struktion irgendwie eine Devisenoption verborgen.

Genauso verhält es sich, wenn der Zeitpunkt eines CashFlows unsicher ist. Dann ist ebenfalls eine, normalerweise amerikanische, Zinsoption im Spiel.

In diesem Kapitel wollen wir die verschiedenen Zinsinstrumente kurz darstellen und die Methoden und Techniken der vorherigen Kapitel anwenden.

Dabei legen wir insbesondere auf das Pricing und die Risikodarstellung Wert. Zugrundegelegt wird in den folgenden Kapiteln entweder eine flache Zinskurve von 6,00% oder eine realistischere Zerozinskurve, die folgendermaßen gegeben ist:

Zerozinskurve:

Zerokurve			Zerokurve		
Laufzeit	Zerosatz	Diskont faktoren	Laufzeit	Zerosatz	Diskont faktoren
3 Monate	3,2500	0,99194	5 Jahre	5,1400	0,77832
6 Monate	3,3000	0,98377	5,5 Jahre	5,3200	0,75195
9 Monate	3,3500	0,97549	6 Jahre	5,5000	0,72525
12 Monate	3,4000	0,96712	6,5 Jahre	5,6400	0,70003
1,5 Jahre	3,5100	0,94957	7 Jahre	5,7800	0,67480
2 Jahre	3,6200	0,93135	7,5 Jahre	5,8900	0,65101
2,5 Jahre	3,8800	0,90922	8 Jahre	6,0000	0,62741
3 Jahre	4,1400	0,88542	8,5 Jahre	6,0850	0,60526
3,5 Jahre	4,4200	0,85952	9 Jahre	6,1700	0,58342
4 Jahre	4,7000	0,83217	9,5 Jahre	6,2350	0,56293
4,5 Jahre	4,9200	0,80563	10 Jahre	6,3000	0,54283

Tabelle 6.2.

Graphisch sieht diese Zerozinskurve folgendermaßen aus:

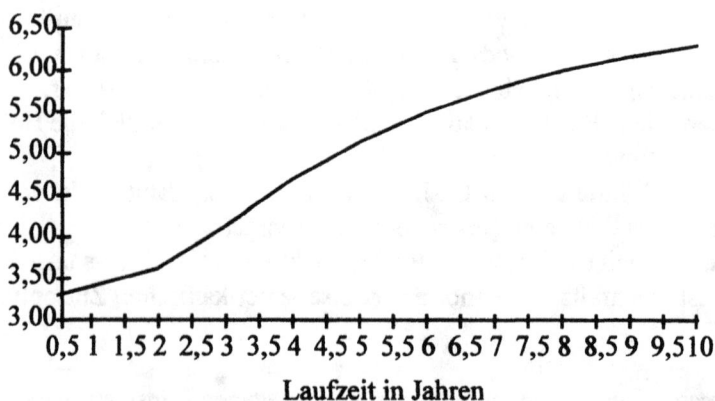

Zerozinskurve

Abbildung 6.1

Diese Zinskurve ist nach der Tagekonvention BondBasis aufgebaut. In den folgenden Kapiteln werden wir der Einfachheit halber stets mit dieser Tagekonvention arbeiten. Wenn die Praxis von dieser Konvention abweicht, wird dies entsprechend angegeben.

6.1. Zerobond

Zerobonds sind durch eine sehr einfache Struktur gekennzeichnet: Auf eine Auszahlung, den Preis, folgt genau eine Einzahlung, die Tilgung.

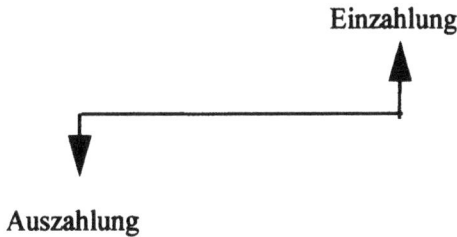

Einzahlung

Auszahlung

Abbildung *6.2*

Zwischen der Rendite und den CashFlows eines Zerobonds besteht folgender Zusammenhang:
Falls die Restlaufzeit kleiner als ein Jahr ist, gilt:

$$Preis \cdot \left(1 + Geldmarktrendite \cdot \frac{Tage}{Basis}\right) = Tilgung$$

Vgl. Geldmarktrendite aus Kapitel *3.1. Die Geldmarktrendite*.

Falls die Restlaufzeit größer als ein Jahr ist, gilt:

$$Preis \cdot (1 + AIBDrendite)^{\frac{Tage}{Basis}} = Tilgung$$

Vgl. AIBDrendite aus Kapitel *3.6. Die AIBD-Rendite*.

Aus diesen Überlegungen folgt, daß der Preis eines Zerobonds gleich dem entsprechenden Diskontfaktors ist, wenn die Tilgung zu pari erfolgt:

$$
\begin{aligned}
Preis &= (1 + AIBDrendite)^{\frac{Tage}{Basis}} \cdot Tilgung \\
&= Diskontfaktor \cdot Tilgung
\end{aligned}
$$

Formel *6.1*

Die Parameter BPV, ModifiedDuration, Duration, Konvexität, Theta lassen sich im Falle eines Zerobonds ebenfalls sehr leicht berechnen:

BPV:

Gemäß Kapitel *5.1.Basispointvalue* gilt:

$$BPV = \frac{\partial P}{\partial Rendite} \cdot \frac{1}{10.000}$$

$$= \frac{-Restlaufzeit}{(1+Rendite)} \cdot \frac{Tilgung}{(1+Rendite)^{Restlaufzeit}} \cdot \frac{1}{10.000}$$

$$= \frac{-Restlaufzeit}{(1+Rendite)} \cdot Preis \cdot \frac{1}{10.000}$$

Modified Duration:

Gemäß Kapitel *5.2.Modified Duration* gilt:

$$ModDur = \frac{\Delta P}{P} \approx \frac{1}{(1+Rendite)} \cdot \sum_{t=1}^{Fälligkeit} t \cdot \frac{CF}{P \cdot (1+Rendite)^t}\%$$

$$= \frac{1}{(1+Rendite)} \cdot Fälligkeit \cdot \frac{Tilgung}{(1+Rendite)^{Fälligkeit}} \cdot \frac{1}{100 \cdot P}$$

$$= \frac{1}{(1+Rendite)} \cdot \frac{Fälligkeit}{100}$$

Duration:

Gemäß Kapitel *5.3.Duration* gilt:

$$Dur = \sum_{t=1}^{Fälligkeit} t \cdot \frac{CF}{P \cdot (1+Rendite)^t} = \frac{Fälligkeit \cdot Tilgung}{P \cdot (1+Rendite)^t} = Fälligkeit$$

Konvexität

Gemäß Kapitel *5.4.Konvexität* gilt:

$$Konv = \frac{1}{P} \cdot \frac{1}{(1+Rendite)^2} \cdot \sum_{t=1}^{Fälligkeit} t \cdot (t+1) \cdot \frac{CF}{(1+Rendite)^t}$$

$$= \frac{1}{P} \cdot \frac{1}{(1+Rendite)^2} \cdot Fälligkeit \cdot (Fälligkeit+1) \cdot \frac{Tilgung}{(1+Rendite)^{Fälligkeit}}$$

$$= \frac{1}{(1+Rendite)^2} \cdot Fälligkeit \cdot (Fälligkeit+1)$$

Theta:

Gemäß Kapitel *5.5.Theta* gilt:

$$Theta = \ln(1+Rendite) \cdot P \cdot \frac{1}{360}$$

Beispiel 6.1.1.:

Gegeben sei die Zinskurve aus Tabelle *6.2*. Die ein bis siebenjährigen
Zerobonds und ihre Parameter sind in der folgenden Tabelle dargestellt:

Zerobonds									
Laufzeit	Diskont faktor	Tilgung	Preis	Rendite	BPV	Mod Dur	Dur	Konv	Theta
1 Jahr	0,96712	100,00	96,71	3,40000	-0,009	0,967	1	1,114	0,009
2 Jahre	0,93135	100,00	93,13	3,62000	-0,018	1,930	2	3,234	0,009
3 Jahre	0,88542	100,00	88,54	4,14000	-0,026	2,881	3	6,002	0,010
4 Jahre	0,83217	100,00	83,22	4,70000	-0,032	3,820	4	9,255	0,011
5 Jahre	0,77832	100,00	77,83	5,14000	-0,037	4,756	5	13,088	0,011
6 Jahre	0,72525	100,00	72,52	5,50000	-0,041	5,687	6	17,482	0,011
7 Jahre	0,67480	100,00	67,48	5,78000	-0,045	6,618	7	22,489	0,011

Tabelle *6.3*.

In Deutschland ist ein liquider Markt für Zerobonds noch nicht
anzutreffen, die Bundesbank will jedoch ab Juli 1997 das Stripping von
Bundesanleihen zulassen. Auf diesem Wege werden die Kuponzahlungen
und die Tilgungszahlung von Bundesanleihen voneinander getrennt und es
entstehen so einzelne Zerokuponanleihen. In den USA gibt es diese
Nullkuponanleihen bereits seit 1972, in Frankreich seit 1991. (siehe hierzu
einen Artikel im Handelsblatt vom 14.1.1997)

6.2.Bond

Durch die Komposition von Zerobonds lässt sich die CashFlow-Struktur
von Plain-Vanilla-Bonds darstellen:

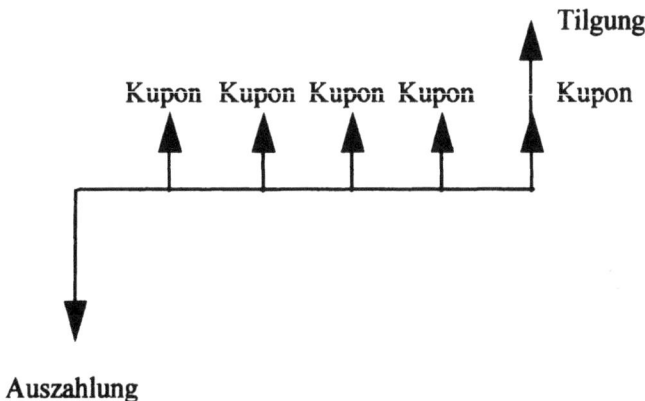

Abbildung *6.3*
Der Preis eines Plain-Vanilla-Bonds kann als Summe der Barwerte der
einzelnen CashFlows berechnet werden:

Im Falle einer flachen Zinskurve (d.h. bei bekannter Rendite):

$$Preis = Kupon \cdot \sum_{t=1}^{n} q^t + Tilgung \cdot q^n = Kupon \cdot \frac{q - q^{n+1}}{1-q} + Tilgung \cdot q^n$$

$$\text{mit } q = \frac{1}{1 + Rendite}$$

Im Falle einer normalen Zinskurve:

$$Preis = Kupon \cdot \sum_{t=1}^{n} q_t{}^t + Tilgung \cdot q_n{}^n$$

$$\text{mit } q_t = \frac{1}{1 + Zerosatz_t}$$

Für die Parameter eines Plain-Vanilla-Bonds gelten bei bekannter Rendite, oder einer flachen Zinskurve, die bereits genannten Formeln. Bei der Umformung der dort auftretenden Summen in eine geschlossene Formel kommen die im *Analytischen Anhang* bereitgestellten Summenformeln zur Anwendung:

BPV:
Gemäß Kapitel *5.1.Basispointvalue* gilt:

$$BPV = \frac{-1}{(1 + Rendite)} \cdot \sum_{t=1}^{n} t \cdot \frac{CF}{(1 + Rendite)^t} \cdot \frac{1}{10.000}$$

$$= \frac{-1}{(1 + Rendite)} \cdot \left(Kupon \sum_{t=1}^{n} t \cdot q^t + Tilgung \cdot n \cdot q^n \right) \cdot \frac{1}{10.000}$$

$$= \frac{-1}{10.000 \cdot (1 + Rendite)} \cdot$$

$$\cdot \left(Kupon \cdot \frac{q - (n+1) \cdot q^{n+1} + n \cdot q^{n+2}}{(1-q)^2} + Tilgung \cdot n \cdot q^n \right)$$

Modified Duration:
Gemäß Kapitel *5.2.Modified Duration* gilt:

$$ModDur = \frac{1}{(1 + Rendite)} \cdot \sum_{t=1}^{n} t \cdot \frac{CF}{Preis \cdot (1 + Rendite)^t}\%$$

$$= q \cdot \frac{1}{Preis} \cdot \left(Kupon \cdot \sum_{t=1}^{n} t \cdot q^t + Tilgung \cdot n \cdot q^n \right)\%$$

$$= q \cdot \frac{1}{Preis} \cdot \left(Kupon \cdot \frac{q - (n+1) \cdot q^{n+1} + n \cdot q^{n+2}}{(1-q)^2} + Tilgung \cdot n \cdot q^n \right)\%$$

Duration:
Gemäß Kapitel *5.3.Duration* gilt:

$$Dur \quad = \quad \sum_{t=1}^{n} t \cdot \frac{CF}{Preis \cdot (1 + Rendite)^t}$$

$$= \quad \frac{Kupon}{Preis} \cdot \sum_{t=1}^{n} t \cdot q^t + \frac{Tilgung}{Preis} \cdot n \cdot q^n$$

$$= \quad \frac{Kupon}{Preis} \cdot \frac{q - (n+1) \cdot q^{n+1} + n \cdot q^{n+2}}{(1-q)^2} + \frac{Tilgung}{Preis} \cdot n \cdot q^n$$

Zur Vereinfachung der Reihe, die als Faktor bei dem Kupon steht, siehe im analytischen Anhang.

Konvexität
Gemäß Kapitel *5.4.Konvexität* gilt:

$$Konv = \frac{1}{Preis} \cdot \frac{1}{(1 + Rendite)^2} \cdot \sum_{t=1}^{n} t \cdot (t+1) \cdot \frac{CF}{(1 + Rendite)^t}$$

$$= \frac{1}{Preis} \cdot \frac{1}{(1 + Rendite)^2} \cdot \left(Kupon \cdot \sum_{t=1}^{n} t \cdot (t+1) \cdot q^t + Tilgung \cdot n \cdot (n+1) \cdot q^n \right)$$

$$= \frac{1}{Preis} \cdot \frac{1}{(1 + Rendite)^2} \cdot$$

$$\cdot \left(Kupon \cdot q \cdot \frac{2 - (n+1) \cdot (n+2) \cdot q^n + 2 \cdot n \cdot (n+2) \cdot q^{n+1} - n \cdot (n+1) \cdot q^{n+2}}{(1-q)^3} + Tilgung \cdot n \cdot (n+1) \cdot q^n \right)$$

Theta:
Gemäß Kapitel *5.5.Theta* gilt:

$$Theta = \ln(1 + Rendite) \cdot Preis \cdot \frac{1}{360}$$

Beispiel 6.2.1.:
Gegeben sei ein Plain-Vanilla-Bond mit einer Laufzeit von 4 Jahren, einem Kupon von 5,00% der zu pari am Ende der Laufzeit getilgt wird.

Der CashFlow-Plan und die mit Hilfe der obigen Formeln ermittelten Parameter finden sich in der folgenden Tabelle:

Bond					
Laufzeit	Cash-Flow	Diskont faktoren ueber Zinskurve	Barwerte ueber Zinskurve	Diskont faktoren ueber Rendite	Barwerte ueber Rendite
1 Jahr	5,00	0,96712	4,8356	0,95568	4,7784
2 Jahre	5,00	0,93135	4,6567	0,91333	4,5667
3 Jahre	5,00	0,88542	4,4271	0,87286	4,3643
4 Jahre	105,00	0,83217	87,3781	0,83417	87,5882
Preis:			101,2975		101,2975

Rendite	4,6372%	Dur	3,725236914
Preis	101,2975172	Konv	38,32092182
BPV	-0,036063404	Theta	0,012754651
ModDur	3,560147059		

Tabelle 6.4.

Bonds, oder festverzinsliche Wertpapiere, sind ein beliebtes Mittel der Fremdfinanzierung. Es finden sich in der Praxis viele verschiedene Formen und Modifikationen. Einige davon werden wir in dem Abschnitt *Strukturierte Produkte* behandeln.

Neben den Bonds, die rechtlich gesehen Wertpapiere sind (Wertpapiere sind Urkunden, die ein Privatrecht verbriefen, das ohne die Urkunde nicht geltend gemacht werden kann. siehe Kasten/ Bergmann/ Richard/ Mühlmeyer, Betriebslehre der Banken und Sparkassen 1987, Seite 212) gibt es noch *Schuldscheindarlehen*, die rechtlich gesehen Kredite darstellen, und bei denen zur Geltendmachung des Rechtes die Urkunde nicht notwendig ist (siehe Kasten/Bergmann/Richard/Mühlmeyer, Betriebslehre der Banken und Sparkassen, 1987, Seite 418). Der ökonomische Unterschied liegt darin, daß Schuldscheindarlehen ohne *Stückzinsen* abgerechnet werden.

Die Berechnung von Stückzinsen wurde in den vorherigen Kapiteln bereits öfters angesprochen, hier soll diese Thematik jedoch noch etwas vertieft werden:

Die Erträge eines Wertpapieres stehen grundsätzlich dem jeweiligen Eigentümer des Wertpapieres zu. Stückzinsen stellen den Anteil der Zinserträge dar, der dem Verkäufer eines Bonds zusteht, wenn er den

Bond während einer Zinsperiode verkauft. Der Käufer des Wertpapieres tritt gegenüber dem Verkäufer in Vorleistung.

An der Börse und im Interbankenmarkt werden Festverzinsliche normalerweise auf einer Clean-Basis gehandelt. Dies bedeutet, daß die Preise ohne Stückzinsen angegeben werden. Wertpapierpreise ohne Stückzinsen werden *Clean Preise*, Wertpapierpreise inclusive Stückzinsen hingegen *Dirty Preise* genannt.

In Abhängigkeit von der Art des Wertpapieres kann es zu unterschiedlichen Methoden der Stückzinsverrechnung kommen:

In der Regel werden Stückzinsen nach folgender Formel (einfache Zinsformel oder lineare Zinsformel aus Kapitel 1. Zinsrechnung) berechnet:

$$Stückzinsen = Nominalbetrag \cdot Nominalzins \cdot \frac{Stückzinstage}{Basis}$$

Formel *6.2*

Dabei sind die verschiedenen Tagekonventionen (siehe Kapitel 1. Zinsrechnung) zu beachten.

US-Treasuries werden folgendermaßen abgerechnet:
Die Anzahl der echten Tage vom letzten Kupontermin bis zum nächsten Kupontermin wird mit zwei multipliziert und als *Tagebasis* verwendet.

Beispiel *6.2.2.*:
Ein Anleger kauft einen US-Treasury, dessen letzter Kupontermin am 15/5/95 war und dessen nächster Kupontermin am 15/11/95 sein wird mit Valuta 01/9/95. Dann ist mit einer Tagebasis von $2 \cdot 184 = 368$ Tagen zu rechnen. Die Stückzinstage liegen bei 109.
Damit sind für ein Nominalvolumen von USD 100 Mio Stückzinsen in Höhe von

$$Stückzinsen = 100.000.000 \cdot 6,25\% \cdot \frac{109}{368} = 1.851.222,83$$

zu berechnen.   ✠

6.3. Floater

Ein Floater ist normalerweise ein Geldmarktinstrument, da er, falls in EUR notiert, nach *MoneyMarketKonvention* abgerechnet wird und üblicherweise an einen Geldmarktindex (3-Monats-EURIBOR, 6-Monats-EURIBOR) gekoppelt ist. Derartige Floater nennt man auch *Straight-Floater* oder *Plain-Vanilla-Floater*.

Zuweilen zahlt ein Floater aber nicht nur EURIBOR sondern EURIBOR+Spread (6-Monats-EURIBOR+5 Basispunkte).

In den letzten Jahren sind auch *Kapitalmarktfloater* am Markt notiert, deren Zinssatz sich nicht an einem kurzfristigen Geldmarktindex orientiert, sondern an einem Kapitalmarktindex. Die COREX-DSL 2006 (WKN 243 872), herausgegeben von der Commerz Financial Products, Frankfurt/Main, orientiert sich am REX-10, dem REX Rendite Subindex für 10-jährige Laufzeiten, der von der Deutsche Börse AG täglich veröffentlicht wird (REUTERS: REXA). Diese Kapitalmarktfloater sind nicht mehr dem Geldmarkt zuzuordnen, da sie sowohl nach *BondMethode* abgerechnet werden als auch einen Kapitalmarktzins zahlen.

Da ein Geldmarktfloater regelmäßig an veränderte Marktbedingungen angepasst wird, beinhaltet er nur ein vergleichsweise geringes Kursrisiko. Dies zeigt sich auch in der Kennzahl BPV (vgl. **Übung 5.2.**).

Das Pricing eines Geldmarktfloaters ist ebenfalls sehr einfach, solange der Floater EURIBOR-flat, also ohne Auf- oder Abschlag, zahlt.

Die Berechnung der Parameter erfolgt wie in **Übung 5.2.** dargestellt:

$$Dur = \frac{Tage}{Basis} \cdot \frac{100 \cdot \left(1 + EURIBOR \cdot \dfrac{Tage}{Basis}\right)}{100 \cdot (1 + EURIBOR)^{\frac{Tage}{Basis}}}$$

$$\approx \frac{Tage}{Basis} \cdot \frac{100 \cdot (1 + EURIBOR)^{\frac{Tage}{Basis}}}{100 \cdot (1 + EURIBOR)^{\frac{Tage}{Basis}}} = \frac{Tage}{Basis}$$

$$ModDur = \frac{1}{1 + EURIBOR} \cdot \frac{Tage}{Basis}$$

$$BPV = -ModDur \cdot 100 \cdot \frac{1}{10.000} = -ModDur \cdot \frac{1}{100}$$

$$Konv = \frac{1}{100} \cdot \frac{1}{(1 + EURIBOR)^2} \cdot t \cdot (t+1) \cdot \frac{100 \cdot (1 + EURIBOR)}{(1 + EURIBOR)^t}$$

$$= \frac{t \cdot (t+1)}{(1 + EURIBOR)^{t+1}}$$

$$Theta = \ln(1 + EURIBOR) \cdot 100 \cdot \frac{1}{360}$$

Die Berücksichtigung von Aufschlägen oder Abschlägen in den Parametern ist bei Floatern im allgemeinen wegen Geringfügigkeit nicht nötig und aufgrund einer fehlenden Rendite nicht sehr aussagekräftig (siehe **Übung 6.3.**).

Beispiel 6.3.1.:

Gegeben sei ein Floater mit einer Restlaufzeit von 10 Jahren und 3 Monaten und einem aktuellen Kupon von 3,40% (*act/360*). Der Nominalzins wird halbjährlich an den 6-Monats-EURIBOR angepasst.

Die aktuelle Zinsperiode sei 182 Tage lang, 92 Tage seien bereits vergangen. Dann sind Stückzinsen in Höhe von

$$Stückzinsen = 3,40 \cdot \frac{92}{360} = 0,8689 \text{ pro Nominal 100 zu berechnen.}$$

Da der aktuelle Zinssatz für die Restlaufzeit (90 Tage) bei 3,25% liegt, muß der *Clean-Price* folgendermaßen berechnet werden:

$$
\begin{aligned}
CleanPrice &= DirtyPrice - Stückzinsen \\
&= \left(100 + 3,40 \cdot \frac{182}{360}\right) \cdot \frac{1}{1 + 3,25\% \cdot \dfrac{182-90}{360}} - 0,8689 \\
&= 100,8991 - 0,8689 = 100,0302
\end{aligned}
$$

Wenn ein Floater mit einem Aufschlag (Abschlag) versehen ist, kann er zerlegt werden in einen Straight-Floater ohne Aufschlag und eine *endliche Rente*:

Beispiel 6.3.2.:

Es ist ein Preis zu berechnen für einen Floater, der halbjährlich den 6-Monats-EURIBOR - 25 Basispunkte zahlt. Der Einfachheit halber sei der Floater nach *BondBasis* abzurechnen:

Endliche Rente			
Laufzeit	Cash-Flow (Aufschlag)	Barwerte	Diskontfaktor ueber Zinskurve
0,5 Jahre	0,250	0,246	0,98377
1 Jahr	0,250	0,242	0,96712
1,5 Jahre	0,250	0,237	0,94957
2 Jahre	0,250	0,233	0,93135
2,5 Jahre	0,250	0,227	0,90922
3 Jahre	0,250	0,221	0,88542
3,5 Jahre	0,250	0,215	0,85952
4 Jahre	0,250	0,208	0,83217
4,5 Jahre	0,250	0,201	0,80563
5 Jahre	0,250	0,195	0,77832
5,5 Jahre	0,250	0,188	0,75195

6 Jahre	0,250	0,181	0,72525
6,5 Jahre	0,250	0,175	0,70003
7 Jahre	0,250	0,169	0,67480
7,5 Jahre	0,250	0,163	0,65101
8 Jahre	0,250	0,157	0,62741
8,5 Jahre	0,250	0,151	0,60526
9 Jahre	0,250	0,146	0,58342
9,5 Jahre	0,250	0,141	0,56293
10 Jahre	0,250	0,136	0,54283
Summe		3,832	

Tabelle 6.5.

Der Preis für einen Straight-Floater liegt bei 100. Von diesem Preis ist der Barwert der Aufschläge zu subtrahieren:
Der Preis liegt also bei Ausgabe bei 100 - 3,832 = 96,168 .

Wie der Preis eines Kapitalmaktfloaters berechnet werden kann zeigt **Übung 6.5.**.

6.4. Forward Rate Agreement

Ein *Forward-Rate-Agreement* oder kurz *FRA* ist eine Festschreibung eines zukünftigen Zinssatzes. Der Käufer eines FRA´s sichert sich bereits heute den FRA-Satz für eine zukünftige Geldaufnahme, der Verkäufer sichert sich spiegelbildlich den festen Zinssatz für eine zukünftige Geldanlage.
FRA´s sind derivative Finanzinstrumente, die dem Geldmarkt zugeordnet werden können, da die abgesicherte Periode nie länger als ein Jahr ist. Sie erscheinen nicht in der Bilanz und werden deshalb als *Off-Balance-Produkte* bezeichnet. FRA´s werden direkt zwischen den beteiligten Partnern abgeschlossen, ohne eine Börse einzuschalten und stellen insofern *Over-the-Counter-Geschäfte* (*OTC*) dar, die entsprechend flexibel vereinbart werden können. Der vereinbarte Nominalbetrag, in der Regel ein Vielfaches von 10 Mio EUR, wird nicht ausgetauscht, FRA´s sind also reine Zinsausgleichsgeschäfte.

Am vereinbarten *Fixingtag* (in der Regel zwei Arbeitstage vor dem Startdatum, bei GBP am Startdatum) wird aus einer vereinbarten Informationsquelle (in der Regel die Telerate-Seite 3750) der für die FRA-Periode relevante EURIBOR abgelesen und das FRA wird abgerechnet: Liegt der EURIBOR unter dem FRA-Satz, zahlt der Käufer dem Verkäufer die abgezinste Zinsdifferenz. Liegt er über dem FRA-Satz zahlt der Verkäufer dem Käufer die abgezinste Zinsdifferenz. Aus diesem Grunde ist das Chancen-Risiko-Profil des FRA's symmetrisch, das FRA hat deshalb keine Prämie (wie etwa eine Option).

Beispiel 6.4.1.:
Ein Investor weiß bereits heute, daß er in 6 Monaten einen Liquiditätsbedarf von EUR 100 Mio für 3 Monate haben wird. Er möchte eine sichere Kalkulationsbasis haben und fürchtet einen Zinsanstieg. Er kauft ein 6x9-FRA: Die abzusichernde Periode beginnt in 6 Monaten und endet in 9 Monaten. Der Preis liegt bei 3,3940%.
Bei Fixing ergeben sich beispielsweise folgende Situationen:

Situation 1:
In 6 Monaten wird der 3-Monats-EURIBOR auf 3,4500% gefixt.
Die Absicherung hat sich im Nachhinein als richtig erwiesen. Der Verkäufer des FRA's muß dem Käufer die Zinsdifferenz von 3,4500%-3,3940%=0,0560% auf ein Nominalvolumen von EUR 100 Mio und eine Laufzeit von 3 Monaten erstatten. Da bereits am Fixingdatum dieser Betrag bekannt ist, wird der Ausgleichsbetrag mit dem EURIBOR abgezinst und zur Startvaluta der abzusichernden Periode gezahlt:

$$Ausgleichsbetrag =$$
$$= \frac{1}{1 + EURIBOR \cdot \dfrac{Tage}{Basis}} \cdot \left(Nominalbetrag \cdot (FRA - EURIBOR) \cdot \frac{Tage}{Basis} \right)$$

Formel 6.3

Einsetzen der Werte ergibt einen Ausgleichsbetrag von EUR 751.691,06.

Situation 2:
In 6 Monaten wird der 3-Monats-EURIBOR auf 3,3100% gefixt.
In diesem Falle muß der Käufer die Zinsdifferenz zahlen, die bei EUR 1.149.097,35 liegt.

Da der FRA-Satz ein Forward-Satz ist, gilt die folgende Gleichung, die bereits in Kapitel *1.2.Zinseszinsrechnung* eingeführt wurde:

$$\left(1 + Zinssatz_{kurz} \cdot \frac{Tage_{kurz}}{Basis} \right) \cdot \left(1 + Zinssatz_{FRA} \cdot \frac{Tage_{FRA}}{Basis} \right) = \left(1 + Zinssatz_{lang} \cdot \frac{Tage_{lang}}{Basis} \right)$$

Diese Formel zeigt, daß ein FRA zerlegt werden kann in eine Geldanlage und eine Geldaufnahme.

Durch einfaches Umformen ergibt sich:

$$Zinssatz_{FRA} = \left(\frac{\left(1 + Zinssatz_{lang} \cdot \dfrac{Tage_{lang}}{Basis} \right)}{\left(1 + Zinssatz_{kurz} \cdot \dfrac{Tage_{kurz}}{Basis} \right)} - 1 \right) \cdot \frac{Basis}{Tage_{FRA}}$$

Formel 6.4

Oftmals ist es einfacher, diese Beziehungen in Form von Diskontfaktoren anzugeben.

Hierzu führen wir folgende Bezeichnung ein:

$df_{a;b}$ sei der Diskontfaktor, der CashFlows vom Zeitpunkt b auf den Zeitpunkt a abzinst. $df_{0;b} = df_b$ sei der Diskontfaktor, der CashFlows von b auf heute abzinst ($0 < a < b$).

Damit gelten folgende einfache, aber sehr nützliche, Beziehungen:

$$df_{0;b} = df_{0;a} \cdot df_{a;b}$$

bzw.

$$df_{a;b} = \frac{df_{0;b}}{df_{0;a}} = \frac{df_b}{df_a}$$

und es gilt für den FRA-Satz:

$$Zinssatz_{FRA} = \left(\frac{\left(1 + Zinssatz_{lang} \cdot \dfrac{Tage_{lang}}{Basis} \right)}{\left(1 + Zinssatz_{kurz} \cdot \dfrac{Tage_{kurz}}{Basis} \right)} - 1 \right) \cdot \frac{Basis}{Tage_{FRA}}$$

$$= \left(\frac{DF_{kurz}}{DF_{lang}} - 1 \right) \cdot \frac{Basis}{Tage_{FRA}}$$

Formel 6.5

Beispiel 6.4.2.:

In **Beispiel 6.4.1.** ist von einem Zinssatz von 3,30% für die kurze und von 3,35% für die lange Periode auszugehen. Daraus ergibt sich ein FRA-Satz von 3,3940%.

Bei der Berechnung der Parameter BPV, Modified Duration, Duration, Konvexität und Theta kann nicht auf eine Rendite zurückgegriffen werden, wie bei den Plain-Vanilla-Bonds. Aber die Zerlegung in eine Geldanlage und eine Geldaufnahme (in zwei Zerobonds also) ermöglicht es, die Parameter für beide Teile getrennt auszurechnen und entsprechend zu addieren. Siehe Kapitel 5. Risikokennzahlen.

Beispiel 6.4.3.:
Für das FRA aus **Beispiel 6.4.1.** ergeben sich folgende Parameter:

6x9 FRA						
Laufzeit	Rendite	BPV	ModDur	Dur	Konv	Theta
0,50 Jahre	3,30000	-0,005	0,005	0,50	0,703	0,00902
0,75 Jahre	3,35000	0,007	-0,007	-0,75	-1,229	-0,00915
0,25 Jahre	3,39400	0,002	-0,002	-0,25	-0,526	-0,00013

Tabelle 6.6

Forwardrates, oder auch FRA's, werden zuweilen als Schätzwerte für zukünftige Zinssätze, für zu erwartende Spotzinssätze angesehen. Sie würden damit die Erwartungshaltung der Marktteilnehmer in Hinblick auf die zukünftige Zinsentwicklung widerspiegeln. Eine empirische Untersuchung dieser These hat folgendes ergeben: Die Qualität einer Schätzung zukünftiger Spotsätze mit Hilfe von Forwardsätzen hängt ganz entscheidend sowohl von der Valuta des zu schätzenden Satzes ab, als auch von der länge des Zeitraumes, den dieser Spotsatz abdecken soll. Dies zeigt sich in der folgenden Tabelle 6.7. Der Erwartungswert der prozentualen Abweichung der FRA-Satzes mit dem tatsächlich eingetretenen EURIBOR steigt vom 3x6 FRA bis zum 9x12 FRA an. Siehe Abbildung 6.4 und Abbildung 6.5. Auffallend sind die "Knicke" in beiden Graphen an den Stellen, an denen die Forwardvaluta ändert, ein Hinweis darauf, daß die FRA's die tatsächlich einteretenden EURIBOR's mit zunehmender Forwardvaluta immer stärker überschätzen (steigender Erwartungswert), aber auch unsicherer werden (steigende Varianz), je weiter man in die Zukunft blickt.
In der angesprochenen Untersuchung wurden aus EUR EURIBOR-Sätzen zwischen 1989 und 1998 insgesamt 9.879 Forwardsätze berechnet und deren prozentuale Abweichung von den später tatsächlich eingetretenen EURIBOR's verglichen.

Abweichung	3x6 FRA	3x9 FRA	3x12 FRA	6x9 FRA	6x12 FRA	9x12 FRA	Total
-15%	0	4	4	6	9	13	36
-13%	1	13	9	41	44	21	129
-11%	24	27	37	69	43	91	291
-9%	45	66	60	135	82	76	464
-7%	103	94	91	140	150	69	647
-5%	295	229	152	121	161	89	1.047
-3%	363	234	222	131	162	103	1.215
-1%	293	193	188	109	98	88	969
1%	206	155	165	143	87	78	834
3%	146	117	168	118	105	115	769
5%	155	109	114	71	83	91	623
7%	104	73	72	55	61	72	437
9%	100	68	46	50	43	41	348
11%	71	61	63	48	39	59	341
13%	34	72	57	32	41	47	283
15%	18	29	45	23	29	54	198
17%	22	9	27	16	38	46	158
19%	21	22	31	41	31	39	185
21%	14	24	14	52	38	16	158
23%	0	15	23	36	49	17	140
25%	0	8	16	24	32	17	97
27%	0	0	2	35	20	7	64
29%	0	0	10	21	20	15	66
31%	0	0	2	26	15	11	54
33%	0	0	0	11	30	22	63
35%	0	0	0	3	30	29	62
37%	0	0	0	1	24	23	48
39%	0	0	0	0	7	18	25
41%	0	0	0	0	1	20	21
43%	0	0	0	0	0	13	13
45%	0	0	0	0	0	9	9
47%	0	0	0	0	0	15	15
49%	0	0	0	0	0	14	14
51%	0	0	0	0	0	19	19
53%	0	0	0	0	0	14	14
55%	0	0	0	0	0	15	15
57%	0	0	0	0	0	3	3
59%	0	0	0	0	0	5	5
61%	0	0	0	0	0	0	0
Summe	2.015	1.622	1.618	1.558	1.572	1.494	9.879
Erwartungswert	0,67%	1,24%	2,21%	3,03%	4,74%	9,01%	3,30%
Varianz	0,39%	0,59%	0,70%	1,36%	1,73%	3,02%	1,24%

Tabelle 6.7.

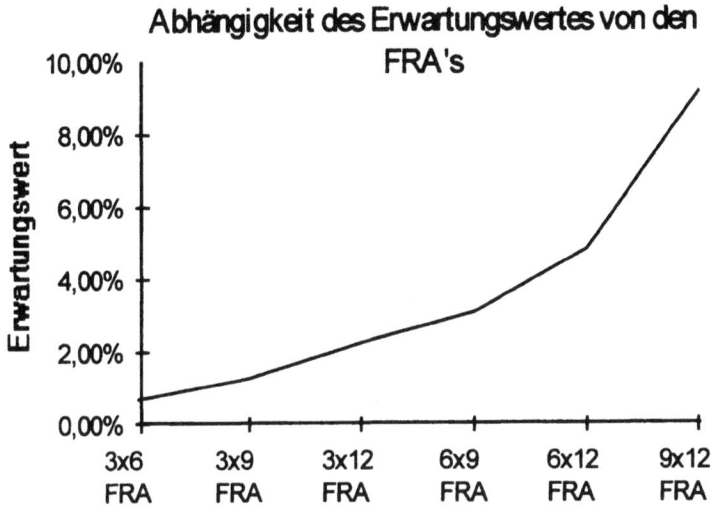

Abbildung 6.4

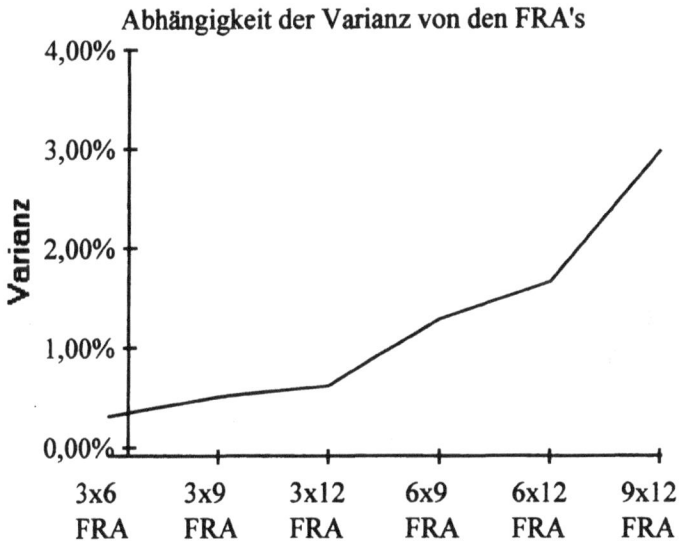

Abbildung 6.5

6.5. Interest-Rate-Swap

Interest-Rate-Swaps, oder kurz *IRS*, sind ebenso wie FRA's derivative Off-Balance Zinsinstrumente, bei denen in aller Regel nur Zinszahlungen, nicht aber das zugrundegelegte Kapital, ausgetauscht werden. Eine Ausnahme bildet der *Zins-Währungsswap*, oder auch *CrossCurrencySwap (CCS)*, bei dem neben den Zinsen auch die Kapitalbeträge ausgetauscht werden. IRS und CCS sind OTC-Geschäfte.

Wir wollen in diesem Kapitel auf den CCS nur am Rande eingehen und verweisen zu einer genaueren Darstellung auf Kapitel *7.3.Zins- und Währungsswap (CIRS)*. Der Markt für IRS ist in den letzten Jahren sehr stark gewachsen und zeichnet sich durch eine sehr große Liquidität, Transparenz und Flexibilität aus.

Je nachdem wie die Zinszahlungen, die ausgetauscht werden, ausgestaltet sind, sind folgende Grundkonstruktionen vorzufinden:

1. *Kuponswap*, bei dem ein fester Zinssatz gegen variable Zinsen (6-Monats-EURIBOR) ausgetauscht wird. Diese Art von Zinsswap wird auch *Generic*, *Straight-Swap* oder *Plain-Vanilla-Swap* genannt.

2. *Basisswap*, bei dem variable Zinsen gegeneinander ausgetauscht werden (6-Monats-EURIBOR gegen 3-Monats-EURIBOR oder 6-Monats-EURIBOR gegen 6-Monats-FIBOR), oder

3. *CrossCurrencySwap*, bei dem feste (variable) Zinsen in einer Währung gegen feste (variable) Zinsen in einer anderen Währung ausgetauscht werden (bei einem CCS werden zusätzlich die Nominalbeträge zu Beginn und zur Fälligkeit des Swaps ausgetauscht). Siehe hierzu auch Kapitel *7.3.Zins- und Währungsswap (CIRS)*.

Kuponswap

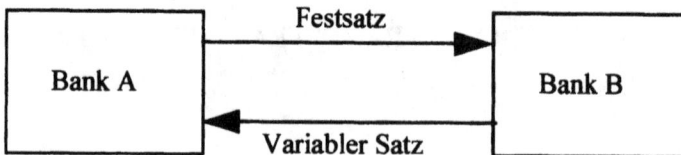

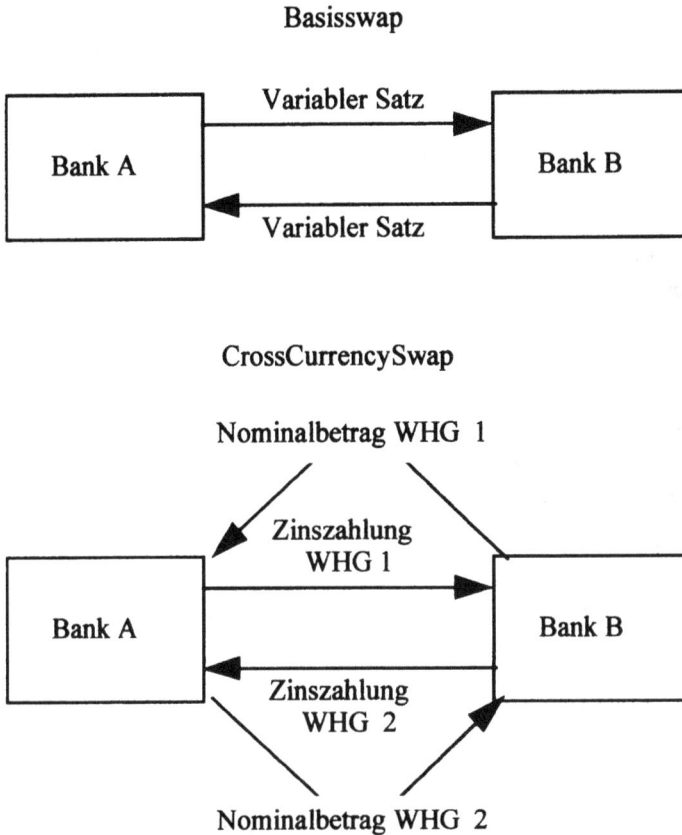

Basisswap

CrossCurrencySwap

Abbildung *6.6*

Neben dem Normalfall eines gleichbleibenden Nominalbetrages sind auch steigende oder fallende Nominalbeträge möglich.

Neben einem festen Zinssatz sind auch aufsteigende (fallende) Zinssätze auf der festen Seite des IRS möglich.

Außerdem lassen sich Aufschläge/Abschläge auf die variablen Zinssätze vereinbaren.

Man kann Sonderzahlungen zu Beginn der Laufzeit (sogenannte *Up-Front-Payments*) oder am Ende des IRS vereinbaren.

Darüberhinaus ist es möglich, *Forward-Swaps* abzuschliessen, die erst in einigen Wochen, Monaten oder gar Jahren starten.

Beim Pricing eines IRS kann immer nach folgendem Schema vorgegangen werden:
Berechnen der CashFlows auf der festen Seite (mit einem beliebigen Festsatz) und auf der variablen Seite des IRS (dazu müssen die variablen

Zinssätze als Forwards, FRA's, aus der Zinskurve berechnet werden). Bestimmen der Barwerte der festen CashFlows und der Barwerte der variablen CashFlows. Addition der festen und der variablen Barwerte. Dann wird der Festsatz so lange iteriert (siehe Kapitel *3.8.Berechnen der Rendite*), bis die festen Barwerte und die variablen Barwerte gleich sind.

Dabei ist in der Praxis darauf zu achten, daß die feste Seite eines EUR-IRS nach *BondBasis* abgerechnet wird, die variable Seite jedoch nach *MoneyMarketBasis*. Aus diesem Grunde stellt der IRS die Verbindung zwischen dem Geld- und dem Bondmarkt her.

In den folgenden Beispielen wird der Einfachheit halber mit einer einheitlichen Tagekonvention (BondBasis) auf beiden Seiten des IRS gerechnet.

Beispiel 6.5.1. (Kuponswap):

Unter der gegebenen Zinskurve soll der Preis, der Festsatz, für einen IRS mit einer Gesamtlaufzeit von 6 Jahren und einem Nominalbetrag von EUR 100 Mio gegen 6-Monats-EURIBOR berechnet werden.

Fälligkeit	Nominal betrag	Zinssatz		Cash-Flow		Diskont faktoren	Barwerte	
		Festsatz	EURIBOR	Festsatz	EURIBOR		Festsatz	EURIBOR
0,5 Jahre	100,000		3,3000%	0,000	1,650	0,98377	0,000	1,623
1 Jahre	100,000	5,3667%	3,4432%	5,367	1,722	0,96712	5,190	1,665
1,5 Jahre	100,000		3,6962%	0,000	1,848	0,94957	0,000	1,755
2 Jahre	100,000	5,3667%	3,9124%	5,367	1,956	0,93135	4,998	1,822
2,5 Jahre	100,000		4,8673%	0,000	2,434	0,90922	0,000	2,213
3 Jahre	100,000	5,3667%	5,3775%	5,367	2,689	0,88542	4,752	2,381
3,5 Jahre	100,000		6,0251%	0,000	3,013	0,85952	0,000	2,589
4 Jahre	100,000	5,3667%	6,5731%	5,367	3,287	0,83217	4,466	2,735
4,5 Jahre	100,000		6,5882%	0,000	3,294	0,80563	0,000	2,654
5 Jahre	100,000	5,3667%	7,0178%	5,367	3,509	0,77832	4,177	2,731
5,5 Jahre	100,000		7,0140%	0,000	3,507	0,75195	0,000	2,637
6 Jahre	100,000	5,3667%	7,3648%	5,367	3,682	0,72525	3,892	2,671
							27,475	27,475

Tabelle *6.8.*

Der Festsatz in Höhe von 5,3667% setzt den Barwert der festen Seite gleich dem Barwert der variablen Seite.

Beispiel 6.5.2. (Basisswap):

Unter der gegebenen Zinskurve soll der Preis für einen IRS mit einer Gesamtlaufzeit von 6 Jahren und einem Nominalbetrag von EUR 100 Mio berechnet werden. Der IRS tauscht den 6-Monats-EURIBOR + Auf(Ab-) schlag gegen den 12-Monats-EURIBOR.

Fälligkeit	Nominalbetrag	EURIBOR 12-Monate	EURIBOR 6-Monate	Cash-Flow 12-Monate	Cash-Flow 6-Monate	Diskontfaktoren	Barwerte 12-Monate	Barwerte 6-Monate
0,5 Jahre	100,000		3,3000%	0,000	1,650	0,98377	0,000	1,623
1 Jahre	100,000	3,4000%	3,4432%	3,400	1,722	0,96712	3,288	1,665
1,5 Jahre	100,000		3,6962%	0,000	1,848	0,94957	0,000	1,755
2 Jahre	100,000	3,8405%	3,9124%	3,840	1,956	0,93135	3,577	1,822
2,5 Jahre	100,000		4,8673%	0,000	2,434	0,90922	0,000	2,213
3 Jahre	100,000	5,1878%	5,3775%	5,188	2,689	0,88542	4,593	2,381
3,5 Jahre	100,000		6,0251%	0,000	3,013	0,85952	0,000	2,589
4 Jahre	100,000	6,3981%	6,5731%	6,398	3,287	0,83217	5,324	2,735
4,5 Jahre	100,000		6,5882%	0,000	3,294	0,80563	0,000	2,654
5 Jahre	100,000	6,9186%	7,0178%	6,919	3,509	0,77832	5,385	2,731
5,5 Jahre	100,000		7,0140%	0,000	3,507	0,75195	0,000	2,637
6 Jahre	100,000	7,3186%	7,3648%	7,319	3,682	0,72525	5,308	2,671
							27,475	27,475

Tabelle *6.9.*

In der Praxis liegt der Auf(Ab)schlag bei ca. 5 bis 10 Basispunkten. In der Umgebung einer idealen Zinskurve, wie in diesem Beispiel, sind alle Forwards arbitragefrei im Gleichgewicht.

Beispiel 6.5.3. (Step-Up-Swap1):
Ein IRS soll eine Laufzeit von 6 Jahren haben und einen Festsatz gegen den 6-Monats-EURIBOR tauschen. Die Nominalbeträge sollen jährlich unregelmäßig steigen, die genauen Angaben finden sich in der folgenden Tabelle:

Fälligkeit	Nominalbetrag	Zinssatz Festsatz	Zinssatz EURIBOR	Cash-Flow Festsatz	Cash-Flow EURIBOR	Diskontfaktoren	Barwerte Festsatz	Barwerte EURIBOR
0,5 Jahre	10,000		3,3000%	0,000	0,165	0,98377	0,000	0,162
1 Jahre	10,000	6,0524%	3,4432%	0,605	0,172	0,96712	0,585	0,166
1,5 Jahre	12,000		3,6962%	0,000	0,222	0,94957	0,000	0,211
2 Jahre	12,000	6,0524%	3,9124%	0,726	0,235	0,93135	0,676	0,219
2,5 Jahre	18,000		4,8673%	0,000	0,438	0,90922	0,000	0,398
3 Jahre	18,000	6,0524%	5,3775%	1,089	0,484	0,88542	0,965	0,429
3,5 Jahre	25,000		6,0251%	0,000	0,753	0,85952	0,000	0,647
4 Jahre	25,000	6,0524%	6,5731%	1,513	0,822	0,83217	1,259	0,684
4,5 Jahre	30,000		6,5882%	0,000	0,988	0,80563	0,000	0,796
5 Jahre	30,000	6,0524%	7,0178%	1,816	1,053	0,77832	1,413	0,819
5,5 Jahre	40,000		7,0140%	0,000	1,403	0,75195	0,000	1,055
6 Jahre	40,000	6,0524%	7,3648%	2,421	1,473	0,72525	1,756	1,068
							6,655	6,655

Tabelle *6.10.*

Da durch die steigenden Nominalbeträge die höheren Forwards stärker gewichtet werden, ist der Festsatz signifikant höher als in **Beispiel 6.5.1.**

Beispiel 6.5.4. (Step-Up-Swap2):
Für einen IRS mit steigendem Nominalzins und gleichbleibendem Nominalbetrag soll der Abschlag auf den 6-Monats-EURIBOR berechnet werden. Gesamtlaufzeit 6 Jahre.

Fälligkeit	Nominal betrag	Zinssatz			Cash-Flow		Barwerte	
		Festsatz	EURIBOR	Abschlag	Festsatz	EURIBOR	Festsatz	EURIBOR
0,5 Jahre	10,000		3,3000%	-0,2158%	0,000	0,154	0,000	0,152
1 Jahre	10,000	3,5000%	3,4432%	-0,2158%	0,350	0,161	0,338	0,156
1,5 Jahre	10,000		3,6962%	-0,2158%	0,000	0,174	0,000	0,165
2 Jahre	10,000	4,5000%	3,9124%	-0,2158%	0,450	0,185	0,419	0,172
2,5 Jahre	10,000		4,8673%	-0,2158%	0,000	0,233	0,000	0,211
3 Jahre	10,000	5,5000%	5,3775%	-0,2158%	0,550	0,258	0,487	0,229
3,5 Jahre	10,000		6,0251%	-0,2158%	0,000	0,290	0,000	0,250
4 Jahre	10,000	5,7500%	6,5731%	-0,2158%	0,575	0,318	0,478	0,265
4,5 Jahre	10,000		6,5882%	-0,2158%	0,000	0,319	0,000	0,257
5 Jahre	10,000	5,9000%	7,0178%	-0,2158%	0,590	0,340	0,459	0,265
5,5 Jahre	10,000		7,0140%	-0,2158%	0,000	0,340	0,000	0,256
6 Jahre	10,000	6,2500%	7,3648%	-0,2158%	0,625	0,357	0,453	0,259
							2,636	2,636

Tabelle *6.11.*

Ein Abschlag von 21,58 Basispunkte bringt die gesamte Konstruktion ins Gleichgewicht.
Der Festsatzzahler zahlt insgesamt EUR 2.635.566 also unter Markt (vgl. **Beispiel 6.5.1.**) und bekommt deshalb nicht den EURIBOR, sondern EURIBOR vermindert um den Abschlag.

Beispiel 6.5.5. (Upfrontpayment):
Für einen IRS mit einer Gesamtlaufzeit von 6 Jahren und einem Festsatz von 5,70% soll die Upfrontpayment berechnet werden. Der Nominalbetrag liegt bei EUR 10 Mio.

Fälligkeit	Nominal betrag	Zinssatz				Cash-Flow		Barwerte	
		Festsatz	EURIBOR	Abschlag		Festsatz	EURIBOR	Festsatz	EURIBOR
0,5 Jahre	10,000		3,3000%	0,0000%		0,000	0,165	0,000	0,162
1 Jahre	10,000	5,7000%	3,4432%	0,0000%		0,570	0,172	0,551	0,166
1,5 Jahre	10,000		3,6962%	0,0000%		0,000	0,185	0,000	0,175
2 Jahre	10,000	5,7000%	3,9124%	0,0000%		0,570	0,196	0,531	0,182
2,5 Jahre	10,000		4,8673%	0,0000%		0,000	0,243	0,000	0,221
3 Jahre	10,000	5,7000%	5,3775%	0,0000%		0,570	0,269	0,505	0,238
3,5 Jahre	10,000		6,0251%	0,0000%		0,000	0,301	0,000	0,259
4 Jahre	10,000	5,7000%	6,5731%	0,0000%		0,570	0,329	0,474	0,273
4,5 Jahre	10,000		6,5882%	0,0000%		0,000	0,329	0,000	0,265
5 Jahre	10,000	5,7000%	7,0178%	0,0000%		0,570	0,351	0,444	0,273
5,5 Jahre	10,000		7,0140%	0,0000%		0,000	0,351	0,000	0,264
6 Jahre	10,000	5,7000%	7,3648%	0,0000%		0,570	0,368	0,413	0,267
								2,918	2,748
							Differenz:		0,171

Tabelle *6.12.*

Die Upfrontpayment muß bei EUR 170.644,73 liegen, damit die gesamte Konstruktion im Gleichgewicht ist: Der Festsatzzahler zahlt über dem Markt (5,3667% gem. **Beispiel 6.5.1.**) und bekommt deshalb einen Ausgleich in Höhe der Upfrontpayment.

Beispiel 6.5.6.: (IRS in arrears)
Wir wollen einen Basisswap pricen, der folgende Merkmale hat:
Laufzeit 2 Jahre; ein Swappartner erhält den 6-Monats-EURIBOR, welcher zwei Londoner Bankarbeitstage vor Beginn der jeweiligen variablen Periode gefixt wird.
Dafür zahlt er jedoch den am Ende dieser Periode gefixten 6-Monats-EURIBOR - Spread.
Diese Konstruktion läßt sich graphisch folgendermaßen darstellen:

IRS in arrears

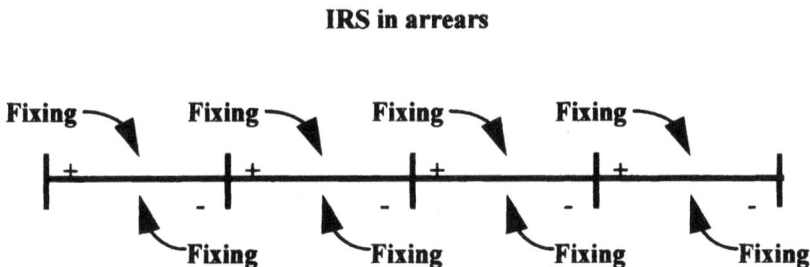

Abbildung *6.7*

Der Preis eines IRS in arrears kann folgendermaßen berechnet werden:
Sei z_i der Zinssatz für die i-te Periode,

sei $\tau_i = \dfrac{Tage_i}{Basis}$ der Tagefaktor für die i-te Periode,

sei df_i der Diskontfaktor, der einen CashFlow von Kupontermin i auf heute abzinst und

sei BW_i der Barwert des i-ten CashFlows.

Dann gilt:

$$z_i = \left(\frac{df_{i-1}}{df_i}-1\right)\cdot\frac{1}{\tau_i}\ ,\ CF_i = z_i\cdot\tau_i = \left(\frac{df_{i-1}}{df_i}-1\right)\cdot\frac{\tau_i}{\tau_i} = \frac{df_{i-1}}{df_i}-1$$

und

$$BW_i = CF_i\cdot df_i = df_{i-1}-df_i\ \text{ sowie }\ \sum_{i=1}^{n} BW_i = df_0 - df_n = 1 - df_n$$

Der Barwert der EURIBOR-Seite liegt bei $1 - df_n$

Auf der anderen Seite wird jedoch den EURIBOR in arrears gezahlt:
Der Barwert dieser Seite wird folgendermaßen berechnet:

$$CF_i = z_{i+1}\cdot\tau_i = \left(\frac{df_i}{df_{i+1}}-1\right)\cdot\frac{\tau_i}{\tau_{i+1}}$$

$$BW_i = CF_i\cdot df_i = \left(\frac{df_i}{df_{i+1}}-1\right)\cdot\frac{\tau_i}{\tau_{i+1}}\cdot df_i$$

Die Summe der einzelnen Barwerte lautet:

$$\sum_{i=1}^{n} BW_i = \sum_{i=1}^{n}\left(\frac{df_i}{df_{i+1}}-1\right)\cdot\frac{\tau_i}{\tau_{i+1}}\cdot df_i$$

Bei einem Basisswap ist immer nach einem Spread gefragt, der auf einer der beiden Seiten addiert (subtrahiert) wird. Addieren wir einen Spread auf der in-arrears-Seite, dann hat der Barwert die Form:

$$\sum_{i=1}^{n} BW_i = \sum_{i=1}^{n}\left[\left(\frac{df_i}{df_{i+1}}-1\right)\cdot\frac{\tau_i}{\tau_{i+1}}+Spread\cdot\tau_i\right]\cdot df_i$$

$$= \sum_{i=1}^{n}\left(\frac{df_i}{df_{i+1}}-1\right)\cdot\frac{\tau_i}{\tau_{i+1}}\cdot df_i + Spread\cdot\sum_{i=1}^{n}\tau_i\cdot df_i$$

Nach Gleichsetzen der beiden Seiten des IRS kann der Spread berechnet werden:

$$Barwert \quad (in \; arrears) = Barwert \quad (in \; advance)$$

$$\sum_{i=1}^{n} BW_i = 1 - df_n$$

$$\sum_{i=1}^{n}\left(\frac{df_i}{df_{i+1}}-1\right)\cdot\frac{\tau_i}{\tau_{i+1}}\cdot df_i + Spread\cdot\sum_{i=1}^{n}\tau_i\cdot df_i = 1 - df_n$$

und daraus folgt:

$$Spread = \frac{(1-df_n)-\sum_{i=1}^{n}\left(\frac{df_i}{df_{i+1}}-1\right)\cdot\frac{\tau_i}{\tau_{i+1}}\cdot df_i}{\sum_{i=1}^{n}\tau_i\cdot df_i}$$

Formel 6.6

Beispiel 6.5.7.: (IRS in arrears,Fortsetzung)
Bei einer Laufzeit von 2 Jahren bedeutet dies:

$$Spread = \frac{(0,0687)-0,0761}{1,91590} = -38,63 BP$$

Der Swappartner, der den EURIBOR erhält, zahlt dafür den EURIBOR in arrears - 38,63 BP.
Dies liegt an der steilen Zinsstrukturkurve, die in jeder der vier (plus 1) Zinsperioden einen höheren Forward annimmt als in der jeweils vorherigen Zinsperiode.

Der *CMS, Constant-Maturity-Swap*, ist ebenfalls ein Basisswap, der jedoch einen langfristigen IRS-Satz gegen beispielsweise 6-Monats-EURIBOR tauscht. Siehe hierzu **Übung 6.6.**.

Beispiel 6.5.8. (Forward-Swap):
Der Treasurer einer Bank will einen Kredit in Höhe von EUR 10 Mio absichern, der in zwei Jahren starten und in fünf Jahren enden wird. Dazu schließt er einen Forward-Swap gegen 6-Monats-EURIBOR ab:

Fälligkeit	Nominal betrag	Zinssatz Festsatz	Zinssatz EURIBOR	Cash-Flow Festsatz	Cash-Flow EURIBOR	Diskont faktoren	Barwerte Festsatz	Barwerte EURIBOR
2 Jahre						0,93135		
2,5 Jahre	10,000		4,8673%	0,000	0,243	0,90922	0,000	0,221
3 Jahre	10,000	6,1311%	5,3775%	0,613	0,269	0,88542	0,543	0,238
3,5 Jahre	10,000		6,0251%	0,000	0,301	0,85952	0,000	0,259
4 Jahre	10,000	6,1311%	6,5731%	0,613	0,329	0,83217	0,510	0,273
4,5 Jahre	10,000		6,5882%	0,000	0,329	0,80563	0,000	0,265
5 Jahre	10,000	6,1311%	7,0178%	0,613	0,351	0,77832	0,477	0,273
							1,530	1,530

Tabelle *6.13.*

Der Festsatz in Höhe von 6,1311% ist marktgerecht.

Eine andere Möglichkeit, den Preis eines Forward-Swaps zu berechnen, basiert auf folgender Überlegung:
Aus heutiger Sicht muß ein Bond, der in der Zukunft erst startet, einen Preis von 100 haben, wenn er einen marktgerechten Kupon zahlt und zu pari bei Fälligkeit getilgt werden soll.
Dies bedeutet:

$$100 = Kupon \cdot \sum_{i=Start}^{Ende-1} df_{Start;i+1} + 100 \cdot df_{Start;Ende}$$

wobei $df_{Start;i+1} = \dfrac{df_{heute;i+1}}{df_{heute;Start}}$ der Forward-Diskontfaktor von der

Startvaluta bis zum Zeitpunkt $i+1$ ist.
Damit ergibt sich:

$$Kupon = \frac{100 - 100 \cdot df_{Start;Ende}}{\displaystyle\sum_{i=Start}^{Ende-1} df_{Start;i+1}} = \frac{100 - 100 \cdot \dfrac{df_{heute;Ende}}{df_{heute;Start}}}{\dfrac{1}{df_{heute;Start}} \displaystyle\sum_{i=Start}^{Ende-1} df_{heute;i+1}}$$

$$= 100 \cdot \frac{df_{heute;Start} - df_{heute;Ende}}{\displaystyle\sum_{i=Start}^{Ende-1} df_{heute;i+1}}$$

Formel *6.7*

Beispiel 6.5.9. (Forward-Swap, Fortsetzung):
Einsetzen der Werte aus **Beispiel 6.5.7.** in obige Formel ergibt:

$$Kupon = 100 \cdot \frac{0,93135 - 0,77832}{0,88542 + 0,83217 + 0,77832} = 6,1312$$

Die Differenz von 0,0001% folgt aus Rundungsungenauigkeiten.

Da ein Kuponswap als Kombination eines gekauften Bonds mit einem emittierten Floater angesehen werden kann, sind die Parameter BPV, Modified Duration, Duration, Konvexität und Theta entsprechend zu berechnen.
Gleiches gilt für einen Basisswap, der in ein Portfolio aus zwei Floatern zerlegt werden kann.
Bei Step-Up-Swaps ist es wegen ihrer flexiblen Struktur nicht möglich, geschlossene Formeln für die Parameter zu finden. Es muß in diesen Fällen auf die Grundformeln der Kapitel *5.1.Basispointvalue* bis *5.5.Theta* zurückgegriffen und bei den CashFlows angesetzt werden.
Ein Forward-Swap kann in einen Forward-Bond und einen Forward-Floater zerlegt werden. Der Forward-Floater beinhaltet kein Risiko und alle seine Paramter sind gleich Null. Die Paramter des Forward-Bonds sind wie in **Übung 5.3.** zu berechnen.

Beispiel 6.5.10.:
Für einen IRS mit einer Gesamtlaufzeit von 4 Jahren und einem Festsatz von 5,00% gegen 6-Monats-EURIBOR sollen die Parameter BPV, Modified Duration, Duration, Konvexität und Theta berechnet werden.

Die Parameter der festen Seite können aus **Beispiel 6.2.1.** abgelesen werden, die Parameter für die variable Seite sind bereits in **Übung 5.2.** berechnet worden:

	Rendite	Preis	BPV	ModDur	Dur	Konv	Theta
Feste Seite	4,6372	101,2975	-0,0361	3,5601	3,7252	38,3209	0,0128
Variable Seite	3,5000	-100,0000	0,0005	-0,0483	-0,5000	-0,7123	-0,0096
IRS		1,2975	-0,0356	3,5118	3,2252	37,6086	0,0032

Tabelle *6.14.*

Die einzelnen Parameter wurden in diesem Beispiel nur einfach aufaddiert. Die barwertgewichtete Addition ist nicht angebracht, da es sich im wesentlichen um ein teilweise refinanziertes Portfolio handelt (siehe **Beispiel 5.1.5.**, **Beispiel 5.2.3.**, **Beispiel 5.3.5.**, **Beispiel 5.4.2.**).

Interest-Rate-Swaps dienen sowohl der Spekulation als auch der Absicherung von langfristigen Anlagen und Krediten. Sie sind ursprünglich
aus den sogenannten Parallel-Loans entstanden; ihre Bedeutung ist mittler-
weile jedoch insbesondere durch die bereits angesprochene Flexibilität
weit über die der Parallel-Loans herausgewachsen.

Die beispielsweise über Reuters veröffentlichten Quotierungen für Interest
Rate Swaps unterscheiden sich je Währung in der unterstellten Tagemethode. Die Zusammenstellung der wichtigsten Währungen findet sich in
der folgenden Tabelle:

WHG	Tagemethode		Definition
AUD	ACT/360	sa	Bis zu 3 Jahren q/q, dann s/s gegen gegen 90 Tage Bank Bills compounded
CAD	ACT/365	sa	s/s gegen 90 Tage Bank Bills compounded
CHF	30/360	a	1 Jahr quotiert aBond/3MoLIBOR, dann aBond/6MoLIBOR, IMM aMoney/3MoLIBOR
EUR	30/360	a	1 Jahr quotiert aMoney/3MoEURIBOR, dann aBond/6MoEURIBOR, IMM aMoney/3MoEURIBOR
DKK	30/360	a	aBond/6MoCIBOR
GBP	ACT/365	sa	1 Jahr quotiert aMoney/3MoLIBOR, dann saMoney/6MoLIBOR, IMM aMoney/3MoLIBOR
HKD	ACT/365	q	qMoney/3MoHIBOR
JPY	ACT/365	sa	1 Jahr quotiert aMoney/3MoLIBOR, dann saBond/6MoLIBOR, IMM aMoney/3MoLIBOR
NOK	30/360	a	aBond/6MoLIBOR
NZD	ACT/365	sa	Bis zu 3 Jahren q/q, dann s/s gegen gegen 90 Tage Bank Bills compounded
SEK	30/360	a	aBond/3MoSTIBOR
USD	ACT/360	a	aMoney/3MoLIBOR

Tabelle 6.15.

Hier bedeutet beispielsweise *aMoney/3MoEURIBOR*, daß auf der festen
Seite des IRS die Zinsen jährlich (*annually*) nach *Money Market*
Konvention berechnet werden, gegen den *3 Monats EURIBOR* auf der
variablen Seite; die variable Seite eines Standard-IRS wird immer nach
Money Market Konvention abgerechnet. (vgl. auch Kapitel 1. Zins-
rechnung)

6.6. Future

Ein Future ist ein *unbedingtes Termingeschäft*. Insofern grenzt er sich von einem *bedingten Termingeschäft*, einer Option, ab. Im Gegensatz zu den OTC-Geschäften ist ein Future immer standardisiert und wird an einer Börse gehandelt. Damit entfällt das Kreditrisiko, das durch den direkten Geschäftsabschluß mit dem Kontrahenten entstehen würde und es steigt die Transparenz des Handels. Der Nachteil von Börsengeschäften liegt hingegen in der fehlenden Flexibilität. Die Standardisierung betrifft nicht nur die Liefertage der Kontrakte, sondern auch die Handelseinheiten (Volumen des Underlyings).

Futures sind derivative Geschäfte und werden nicht bilanziert, damit gehören sie zum Kreise der *off-balance*-Geschäfte.

Zu einem funktionierenden Derivatemarkt gehört immer auch ein liquider Markt für das oder die Underlying -s. Gerade in diesen Underlyings unterscheiden sich die verschiedenen Futures. So kann man beispielsweise den Deutschen Aktienindex (DAX) auf Termin kaufen oder verkaufen indem man einen DAX-Future an der Deutschen Terminbörse (DTB) kauft oder verkauft. Es werden ebenfalls Futures auf reale Wirtschaftsgüter gehandelt wie Futures auf Öl, Getreide oder Soja.

Die DTB bzw. die LIFFE (London International Financial Futures and Options Exchange) bieten mehrere verschiedene Zinsfutures an. Zu diesen gehören unter anderem der *Drei-Monats-Euro-EUR-Future*, der in Hinblick auf die Laufzeit des Underlyings ein kurzfristiger Zinsfuture ist , der *Bobl-Future*, dessen Underlying das mittlere Laufzeitenspektrum von 3,5 bis 5 Jahren abdeckt und der *Bund-Future*, der das lange Laufzeitsegment von 8,5 bis 10 Jahren abdeckt.

Wir werden uns im folgenden zunächst mit dem *Drei-Monats-Euro-EUR-Future* befassen und dann den *Bund-Future* (kurz *Bund*) behandeln.

Der *Drei-Monats-Euro-EUR-Future*

Das Underlying des *Drei-Monats-Euro-EUR-Future* ist ein Depot in Höhe von EUR 1 Mio. Als Liefermonate kommen die Monate März, Juni, September und Dezember in Frage. Liefertag ist immer der erste Geschäftstag nach dem letzten Handelstag, der wiederum zwei Geschäftstage vor dem dritten Mittwoch des Liefermonats liegt. Dies bedeutet, daß pro Kalenderjahr nur vier Liefertermine existieren. Diese Termine werden auch *IMM-Daten* genannt.

Die Kursnotierung beträgt 100 minus Zinssatz. Die Mindestkursveränderung (der *Tick*) liegt bei 0,01, der Tickwert beträgt somit EUR 25. (0,01 Kursänderung entspricht 0,01 Zinssatzänderung. Dies führt bei einer

Laufzeit des Underlyings von 3 Monaten und einem Nominalvolumen von
EUR 1 Mio zu EUR 25,--)
Bei Fälligkeit erfolgt ein *Cash-Settlement* (*Barausgleich*), keine physische
Lieferung des Underlyings. Der Abrechnungspreis, der zum Barausgleich
herangezogen wird, ist der Drei-Monats-EURIBOR, der am letzten
Handelstag um 11.00h Londoner Zeit festgestellt wird.

Unterschieden werden bei einem kurzfristigen Zinsfuture, wie dem Drei-
Monats-Euro-EUR-Future der *Theoretische Futurepreis* und der *Tat-
sächliche Futurepreis*.
Der *Theoretische Futurepreis* wird berechnet, indem von 100 die für die
Futurelaufzeit berechnete Forward-Rate subtrahiert wird.
Der *Tatsächliche Futurepreis* ist der Preis, der gerade aktuell an der Börse
gehandelt wird.
Entsprechend kann von einer *Theoretisch Impliziten Forward-Rate* und
einer *Tatsächlich Impliziten Forward-Rate* gesprochen werden.
Die Differenz zwischen der *Theoretisch Impliziten Forward-Rate* und dem
aktuellen Drei-Monats-EURIBOR wird *Theoretische Basis* genannt.
Analog nennt man die Differenz zwischen der *Tatsächlich Impliziten
Forward-Rate* und dem aktuellen Drei-Monats-EURIBOR die
Tatsächliche Basis, die zuweilen auch als *Aktuelle Basis, Brutto Basis,
Simple Basis* oder *Carry Basis* bezeichnet wird.
Die Differenz zwischen der *Tatsächlichen Basis* und der *Theoretischen
Basis* wird *Net Basis* oder auch *Value Basis* genannt.

Beispiel 6.6.1.:
Gesetzt den Fall, ein Future notiere bei 96,60, der aktuelle Drei-Monats-
EURIBOR liegt bei 3,25%, der entsprechende Forward-Zinssatz bei
3,42%.
Dann gilt:

Theor. Futurepreis	$=$	$100 - Theor. Forward$	$= 100 - 3,42 = 96,58$
Theor. Impliz. Forward	$=$	$100 - Theor. Futurepreis$	$= 100 - 96,58 = 3,42$
Tats. Impliz. Forward	$=$	$100 - Tats. Futurepreis$	$= 100 - 96,60 = 3,40$
Theor. Basis	$=$	*Theor. Impliz. Forward* $-$ *AktuellerLIBOR*	$= 3,42 - 3,25 = 0,17$
Tats. Basis	$=$	*Tats. Impliz. Forward* $-$ *AktuellerLIBOR*	$= 3,40 - 3,25 = 0,15$
ValueBasis	$=$	*Tats. Basis* $-$ *Theor. Basis*	$= 0,15 - 0,17 = -0,2$

Aus der Berechnung des Theoretischen Futurepreises folgt, daß der Drei-
Monats-EUR-Euro-Future nichts weiteres ist, als ein standardisiertes *FRA*.
Mit Hilfe der Drei-Monats-EUR-Euro-Futures kann eine Folge von
Impliziten Forwardrates berechnet werden, die wiederum zum Aufbau

einer *Zinsstrukturkurve* (siehe Kapitel *2.1.Zerozinskurve*) herangezogen werden kann.

Der *BundFuture*

Das Underlying des *BundFutures* ist eine fiktive Bundesanleihe im Nominalwert von EUR 250.000, mit einer Laufzeit von 10 Jahren und einem Kupon von 6%.

Als Liefermonate kommen die Monate März, Juni, September und Dezember in Frage. Liefertag ist der 10. des Liefermonats. Wenn dies kein Frankfurter Arbeitstag ist, fällt der Liefertag auf den nächstfolgenden Frankfurter Arbeitstag. Der letzte Handelstag liegt drei Frankfurter Arbeitstage vor dem Liefertag.

Die Kursnotierung erfolgt in Prozent pro EUR 100 Nominalwert.
Die Mindestkursveränderung (der Tick) liegt bei 0,01, der Tickwert beträgt EUR 25. $(0,01 \cdot 250.000 / 100 = 25,--)$
Bei Fälligkeit erfolgt eine *physische Lieferung* (*physical delivery*) einer lieferbaren Anleihe. Anleihen sind lieferbar, wenn sie am 10. des Liefermonats eine Restlaufzeit von 8,5 - 10 Jahren haben, gewisse Bedingungen in Bezug auf ihr Emissionsvolumen erfüllt sind und vom Bund, dem Fonds Deutsche Einheit oder der Treuhandanstalt emittiert wurden.

Da mehrere Anleihen lieferbar sind, müssen diese alle miteinander und mit dem fiktiven Underlying vergleichbar gemacht werden. Dies geschieht mit Hilfe des Preisfaktors:
Der Preisfaktor mit 100 multipliziert ist der Clean-Price, zu dem eine bestimmte lieferbare Anleihe am Liefertag notieren muß, wenn die Rendite genau bei 6% liegt.
Er gibt das Verhältnis der lieferbaren Anleihe zum fiktiven Underlying an.

Der Preisfaktor kann nach folgender Formel berechnet werden:

$$Preisfaktor = \frac{1}{1,06^f} \cdot \left(\frac{Kupon}{6} \cdot \left(1,06 - \frac{1}{1,06^n} \right) + \frac{1}{1,06^n} \right) - Kupon \cdot \frac{1-f}{100}$$

Formel *6.8*

In dieser gelten die folgenden Bezeichnungen:
Kupon   Kupon der lieferbaren Anleihe in EUR

f Anzahl der Monate bis zum nächsten Kupon geteilt durch

12

n Restlaufzeit in ganzen Jahren

Dabei ist darauf zu achten, daß die Restlaufzeit der Anleihe auf volle Monate usancengemäß abgerundet wird.

Zur Herleitung dieser Formel siehe **Übung 6.13.**.

Beispiel 6.6.2.:

Der Liefertermin des BundFutures liege am 10. Juni 1997. In der folgenden Tabelle sind lieferbare Anleihen und ihre Preisfaktoren aufgelistet:

Kupon	Fälligkeit	Preis	Nächster Kupon	f	n	Preisfaktor
6	04.01.07	100,615	04.01.98	0,50	9	0,999563
6	16.02.06	101,084	16.02.98	0,67	8	0,999613
6	05.01.06	101,081	05.01.98	0,50	8	0,999563
6,25	26.04.06	102,863	26.04.98	0,83	8	1,016512

Liefertermin des Futures: 10.06.97

Tabelle *6.16.*

Eine Short Position im BundFuture verpflichtet am Liefertag zur Lieferung einer lieferbaren Anleihe zu einem Preis, der abhängt vom *EDSP*, dem Preisfaktor der zu liefernden Anleihe und den Stückzinsen dieser Anleihe. Der EDSP ist der Schlußkurs des Futures, EDSP steht für **Exchange Delivery Settlement Price.**

Der Abrechnungspreis ergibt sich folgendermaßen:

$$Abrechnungspreis = \left(EDSP \cdot Preisfaktor\right) + Stückzinsen$$

oder

$$Abrechnungspreis = Terminkurs + Stückzinsen$$

Da der Futurepreis der Terminkurs des fiktiven Underlyings ist und der Preisfaktor dieses fiktive Underlying vergleichbar macht mit einer lieferbaren Anleihe, kann der Term

Futurepreis·Preisfaktor als Terminkurs der lieferbaren Anleihe interpretiert werden.

Darauf aufbauend kann folgende Arbitragebeziehung zwischen dem Kassekurs und dem Terminkurs einer lieferbaren Anleihe einerseits und dem Geldmarkt andererseits aufgebaut werden:

1. Kauf einer lieferbaren Anleihe in der Kasse zum Dirty Price
2. Verkauf dieser Anleihe auf Termin durch Eingehen einer Short Position im BundFuture
3. Refinanzierung des Dirty Preises im Geldmarkt bis zum Liefertermin

Wir werden diese Strategie, die auch als *Cash and Carry Arbitrage* bekannt ist, an einem
Beispiel darstellen:

Beispiel 6.6.3. (Cash and Carry):
1. Kauf der ersten Anleihe aus **Beispiel 6.6.2.** (Preisfaktor: 0,999563) zum Dirty Price, Valuta 27/3/97:

$$DirtyPrice = 100,615 + \frac{83}{360} \cdot 6 = 101,998$$

Nominalvolumen: EUR 250.000,--

2. Verkauf des BundFutures zum Preis von 99,95
Anzahl:
$$\frac{Nominalvolumen}{250.000} \cdot Preisfaktor = 1 \cdot 0,999563 = 99,9563 \approx 1$$

3. Refinanzierung des Dirty Preises im Geldmarkt für 75 Tage, vom 27/3/97 bis 10/6/97, mit einem Satz von 3,28%.

Am Tage der Lieferung möge der BundFuture bei 99,45 stehen.
Dann läßt sich folgende Rechnung aufstellen:

Lieferung der lieferbaren Anleihe in den BundFuture zu einem Abrechnungspreis von
$$99,45 \cdot 0,999563 + \frac{156}{360} \cdot 6 = 102,007$$
Es sind Stückzinsen vom 4/1/97 bis 10/6/97, also für 156 Tage, zu berechnen.
(Zur Erinnerung, der Kaufpreis lag bei 101,998)

Zahlung der Refinanzierungskosten in Höhe von
$$101,998 \cdot 3,25\% \cdot \frac{75}{360} = 0,691$$
Ertrag aus der FuturePosition:
$$(99,95 - 99,45) \cdot 100 \cdot 25 = 0,5$$

Damit liegt der gesamte Ertrag bei

$$(102,007 - 101,998) - 0,691 + 0,5 = -0,182$$

Dieser Ertrag hängt nicht vom EDSP ab, denn ein Ertrag im Abrechnungspreis wird durch einen Verlust in der FuturePosition ausgeglichen und umgekehrt.

In der Praxis wird die Cash and Carry Strategie ausgeführt, wenn der BundFuture im Verhältnis zur lieferbaren Anleihe überbewertet ist. In unserem Beispiel war er eher korrekt bis unterbewertet.

Ob diese Strategie zu einem Gewinn oder Verlust führt, hängt von mehreren Faktoren ab:
Zum einen vom Refinanzierungssatz. Je niedriger dieser ist, desto höher wird der Gewinn, bzw. desto niedriger wird der Verlust. Der Refinanzierungssatz, bei dem der Ertrag gerade bei 0 liegt, heißt *Internal Repo Rate (IRR)*.
Zum anderen von der lieferbaren Anleihe selbst. Je nachdem welche Anleihe für die Strategie ausgewählt wird, fällt der Gewinn höher/niedriger aus. Die lieferbare Anleihe, die den höchsten Ertrag, niedrigsten Verlust, erbringt, heißt *Cheapest to Deliver (CtD)*. Die Anleihe mit der höchsten IRR ist immer die CtD.

Beispiel 6.6.4.:
Die Internal Repo Rates der lieferbaren Anleihen aus **Beispiel 6.6.2.**:

Kupon	Fälligkeit	Preis	Nächster Kupon	f	n	Preisfaktor	I R R
6,00	04.01.07	100,615	04.01.98	0,50	9	0,999563	2,39
6,00	16.02.06	101,084	16.02.98	0,67	8	0,999613	0,21
6,00	05.01.06	101,081	05.01.98	0,50	8	0,999563	0,20
6,25	26.04.06	102,863	26.04.98	0,83	8	1,016512	0,02

Tabelle *6.17*.

Der Kauf einer lieferbaren Anleihe in der Kasse und die Refinanzierung bis zum Liefertermin führt auf der einen Seite zu einem Kuponertrag, der sich in der Differenz der Stückzinsen bei Kauf und bei Lieferung ausdrückt. Auf der anderen Seite trägt man jedoch einen Verlust in Höhe der Refinanzierungskosten.

Dies kann zur Berechnung des *Theoretischen Terminkurses* der Anleihe ausgenutzt werden:
Der Kuponertrag in obigem Beispiel lag bei

$$Kuponertrag = \frac{73}{360} \cdot 6 = 1,217$$

Der Refinanzierungsaufwand lag bei

$$Refinanzierungsaufwand = \frac{75}{360} \cdot 101,998 \cdot 3,28 = 0,691$$

Damit hat die Anleihe auf den Liefertermin einen Abschlag von
$$Abschlag = Kuponertrag - Refinanzierungsaufwand$$
$$= 1,217 - 0,691 = 0,526$$

Der Terminkurs der Anleihe muß also bei
$$Theoretischer \quad Terminkurs = Kassekurs - Abschlag$$
$$= 100,615 - 0,526 = 100,089$$
liegen.

Ebenso wie beim kurzfristigen Future lassen sich bei langfristigen Futures verschiedene Basen berechnen:

1. *Gross Basis*
        oder *Brutto Basis, Rohbasis* oder *Kursbasis*:
$$Gross \quad Basis = Tatsächlicher \quad Kassekurs - Tatsächlicher \quad Terminkurs$$

2. *Carry Basis*
        oder *Haltekostenbeitrag*:
$$Carry \quad Basis = Tatsächlicher \quad Kassekurs - Theoretischer \quad Terminkurs$$

3. *Value Basis*
        oder *Net* Basis oder *Wertbasis*:
$$Value \quad Basis = Theoretischer \quad Terminkurs - Tasächlicher \quad Terminkurs$$
$$= Gross \quad Basis - Carry \quad Basis$$

Beispiel 6.6.5.:
Die Basen der lieferbaren Anleihen aus **Beispiel 6.6.2.** stehen in folgender
        Tabelle:
(Der Preis des BundFutures liege bei 99,95)

Kupon	6,00%	6,00%	6,00%	6,25%
Fälligkeit	04.01.07	16.02.06	05.01.06	26.04.06
Preis	100,615	101,084	101,081	102,863
Preisfaktor	0,999563	0,999613	0,999563	1,016512
I R R	2,39	0,21	0,2	0,02
Kuponertrag	1,217	1,217	1,217	1,267
Refiaufwand	0,691	0,689	0,694	0,735
Abschlag	0,526	0,528	0,523	0,532
Theoretischer Terminkurs	100,089	100,556	100,558	102,331
Tatsächlicher Terminkurs	99,906	99,911	99,906	101,6
Gross Basis	0,709	1,173	1,175	1,263
Carry Basis	0,526	0,528	0,523	0,532
Value Basis	0,183	0,645	0,652	0,731

Tabelle *6.18.*

Die in Kapitel **5.** Risikokennzahlen eingeführten Kennzahlen können auch
für Zinsfutures berechnet werden. Bei einem kurzfristigen Zinsfuture
können die Ergebnisse für FRA's aus Kapitel *6.4.Forward Rate -
Agreement* angewandt werden. Für langfristige Zinsfutures berechnet man
einfach die entsprechenden Kennzahlen für die CtD und dividiert diese
durch den Preisfaktor.

Zuweilen tritt die Frage nach der Rendite eines langfristigen Futures auf.
Prinzipiell exisitieren zur Berechnung zwei Möglichkeiten:
Zum einen kann die Rendite der CtD berechnet werden, indem der
Futurepreis mit dem Preisfaktor multipiziert als Kurs für die CtD
genommen wird.
Zum anderen kann auch die Rendite des fiktiven Underlyings berechnet
werden unter der Voraussetzung, daß ihr Kurs gleich dem Futurepreis ist.
In beiden Varianten wird jedoch eine *Terminrendite* berechnet.

6.7.Optionen auf Futures

In diesem Kapitel werden wir eine Optionspreisformel für Futures aus der
Black&Scholes Formel für Aktienoptionen entwickeln. Dabei wird nicht
die komplette Theorie der B&S-Formel wiederholt. Vielmehr leiten wir
die Formel für den Preis einer Future-Option intuitiv her.
Wir werden nur *europäische Optionen* behandeln, die lediglich am Ende
der Optionslaufzeit ausgeübt werden können. Demgegenüber stehen
amerikanische Optionen, die jederzeit während der Laufzeit ausgeübt

werden können. Es kann jedoch gezeigt werden, daß es nicht vorteilhaft ist, eine amerikanische Option vor Verfall auszuüben. Es ist immer besser, die Position durch eine Gegenposition zu schließen.

Der *Inhaber* eines *Calls* auf einen Future hat das Recht, nicht aber die Verpflichtung, am Verfalltag die Lieferung des Futures zu einem im voraus festgelegten Preis, dem *Strike*, zu verlangen.
Analog hat der *Verkäufer*, *Stillhalter*, des *Calls* die Verpflichtung, den Future zu dem vereinbarten Preis zu liefern.
Der *Inhaber* eines *Puts* auf einen Future hat das Recht, nicht aber die Verpflichtung, am Verfalltag den Future zu einem im voraus festgelegten Preis, dem *Strike*, zu liefern.
Analog hat der *Verkäufer*, *Stillhalter*, des Puts die Verpflichtung, den Future zu dem vereinbarten Preis anzunehmen.
Zu den Kontraktspezifikationen der Optionen auf den BUND-Future und auf den 3-Monats-EUR-Future siehe *8.3.Kontraktspezifikationen*.
Bei den Optionen auf den BUND-Future und den 3-Monats-Euro-EUR-Future kommt es im Falle der Optionsausübung immer zur *Physical-Delivery*, das bedeutet, daß nach Ausübung eine Position im entsprechenden Futureskontrakt entsteht.
Optionen auf Futures sind ebenso wie die Futures selbst börsengehandelte Off-Balance-Produkte.

Die B&S-Formel für Aktienoptionen hat folgende Gestalt:

$$Call = Kassekurs \cdot N(d_1) - Strike \cdot df_s \cdot N(d_2)$$
$$Put = Strike \cdot df_s \cdot N(-d_2) - Kassekurs \cdot N(-d_1)$$

mit

$$d_1 = \frac{\ln\left(\dfrac{Kassekurs}{Strike}\right) + \left(Zinssatz + \dfrac{\sigma^2}{2}\right) \cdot Restlaufzeit}{\sigma \cdot \sqrt{Restlaufzeit}}$$

und

$$d_2 = d_1 - \sigma \cdot \sqrt{Restlaufzeit}$$

$N(\cdot)$ Verteilungsfunktion der Standardnormalverteilung

df_s Diskontfaktor von heute bis zur Fälligkeit der Option, im allgemeinen als $e^{-Zins \cdot Restlaufzeit}$ angegeben, wobei *Zins* der stetige risikolose Zinssatz ist.

Die *Restlaufzeit* gibt die Laufzeit der Option bis zur Fälligkeit in Jahren an.

Beachte:
1. *Kassekurs* ist ein heutiger Wert
2. *Strike* ist ein in der Zukunft zu zahlender Wert
3. *Kassekurs – Strike · df$_S$* ist der heutige Wert der Auszahlung (Pay-Off), wenn die Option bei Fälligkeit im Geld ist.

Zwischen dem Futurekurs und dem Kassekurs gilt folgende Beziehung:
$$\textit{Futurekurs} \cdot df_S = \textit{Kassekurs}$$
Damit kann die B&S-Formel für Aktien folgendermaßen umgeformt werden:

$$
\begin{aligned}
\textit{Call} \;=\;& \textit{Kassekurs} \cdot N(d_1) - \textit{Strike} \cdot df_s \cdot N(d_2) \\
=\;& \textit{Futurekurs} \cdot df_s \cdot N(d_1) - \textit{Strike} \cdot df_s \cdot N(d_2) \\
=\;& df_s \cdot \left(\textit{Futurekurs} \cdot N(d_1) - \textit{Strike} \cdot N(d_2) \right) \\
\textit{Put} \;=\;& \textit{Strike} \cdot df_s \cdot N(-d_2) - \textit{Kassekurs} \cdot N(-d_1) \\
=\;& \textit{Strike} \cdot df_s \cdot N(-d_2) - \textit{Futurekurs} \cdot df_s \cdot N(-d_1) \\
=\;& df_s \cdot \left(\textit{Strike} \cdot N(-d_2) - \textit{Futurekurs} \cdot N(-d_1) \right)
\end{aligned}
$$

Da $N(-d) = 1 - N(d)$ ist, folgt für den Put:

$$
\begin{aligned}
\textit{Put} \;=\;& df_s \cdot \left(\textit{Strike} \cdot N(-d_2) - \textit{Futurekurs} \cdot N(-d_1) \right) \\
=\;& df_s \cdot \left(\textit{Strike} \cdot (1 - N(d_2)) - \textit{Futurekurs} \cdot (1 - N(d_1)) \right) \\
=\;& df_s \cdot \left(\textit{Futurekurs} \cdot N(d_1) - \textit{Strike} \cdot N(d_2) \right) + df_S \cdot \left(\textit{Strike} - \textit{Futurekurs} \right) \\
=\;& \textit{Call} + df_S \cdot \left(\textit{Strike} - \textit{Futurekurs} \right)
\end{aligned}
$$

Letztlich ergeben sich die Formeln zur Bewertung von Calls und Puts auf Futures:

$$\boxed{\textit{Call} \;=\; df_s \cdot \left(\textit{Futurekurs} \cdot N(d_1) - \textit{Strike} \cdot N(d_2) \right)}$$
Formel *6.9*

$$\boxed{\textit{Put} \;=\; \textit{Call} + df_S \cdot \left(\textit{Strike} - \textit{Futurekurs} \right)}$$
Formel *6.10*
(Diese Formel wird auch die *Call-Put-Parität* genannt)

mit

$$d_1 = \frac{\ln\left(\dfrac{Futurekurs}{Strike}\right) + \dfrac{\sigma^2}{2} \cdot Restlaufzeit}{\sigma \cdot \sqrt{Restlaufzeit}} \quad \text{und}$$

$$d_2 = d_1 - \sigma \cdot \sqrt{Restlaufzeit}$$

Formel *6.11*

denn

$$d_1 = \frac{\ln\left(\dfrac{Futurekurs \cdot df_S}{Strike}\right) + \left(Zinssatz + \dfrac{\sigma^2}{2}\right) \cdot Restlaufzeit}{\sigma \cdot \sqrt{Restlaufzeit}}$$

$$= \frac{\ln\left(\dfrac{Futurekurs}{Strike}\right) + \ln\left(e^{-Zinssatz \cdot Restlaufzeit}\right) + \left(Zinssatz + \dfrac{\sigma^2}{2}\right) \cdot Restlaufzeit}{\sigma \cdot \sqrt{Restlaufzeit}}$$

$$= \frac{\ln\left(\dfrac{Futurekurs}{Strike}\right) + \dfrac{\sigma^2}{2} \cdot Restlaufzeit}{\sigma \cdot \sqrt{Restlaufzeit}}$$

Ebenso wie in Kapitel **5. Risikokennzahlen** müssen die Risiken, die mit einer Optionsposition eingegangen werden, gemessen werden. Erst dann ist man in der Lage, diese Risiken zu managen und zu limitieren.

An der Optionspreisformel (Formel *6.9*) wird klar, daß der Optionspreis von Call und Put von den Parametern *Futurekurs* (Underlying), *Diskontfaktor* (kurzfristiger risikoloser Zinssatz), *Varianz des Futurekurses* (Volatilität des Underlyings) und *Restlaufzeit* abhängt. Die Abhängigkeit vom Strike ist nicht zu untersuchen, da sich der Basispreis bei den hier betrachteten Optionen während der Laufzeit nicht ändert.

Wir werden zur Messung dieser Risiken ebenso vorgehen, wie in Kapitel **5. Risikokennzahlen** bereits angedeutet und bilden die partiellen Ableitungen der Preisfunktionen aus Formel *6.9*.
Auf diesem Wege finden wir die Risikoparameter, die oftmals nur die *Greeks* genannt werden, da sie mit griechischen Buchstaben bezeichnet werden:

Delta

Gibt die Reagibilität des Optionspreises auf marginale Änderungen des Underlyings an.

$$DeltaCall = \frac{\partial Call}{\partial Futurekurs} = df_S \cdot N(d_1)$$

$$DeltaPut = \frac{\partial Put}{\partial Futurekurs} = df_S \cdot (N(d_1) - 1)$$

Gamma

Beschreibt die Reagibilität des Delta auf marginale Schwankungen des Underlyings.

$$GammaCall = \frac{\partial^2 Call}{\partial^2 Futurekurs} = df_S \cdot N'(d_1) \cdot \frac{\partial d_1}{\partial Futurekurs}$$

$$= df_S \cdot N'(d_1) \cdot \frac{1}{\sigma \cdot Futurekurs \cdot \sqrt{Restlaufzeit}}$$

$$GammaPut = \frac{\partial^2 Put}{\partial^2 Futurekurs} = GammaCall$$

Vega

Stellt einen Zusammenhang her zwischen der Änderung der Volatilität und des Optionspreises.

$$VegaCall = \frac{\partial Call}{\partial \sigma} = df_S \cdot Futurekurs \cdot N'(d_1) \cdot \sqrt{Restlaufzeit}$$

$$VegaPut = \frac{\partial Put}{\partial \sigma} = VegaCall$$

Theta

Den Einfluß von Restlaufzeitverkürzungen auf den Optionspreis beschreibt das Theta.

$$ThetaCall = \frac{\partial Call}{\partial Restlaufzeit} = -Zins \cdot Call + df_S \cdot \frac{\sigma}{2\sqrt{Restlaufzeit}} \cdot Futurekurs \cdot N'(d_1)$$

$$ThetaPut = \frac{\partial Put}{\partial Restlaufzeit} = ThetaCall - Zins \cdot df_S \cdot (Strike - Futurekurs)$$

Rho

Beantwortet die Frage, wie sich der Optionspreis ändert, wenn sich der kurzfristige risikolose Zinssatz ändert.

$$RhoCall = \frac{\partial Call}{\partial Zins} = -Restlaufzeit \cdot Call$$

$$RhoPut = \frac{\partial Put}{\partial Zins} = -Restlaufzeit \cdot Put$$

Mit $N'(d) = \frac{1}{\sqrt{2\pi}} e^{-\frac{d^2}{2}}$.

Ein Nachweis darüber, daß die *Greeks* richtig berechnet sind, wird in **Übung 6.9.** erbracht.

Beispiel 6.7.1.:

Gegeben sei ein Future mit einem aktuellen Preis von 99,88. Der Preis und die Greeks für eine Option mit einem Strike von 99,50 und einer unterstellten Volatilität von 4,43% sowie einem risikolosen Geldmarktzins von 3,30% für die Restlaufzeit von 62 Tagen sind in der folgenden Tabelle zusammengefasst:

Futurepreis	99,88	d_1	0,2179		Call	Put
Strike	99,50	d_2	0,1996	Preis	0,9267	0,5488
Sigma	4,43%	N(d_1)	0,5862	Delta	0,5830	-0,4114
Geldmarktzinssatz	3,30%	N(d_2)	0,5791	Gamma	0,2228	0,2228
Restlaufzeit in Tagen	62	DF	0,9944	Vega	16,7233	16,7233
Stetiger Zinssatz	3,29%	N'(d_1)	0,4085	Theta	2,1502	2,1626
Restlaufzeit in Jahren	0,17	N'(d_2)	0,4070	Rho	-0,1574	-0,0932

Tabelle *6.19.*

Die Greeks haben folgende Aussagekraft:
Wenn sich der Preis des Futures um einen Tick (kleinste und damit marginale Preisänderung) erhöht, dann steigt der Preis des Calls um
$Tick \cdot Delta = 0,01 \cdot 0,5830 = 0,00583$,
das Delta steigt dann um $Tick \cdot Gamma = 0,01 \cdot 0,2228 = 0,00223$
Wenn die Volatilität marginal um 0,01%=0,0001 steigt, steigt der Wert des Calls um
$0,01\% \cdot 16,7233 = 0,001672$.
Die Restlaufzeitverkürzung um einen Tag lässt den Wert des Calls um
$\frac{-1}{365} \cdot Theta = -0,00589$ fallen.

Steigt der risikolose Zinssatz um einen Basispunkt (0,01%=0,0001), dann fällt der Wert des Calls um $0,01\% \cdot (-0,1574) = -0,0000157$.

Analoges gilt für die Greeks des Puts.

6.8. Cap und Floor

Unter den Zinsoptionen sind Caps und Floors am liquidesten. Sie stellen Over-The-Counter Geschäfte dar und erscheinen nicht in der Bilanz (Off-Balance-Produkte).
Der Käufer eines Caps sichert sich gegen steigende Zinsen ab, der Käufer eines Floors gegen fallende Zinsen.
Ein Cap besteht im allgemeinen aus mehreren *Caplets* und stellt somit ein Portfolio aus mehreren Einzeloptionen dar. Dies kann graphisch folgendermaßen verdeutlicht werden:

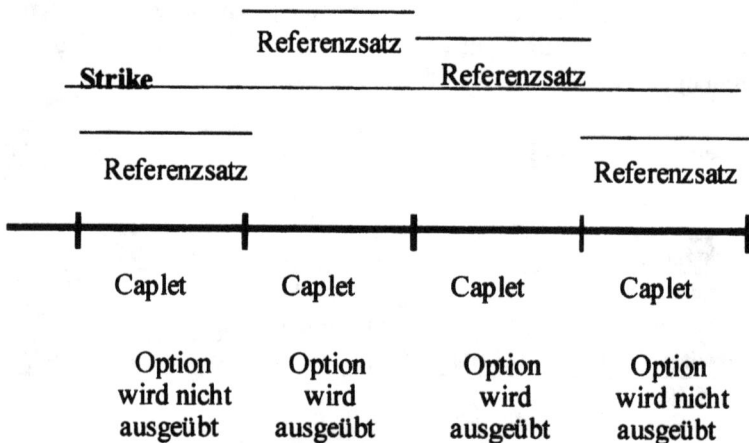

Abbildung 6.8

Wie bei einem FRA wird am Fixingtag (normalerweise zwei Londoner Bankarbeitstage vor Start der Periode) eines Caplets der Referenzzinssatz (EURIBOR) für die Periode festgestellt. Liegt dieser über dem Strike, zahlt der Stillhalter des Caps die Differenz zwischen Strike und EURIBOR auf das Nominalvolumen und die Laufzeit des Caplets bezogen an den Inhaber des Caps aus (*Cash-Settlement*). Der Inhaber des Caps kann sich also zum Strike refinanzieren.
Liegt der EURIBOR unter dem Strike kann sich der Inhaber des Caps zu EURIBOR refinanzieren, der Stillhalter leistet keine Zahlung.

Insofern kann ein Caplet als Call auf einen Kredit angesehen werden.

Analog besteht ein Floor aus einem Bündel von *Floorlets*. Der Inhaber eines Floors sichert sich gegen fallende Zinsen ab. Falls ein Fixing unter dem vereinbarten Strike liegt, leistet der Stillhalter eine auf das Nominalvolumen und die Laufzeit des Floorlets bezogene Zahlung an den Inhaber (*Cash-Settlement*).
Ein Floorlet kann als Put auf ein Depot angesehen werden.

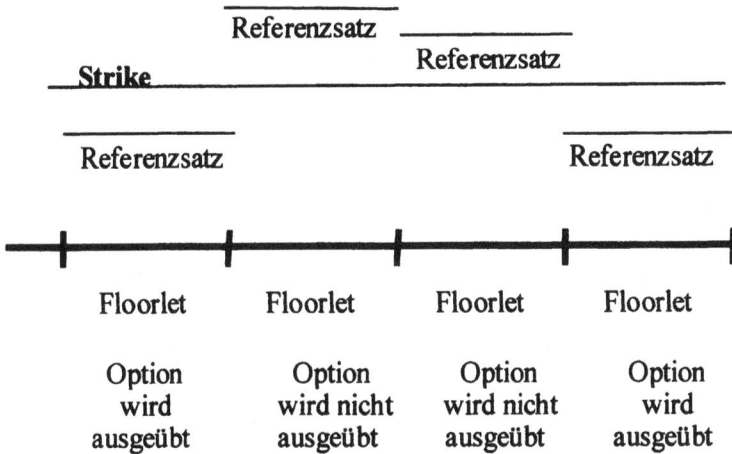

Abbildung *6.9*

Der Preis eines Caps ergibt sich als Summe der Preise der Caplets, der Preis eines Floors ergibt sich als Summe der Preise der Floorlets.
Aus diesem Grunde ist es ausreichend im folgenden nur noch Caplets und Floorlets zu betrachten.

Sei $\tau = \dfrac{Tage}{Basis}$ die Laufzeit eines Caplets (Floorlets), in einem Jahresbruchteil angegeben, und
sei df_S der Diskontfaktor von heute bis zum Start des Caplets (Floorlets) und
sei $df_{S;E}$ der Diskontfaktor vom Start der Forward-Periode bis zum Ende der Forward-Periode,
sei *Fwd* der Forward-Zinssatz (FRA-Satz) während der Laufzeit der Option, und der EURIBOR bei Fixing,
dann ist die zukünftige Auszahlung der Option bei Fälligkeit eines Caplets gegeben durch

$PayOff =$

$df_{S;E} \cdot (Nominalbetrag \cdot \tau \cdot Fwd) - df_{S;E} \cdot (Nominalbetrag \cdot \tau \cdot Strike)$

falls der gefixte EURIBOR (Fwd) über dem Strike liegt, und 0 sonst.

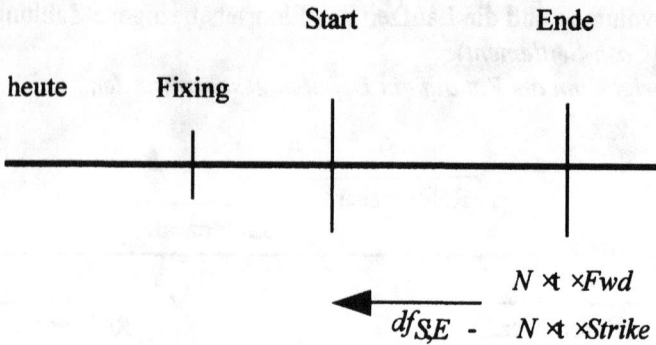

Abbildung *6.10*

Ausgehend von der Formel zum Pricing von Future-Optionen aus Kapitel *6.7.Optionen auf Futures* läßt sich die dortige Formel *6.9* folgendermaßen an die Erfordernisse eines Caplets anpassen:

$$
\begin{aligned}
Caplet &= df_s \cdot \big(df_{S;E} \cdot [(Nominalbetrag \cdot \tau \cdot Fwd) \cdot N(d_1) \\
&\quad - (Nominalbetrag \cdot \tau \cdot Strike) \cdot N(d_2)]\big) \\
&= df_s \cdot df_{S;E} \cdot (Nominalbetrag \cdot \tau) \cdot (Fwd \cdot N(d_1) - Strike \cdot N(d_2)) \\
&= df_E \cdot (Nominalbetrag \cdot \tau) \cdot (Fwd \cdot N(d_1) - Strike \cdot N(d_2))
\end{aligned}
$$

analog ergibt sich für ein Floorlet:

$$
\begin{aligned}
Floorlet &= df_E \cdot Nominalbetrag \cdot \tau \cdot (Strike \cdot N(-d_2) - Fwd \cdot N(-d_1)) \\
&= df_E \cdot Nominalbetrag \cdot \tau \cdot (Strike \cdot (1 - N(d_2)) - Fwd \cdot (1 - N(d_1))) \\
&= df_E \cdot Nominalbetrag \cdot \tau \cdot (Fwd \cdot N(d_1) - Strike \cdot N(d_2)) + \\
&\quad + df_E \cdot Nominalbetrag \cdot \tau \cdot (Strike - Fwd) \\
&= Caplet + df_E \cdot Nominalbetrag \cdot \tau \cdot (Strike - Fwd)
\end{aligned}
$$

Damit erhalten wir die folgende Formel:

$$
\boxed{Caplet = df_E \cdot Nominalbetrag \cdot \tau \cdot (Fwd \cdot N(d_1) - Strike \cdot N(d_2))}
$$

Formel *6.12*

$$Floorlet \;=\; Caplet + df_E \cdot Nominalbetrag \cdot \tau \cdot \left(Strike - Fwd\right)$$

Formel *6.13*

wobei für d_1 und d_2 gilt:

$$d_1 \;=\; \frac{\ln\left(\dfrac{Fwd}{Strike}\right) + \dfrac{\sigma^2}{2} \cdot Restlaufzeit}{\sigma \cdot \sqrt{Restlaufzeit}} \quad \text{und}$$

$$d_2 \;=\; d_1 - \sigma \cdot \sqrt{Restlaufzeit}$$

Formel *6.14*

$N(\cdot)$ ist die Verteilungsfunktion der Standardnormalverteilung.

Ebenso wie bei Future-Optionen beinhalten Caplets und Floorlets Risiken, die gemessen werden müssen, um sie handhabbar zu machen.
An der Optionspreisformel (Formel *6.12*) wird deutlich, daß der Optionspreis von Caplet und Floorlet von den Parametern *Forward* (Underlying), *Diskontfaktor* (längerfristiger risikoloser Zinssatz), *Varianz des Forwards* (Volatilität des Underlyings) und *Restlaufzeit* abhängt. Die Abhängigkeit vom Strike und von der Länge der Forward-Periode ist nicht zu untersuchen, da sich der Basispreis bei den hier betrachteten Optionen während der Laufzeit nicht ändert.

Die Übertragung der Vorgehensweise aus Kapitel *6.7.Optionen auf Futures* ist jedoch nur bedingt möglich, denn es ergibt sich folgende konzeptionelle Schwierigkeit:
Die Reagibilität nur auf den kurzfristigen Zinssatz zu untersuchen, ist auf jeden Fall unzureichend, denn der Optionspreis hängt sowohl vom kurzfristigen als auch vom langfristigen Zinssatz ab, der Forward jedoch wird von beiden beeinflusst. (siehe Kapitel 6.4.Forward *Rate Agreement*).
Aus diesem Grunde werden wir das Rho nicht mehr berechnen. Bei der Berechnung des Delta muß beachtet werden, daß es sich um die Reagibilität des Optionspreises auf einen Forward-Satz handelt, nicht auf die Zinskurve insgesamt. Aus diesem Grunde ist Delta nicht mit dem BPV aus Kapitel *5.1.Basispointvalue* zu verwechseln oder zu vergleichen.

Ansonsten können wir uns an den Greeks des Kapitel *6.7.Optionen auf Futures* orientieren, da die Formel *6.9* und Formel *6.12* im Wesentlichen gleich aufgebaut sind.

Delta

... gibt die Reagibilität des Optionspreises auf marginale Änderungen des Underlyings, der Forward-Rate *Fwd*, an.

$$DeltaCaplet = \frac{\partial Caplet}{\partial Fwd} = df_E \cdot Nominalbetrag \cdot \tau \cdot N(d_1)$$

$$DeltaFloorlet = \frac{\partial Floorlet}{\partial Fwd} = -df_E \cdot Nominalbetrag \cdot \tau \cdot (N(d_1)-1)$$

Die kleinste mögliche Änderung des Underlyings ist ein Basispunkt. Um die Reagibilität des Caplets/Floorlets auf eine Änderung von einem BP abzuschätzen, ist der rein rechnerische Wert aus den vorstehenden Formeln mit 0,01% zu multiplizieren.

Gamma

... beschreibt die Reagibilität des Delta auf marginale Schwankungen des Underlyings (*Fwd*).

$$GammaCaplet = \frac{\partial^2 Caplet}{\partial^2 Fwd}$$

$$= df_E \cdot Nominalbetrag \cdot \tau \cdot N'(d_1) \cdot \frac{1}{\sigma \cdot Fwd \cdot \sqrt{Restlaufzeit}}$$

$$GammaFloorlet = \frac{\partial Floorlet}{\partial Fwd} = GammaCaplet$$

Um die Reagibilität der Preise von Caplet/Floorlet auf eine Änderung des Underlyings von einem BP abzuschätzen, ist der rechnerische Wert vorstehender Formeln zweimal mit 0,01% zu multipizieren.

Vega

... stellt einen Zusammenhang her zwischen der Änderung der Volatilität und des Optionspreises.

$$VegaCaplet = \frac{\partial Caplet}{\partial \sigma}$$

$$= df_E \cdot Nominalbetrag \cdot \tau \cdot Fwd \cdot N'(d_1) \cdot \sqrt{Restlaufzeit}$$

$$VegaFloorlet = \frac{\partial Floorlet}{\partial \sigma} = VegaCaplet$$

Die kleinste Volatilitätsänderung liegt im Bereich von 0,01%, also ist der rechnerische Wert vorstehender Formeln mit 0,01% zu multiplizieren, um die Reagibilität von Caplet/Floorlet abzuschätzen.

Theta
Den Einfluß von Restlaufzeitverkürzungen auf den Optionspreis beschreibt Theta.

$$ThetaCaplet \quad = \quad \frac{\partial Caplet}{\partial Restlaufzeit}$$

$$= -Zins \cdot Caplet + df_E \cdot Nominalbetrag \cdot \tau \cdot \frac{\sigma}{2\sqrt{Restlaufzeit}} \cdot Fwd \cdot N'(d_1)$$

$$ThetaFloorlet = \frac{\partial Floorlet}{\partial Restlaufzeit}$$

$$= ThetaCaplet - Zins \cdot df_E \cdot Nominalbetrag \cdot \tau \cdot (Strike - Fwd)$$

wobei *Zins* der kurzfristige risikolose Zinssatz von heute bis zur Fälligkeit der Option ist.

Da in der Praxis nur Restlaufzeitverkürzungen auftreten und die kleinste Restlaufzeitverkürzung bei einem Tag, oder 1/365 liegt, ist der rechnerische Wert vorstehender Formeln mit 1/365 zu multiplizieren, um den Zeitwertverlust/Gewinn pro Tag abzuschätzen.

In diesen Formeln gilt:

$$N'(d) = \frac{1}{\sqrt{2\pi}} e^{-\frac{d^2}{2}} .$$

Beispiel 6.8.1.:
Berechnet werden sollen die Preise und die Risikoparameter (Greeks) für einen Cap und einen Floor mit folgenden Angaben:
Heute sei der 2/1/96, Fixing sei der 28/6/96, Start der ForwardPeriode sei der 2/7/96, Ende der ForwardPeriode sei der 2/1/97, Strike: 4,00%. Wir unterstellen eine Volatilität von 22,00%, der Nominalbetrag liegt bei EUR 10.000.000,--.
Einsetzen der Werte und Ausrechnen ergibt für das Caplet einen Preis von EUR 1.856,29 und für das Floorlet einen Preis von EUR 33.079,77:

Kontraktspezifikationen	Nominal betrag	10.000.000
	Strike	4,000%
	heute	02.01.96
	Fixing	28.06.96
	Start	02.07.96
	Ende	02.01.97
	Sigma	22,00%
Preise	Caplets	1.856,29
	Floorlets	33.079,77

Tabelle *6.20*.

Die Zwischenergebnisse stehen in der folgenden Tabelle:

Restlaufzeit		FRA-Periode	
in Tagen	T	in Tagen	Tau
178	0,4904	184	0,5111

Diskontfaktoren			Hilfsfelder		
Heute bis Start	Heute bis Ende	Start bis Ende	Fwd	d_1	d_2
0,983768	0,967118	0,983075	3,3683%	-1,03853	-1,19260

Tabelle *6.21*.

Die Greeks und einige Zwischenergebnisse stehen in der folgenden Tabelle:

Hilfsfelder				Delta	
N(d_1)	N(d_2)	N'(d_1)	r	Caplet	Floorlet
0,1495	0,1165	0,2327	3,3643%	73,90	-420,40

Vega		Gamma		Theta	
Caplet	Floorlet	Caplet	Floorlet	Caplet	Floorlet
2,71	2,71	2,22	2,22	16,50	19,38

BPV	
Caplet	Floorlet
69,36	-401,18

Tabelle *6.22*.

Achtung: Die Kennzahl BPV wurde mit Hilfe einer Simulation, die die gesamte Zinskurve parallel verschiebt, berechnet.

Der Kauf eines Floors führt zu einer Absicherung gegen fallende Zinsen, ohne die Chance zu verlieren, an steigenden Zinssätzen zu profitieren. Dieses asymmetrische Chancen-Risiko-Profil hat einen Preis, der zuweilen recht hoch sein kann. (siehe **Beispiel 6.8.1.**). Um diese Kosten zu reduzieren, kann ein Teil der Chancen verkaufent werden, indem man einen Cap verkauft. Das so entstehende Optionsportfolio heißt *Collar* und entspricht einem *Strangle* bei Aktienoptionen. Das Chancen-Risiko-Profil hat folgende Gestalt:

Collar

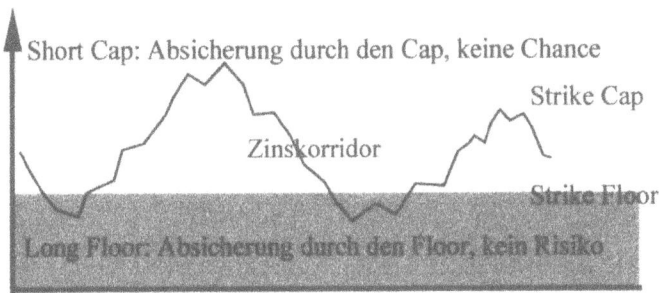

Abbildung *6.11*

Beispiel 6.8.2.:
Eine Long-Position in einem Cap und eine Short-Position in einem Floor gleicher Laufzeit und gleichen Volumens mit folgenden Spezifikationen bilden einen Zero-Cost-Collar, da die Erträge in dem verkauften Cap die Kosten für den gekauften Floor gerade auffangen. Durch diese Konstruktion wird ein Korridor festgelegt, der von 3,5% bis 5,6132% reicht. Daß ein Zero-Cost-Collar überhaupt möglich ist, liegt daran, daß die Caplets immer mehr *ins Geld* kommen, während die Floorlets immer mehr *aus dem Geld* kommen. Heute sei der 18. Aug. 1997. Für den Collar gegen 6 Monats EURIBOR gilt:

Einzelheiten des Caps/Floors und des Collars			
	Teil 1	Teil 2	Teil 3
Nominalbetrag	10.000.000	10.000.000	10.000.000
Fixing	18.02.1998	18.08.1998	18.02.1999
Start	20.02.1998	20.08.1998	20.02.1999
Ende	20.08.1998	20.02.1999	20.08.1999
Sigma	22,00%	22,00%	22,00%
Preis Floorlets	-12.426,04	-12.478,52	-10.820,54
Preis Caplets	7,01	407,52	2.356,39
Preis Collar	-12.419,03	-12.071,00	-8.464,15

Einzelheiten des Caps/Floors und des Collars			
	Teil 4	Teil 5	Summe
Nominalbetrag	10.000.000	10.000.000	
Fixing	18.08.1999	18.02.2000	
Start	20.08.1999	20.02.2000	
Ende	20.02.2000	20.08.2000	
Sigma	22,00%	22,00%	
Preis Floorlets	-4.980,30	-3.719,47	-44.424,88
Preis Caplets	14.041,04	27.612,91	44.424,88
Preis Collar	9.060,74	23.893,43	0,00

Tabelle *6.23*.

Daß diese Konstruktion nicht risikolos ist, zeigen die Greeks der Einzelteile und der Gesamtposition:

	Teil 1	Teil 2	Teil 3
Delta Caplet	0,49	14,29	51,78
Delta Floorlet	-255,17	-193,26	-140,02
Gamma Caplet	0,03	0,41	0,84
Gamma Floorlet	3,62	2,35	1,55
Vega Caplet	0,04	1,18	4,22
Vega Floorlet	4,71	6,77	7,76
Theta Caplet	0,24	3,50	8,22
Theta Floorlet	27,69	18,20	10,96

	Teil 4	Teil 5	Cap/Floor	Gesamt
Delta Caplet	164,72	227,23	458,51	
Delta Floorlet	-58,61	-37,79	-684,85	-226,34
Gamma Caplet	1,17	0,96	3,41	
Gamma Floorlet	0,65	0,37	8,55	11,96
Vega Caplet	11,64	15,03	32,10	
Vega Floorlet	6,48	5,83	31,55	63,65
Theta Caplet	16,13	15,07	43,16	
Theta Floorlet	-2,57	-11,17	43,10	86,26

Tabelle *6.24*.

Aus Formel *6.12* folgt die *Caplet/Floorlet-Parität* (die Entsprechung der Call/Put-Parität bei Aktienoptionen):

$$
\begin{aligned}
Floorlet \quad &= \quad Caplet + df_E \cdot Nominalbetrag \cdot \tau \cdot \left(Strike - Fwd\right) \\
\text{bzw.} & \\
Floorlet - Caplet \quad &= \quad df_E \cdot Nominalbetrag \cdot \tau \cdot \left(Strike - Fwd\right) \\
&= \quad Barwert \quad des \quad FRA's
\end{aligned}
$$

Formel 6.15

Zur Caplet/Floorlet-Parität vgl. auch **Übung 6.15.**.

6.9.Swaption

Neben Caps und Floors sind die Optionen auf Interest Rate Swaps, Swaptions, sehr liquide Zinsoptionen. Dies verwundert nicht, da der Markt für das Underlying, IRS, ebenfalls eine beachtliche Liquidität aufweist.
Swaptions sind OTC-Derivate, die in den Off-Balance-Bereich gehören.
Es lassen sich folgende Grundpositionen unterscheiden:
Inhaber einer Payer-Swaption:
... hat das Recht, nicht aber die Verpflichtung, am Verfalltag in einen bei Abschluß der Option genau spezifizierten IRS einzutreten, in den er den festen Zinssatz zahlt ($\approx$ Käufer eines Caplets).
Stillhalter einer Payer-Swaption:
... hat die Verpflichtung, den IRS bei Ausübung der Option zu akzeptieren (Verkäufer eines Caplets).
Inhaber einer Receiver-Swaption:
... hat das Recht, nicht aber die Verpflichtung, am Verfalltag in einen bei Abschluß der Option genau spezifizierten IRS einzutreten, in dem er den festen Zinssatz empfängt. ($\approx$ Käufer eines Floorlets)
Stillhalter einer Receiver-Swaption
... hat die Verpflichtung, den IRS bei Ausübung der Option zu akzeptieren (Verkäufer eines Floorlets).

Wenn Caps/Floors als Optionen auf kurzfristige Zinssätze interpretiert werden, sind Swaptions Optionen auf langfristige Zinssätze.

Im Gegensatz zu Caps/Floors, bei denen im Falle der Ausübung der Option ein Barausgleich erfolgt, haben die Parteien bei Abschluß einer Swaption grundsätzlich die Wahl zwischen Physical-Delivery und Cash-Settlement.
Im allgemeinen ist das Cash-Settlement vorzuziehen, da es im Falle der Physical Delivery zu einer Position im IRS mit dem Stillhalter der Option kommt. Aus diesem Grunde belastet eine Swaption mit Physical-Delivery

die Kreditlinie des Kontrahenten wesentlich länger als eine Swaption mit Cash-Settlement.

Außerdem hat der Inhaber der Swaption im Falle des Cash-Settlements die freie Wahl, mit welchem Kontrahenten er den IRS abschließt.

Der IRS, auf den die Option abgeschlossen wird besteht im allgemeinen aus mehreren Zinsperioden. Sei die Anzahl der Zinsperioden mit n gegeben.

Sei $\tau_t = \dfrac{Tage_t}{Basis}$ die Dauer der t-ten Zinsperiode, in einem Jahresbruchteil angegeben, und

sei df_S der Diskontfaktor von heute bis zum Start der Swaption und

sei $df_{S;t}$ der Diskontfaktor vom Start des IRS bis zu dessen t-ter Zinszahlung,

sei Fwd der Forward-Zinssatz (ForwardIRS-Satz) während der Laufzeit der Option.

Dann ist die zukünftige Auszahlung der PayerSwaption bei Fälligkeit gegeben durch

$$
\begin{aligned}
PayOff &= \sum_{t=1}^{n}\big(df_{S;t}\cdot(Nominalbetrag\cdot\tau_t\cdot Fwd)-df_{S;t}\cdot(Nominalbetrag\cdot\tau_t\cdot Strike)\big)\\
&= Nominalbetrag\cdot\sum_{t=1}^{n}\big(df_{S;t}\cdot\tau_t\cdot(Fwd-Strike)\big)
\end{aligned}
$$

falls der gefixte IRS-Satz (Fwd) über dem Strike liegt, und 0 sonst.

Ausgehend von der Formel zum Pricing von Future-Optionen aus Kapitel *6.7.Optionen auf Futures* kann die dortige Formel *6.9* folgendermaßen an die Erfordernisse einer PayerSwaption angepasst werden:

$$
\begin{aligned}
Payer &= df_S\cdot\left(\sum_{t=1}^{n}df_{S;t}\,\tau_t\cdot Nominalbetrag\cdot Fwd\cdot N(d_1)\right.\\
&\quad -\sum_{t=1}^{n}df_{S;t}\,\tau_t\cdot Nominalbetrag\cdot Strike\cdot N(d_2)\\
&= df_S\cdot\sum_{t=1}^{n}df_{S;t}\,\tau_t\cdot Nominalbetrag\cdot(Fwd\cdot N(d_1)-Strike\cdot N(d_2))\\
&= Nominalbetrag\cdot\sum_{t=1}^{n}df_t\,\tau_t\cdot(Fwd\cdot N(d_1)-Strike\cdot N(d_2))
\end{aligned}
$$

analog ergibt sich für eine ReceiverSwaption:

$$Receiver = Nominalbetrag \cdot \sum_{t=1}^{n} df_t \cdot \tau_t \cdot \left(Strike \cdot N(-d_2) - Fwd \cdot N(-d_1)\right)$$

$$= Nominalbetrag \cdot \sum_{t=1}^{n} df_t \cdot \tau_t \cdot \left(Strike \cdot (1 - N(d_2)) - Fwd \cdot (1 - N(d_1))\right)$$

$$= Nominalbetrag \cdot \sum_{t=1}^{n} df_t \cdot \tau_t \cdot \left(Fwd \cdot N(d_1) - Strike \cdot N(d_2) + Strike - Fwd\right)$$

$$= Payer + Nominalbetrag \cdot \sum_{t=1}^{n} df_t \cdot \tau_t \cdot \left(Strike - Fwd\right)$$

Damit erhalten wir die Formeln:

$$Payer = Nominalbetrag \cdot \sum_{t=1}^{n} df_t \cdot \tau_t \cdot \left(Fwd \cdot N(d_1) - Strike \cdot N(d_2)\right)$$

Formel *6.16*

$$Receiver = Payer + Nominalbetrag \cdot \sum_{t=1}^{n} df_t \cdot \tau_t \cdot \left(Strike - Fwd\right)$$

Formel *6.17*

wobei für d_1 und d_2 gilt:

$$d_1 = \frac{\ln\left(\dfrac{Fwd}{Strike}\right) + \dfrac{\sigma^2}{2} \cdot Restlaufzeit}{\sigma \cdot \sqrt{Restlaufzeit}} \quad und$$

$$d_2 = d_1 - \sigma \cdot \sqrt{Restlaufzeit}$$

Formel *6.18*

$N(\cdot)$ ist die Verteilungsfunktion der Standardnormalverteilung.

Die Risiken bei Swaptions werden ebenso berechnet wie bei Caps/Floors. An der Optionspreisformel (Formel *6.16*) wird deutlich, daß der Optionspreis einer Swaption von den Parametern *Forward* (Underlying), mehreren *Diskontfaktoren* (längerfristige risikolose Zinssätze), *Varianz des Forwards* (Volatilität des Underlyings) und *Restlaufzeit* abhängt. Die

Abhängigkeit vom Strike und von der Länge der Forward-Periode ist nicht zu untersuchen, da sich der Basispreis bei den hier betrachteten Optionen während der Laufzeit nicht ändert.

Ebenso, wie bei Caps und Floors ist die Berechnung des Rhos nicht sinnvoll, denn der Zinssatz eines Forward-IRS hängt von der gesamten Zinskurve ab.
Bei der Berechnung des Delta muß bei Swaptions ebenfalls beachtet werden, daß es sich um die Reagibilität des Optionspreises auf einen Forward-Satz handelt, nicht auf die Zinskurve insgesamt. Aus diesem Grunde ist Delta nicht mit dem BPV aus Kapitel *5.1.Basispointvalue* zu verwechseln oder zu vergleichen.

Bei der Berechnung der Greeks können wir uns an Kapitel *6.8.Cap und Floor* anlehnen, da die Formel *6.16* und Formel *6.12* nahezu gleich aufgebaut sind.

Delta
... gibt die Reagibilität des Optionspreises auf marginale Änderungen des Underlyings, der Forward-Rate *Fwd*, an.

$$DeltaPayer = \frac{\partial Payer}{\partial Fwd} = Nominalbetrag \cdot \sum_{t=1}^{n} df_t \cdot \tau_t \cdot N(d_1)$$

$$DeltaReceiver = \frac{\partial Receiver}{\partial Fwd} = Nominalbetrag \cdot \sum_{t=1}^{n} df_t \cdot \tau_t \cdot (N(d_1) - 1)$$

Die kleinste Änderung des Underlyings ist ein Basispunkt. Um die Reagibilität des Payers/Receivers auf eine Änderung von einem BP abzuschätzen, ist der rein rechnerische Wert aus den vorstehenden Formeln mit 0,01% zu multiplizieren.

Gamma
... beschreibt die Reagibilität des Delta auf marginale Schwankungen des Underlyings (*Fwd*).

$$GammaPayer = \frac{\partial^2 Payer}{\partial^2 Fwd}$$

$$= Nominalbetrag \cdot \sum_{t=1}^{n} df_t \cdot \tau_t \cdot N'(d_1) \cdot \frac{1}{\sigma \cdot Fwd \cdot \sqrt{Restlaufzeit}}$$

$$GammaReceiver = \frac{\partial^2 Receiver}{\partial^2 Fwd} = GammaPayer$$

Um die Reagibilität der Preise von Payer/Receiver auf eine Änderung des Underlyings von einem BP abzuschätzen, ist der rechnerische Wert vorstehender Formeln zweimal mit 0,01% zu multipizieren.

Vega
... stellt einen Zusammenhang her zwischen der Änderung der Volatilität und des Optionspreises.

$$VegaPayer = \frac{\partial Payer}{\partial \sigma}$$

$$= Nominalbetrag \cdot \sum_{t=1}^{n} df_t \cdot \tau_t \cdot Fwd \cdot N'(d_1) \cdot \sqrt{Restlaufzeit}$$

$$VegaReceiver = \frac{\partial Receiver}{\partial \sigma} = VegaPayer$$

Die kleinste Volatilitätsänderung liegt im Bereich von 0,01%, also ist der rechnerische Wert vorstehender Formeln mit 0,01% zu multiplizieren, um die Reagibilität der Payer/Receiver abzuschätzen.

Theta
Den Einfluß von Restlaufzeitverkürzungen auf den Optionspreis beschreibt das Theta.

$$ThetaPayer = \frac{\partial Payer}{\partial T}$$

$$= -Zins \cdot Payer + Nominalbetrag \cdot \sum_{t=1}^{n} df_t \cdot \tau_t \cdot \frac{\sigma}{2\sqrt{Restlaufzeit}} \cdot Fwd \cdot N'(d_1)$$

$$ThetaReceiver = \frac{\partial Receiver}{\partial T}$$

$$= ThetaPayer - Zins \cdot Nominalbetrag \cdot \sum_{t=1}^{n} df_t \cdot \tau_t \cdot (Strike - Fwd)$$

Da in der Praxis nur Restlaufzeitverkürzungen auftreten und die kleinste Restlaufzeitverkürzung bei einem Tag, oder 1/365 liegt, ist der rechnerische Wert vorstehender Formeln mit 1/365 zu multiplizieren, um den Zeitwertverlust/Gewinn pro Tag abzuschätzen.

In diesen Formeln gilt:

$$N'(d) = \frac{1}{\sqrt{2\pi}} e^{-\frac{d^2}{2}}.$$

Beispiel 6.9.1.:
Berechnet werden sollen die Preise und die Risikoparameter (Greeks) für eine Swaption mit folgenden Angaben:
Heute sei der 2/1/96, Fixing sei der 02/01/97, Start der ForwardPeriode der 04/01/97, Ende der ForwardPeriode der 04/01/02. Wir unterstellen eine Volatilität von 14,00%, der Nominalbetrag liegt bei EUR 10.000.000,--, Strike: 6,60%.
Einsetzen der Werte und Ausrechnen ergibt für die Payer einen Preis von EUR 45.501,40 und für die Receiver einen Preis von EUR 442.412,83.

Kontraktspezifikationen						
Nominal betrag	Strike	heute	Fixing	Start	Ende	Sigma
10.000.000	6,6000%	02. 01 96	02. 01 97	04. 01 97	04. 01 02	14,00%

Preise	
Payer	Receiver
45.501,40	442.412,83

Tabelle 6.25.

Die Zwischenergebnisse stehen in der folgenden Tabelle:

Restlaufzeit	Tage	366
	T	1,0055
Forward-Periode	in Jahren	5,00
Diskontfaktoren	Start	0,96712
	1	0,93135
	2	0,88542
	3	0,83217
	4	0,77832
	5	0,72525
Hilfsfelder	Fwd	5,8247%
	d_1	-0,81993
	d_2	-0,96031

Tabelle 6.26.

Die Greeks und einige Zwischenergebnisse stehen in folgender Tabelle:

Achtung: Die Kennzahl BPV wurde mit Hilfe einer Simulation, die die gesamte Zinskurve parallel verschiebt, berechnet.

Hilfsfelder	N(d_1)	0,20613
	N(d_2)	0,16845
	N'(d_1)	0,28505
	r	3,3443%
	Summe(DF)	4,15251
Delta	Payer	855,95
	Receiver	-3.296,56
Vega	Payer	69,14
	Receiver	69,14
Gamma	Payer	14,48
	Receiver	14,48
Theta	Payer	127,70
	Receiver	157,19
BPV	Payer	1.021,51
	Receiver	-4.139,45

Tabelle 6.27.

Aus Formel 6.16 folgt die *Payer/Receiver-Parität* (die Entsprechung der Call/Put-Parität bei Aktienoptionen):

$$Receiver = Payer + Nominalbetrag \cdot \sum_{t=1}^{n} df_t \cdot \tau_t \cdot (Strike - Fwd)$$

bzw.

$$Receiver - Payer = Nominalbetrag \cdot \sum_{t=1}^{n} df_t \cdot \tau_t \cdot (Strike - Fwd)$$
$$= Barwert \quad des \quad ForwardSwaps$$

Formel 6.19

6.10. Bondoption

Ausgehend von den Optionen auf Futures werden wir in diesem Kapitel das Pricing und die Greeks für Bondoptionen herleiten.
Die Formel 6.9 zeigt das Pricing für eine Futuresoption. Der Futurepreis ist ebenso wie der Strikepreis in der Zukunft zu zahlen. Interpretiert man den Futurepreis als Forwardpreis für einen Bond, ist der Ausdruck $df_s \cdot Forwardpreis$ gerade gleich dem heutigen Barwert des Bonds. Also

kann die Formel *6.9* folgendermaßen umgeformt werden, um den Preis eines Calls auf einen Bond zu berechnen:

$$Call \;=\; df_s \cdot Futurekurs \cdot N(d_1) - df_s \cdot Strike \cdot N(d_2)$$
$$\;=\; Barwert \cdot N(d_1) - df_s \cdot Strike \cdot N(d_2)$$

analog erhält man die Formel für einen Put:

$$Put \;=\; Call + \big(df_S \cdot Strike - df_S \cdot Futurekurs\big)$$
$$\;=\; Call + \big(df_S \cdot Strike - Barwert\big)$$

Damit ergibt sich:

$$Call \;=\; Barwert \cdot N(d_1) - df_s \cdot Strike \cdot N(d_2)$$

Formel *6.20*

und

$$Put \;=\; Call + \big(df_S \cdot Strike - Barwert\big)$$

Formel *6.21*

mit

$$d_1 = \frac{\ln\left(\dfrac{Barwert}{Strike}\right) + \left(Zinssatz + \dfrac{\sigma^2}{2}\right) \cdot Restlaufzeit}{\sigma \cdot \sqrt{Restlaufzeit}}$$

und $d_2 = d_1 - \sigma \cdot \sqrt{Restlaufzeit}$.

Zur Berechnung von d_1 in Zusammenhang mit dem Barwert und dem Forwardpreis siehe auch Kapitel *6.7.Optionen auf Futures*. In der Formel *6.20* und Formel *6.21* ist der Barwert um den Barwert der Kuponerträge zu vermindern, die noch bis zur Optionsfälligkeit anfallen. Damit ist das Pricing von Bondoptionen analog zum Pricing von Aktienoptionen.

Die Greeks werden wiederum durch partielles Ableiten der Formel *6.20* und Formel *6.21* berechnet, die Interpretation dieser Risikoparameter ist analog zur Interpretation der Greeks bei den Optionen auf Futures.

Delta:

$$DeltaCall = \frac{\partial Call}{\partial Barwert} = N(d_1)$$

$$DeltaPut = \frac{\partial Put}{\partial Barwert} = N(d_1) - 1$$

Gamma:

$$GammaCall = \frac{\partial^2 Call}{\partial^2 Barwert} = N'(d_1) \cdot \frac{1}{\sigma \cdot Barwert \cdot \sqrt{Restlaufzeit}}$$

$$GammaPut = GammaCall$$

Vega:

$$VegaCall = \frac{\partial Call}{\partial \sigma} = Barwert \cdot N'(d_1) \cdot \sqrt{Restlaufzeit}$$

$$VegaPut = \frac{\partial Put}{\partial \sigma} = VegaCall$$

Theta:

$$ThetaCall = \frac{\partial Call}{\partial Restlaufzeit}$$

$$= \frac{Barwert \cdot N'(d_1) \cdot \sigma}{2 \cdot \sqrt{Restlaufzeit}} + Zinssatz \cdot df \cdot N(d_2) \cdot Strike$$

$$ThetaPut = ThetaCall - Zinssatz \cdot df_S \cdot Strike$$

Rho:

$$RhoCall = \frac{\partial Call}{\partial Zinssatz} = Restlaufzeit \cdot df \cdot N(d_2) \cdot Strike$$

$$RhoPut = RhoCall - Restlaufzeit \cdot df \cdot Strike$$

Hierbei gelten die folgenden Beziehungen:

$$N'(d) = \frac{1}{\sqrt{2 \cdot \pi}} \cdot e^{-\frac{d^2}{2}}$$

Beispiel 6.10.1.:
Gegeben sei ein Bond mit einem DirtyPrice von von 101,10%. Ein Call mit einer Laufzeit von 3 Monaten und einem Strike von 101,00 hat bei

einer Volatilität von 15% und einem risikolosen Zinssatz von 3,25% einen Preis von EUR 3,47.

Die Greeks lauten:

Preis	Delta	Gamma	Vega	Theta	Rho
3,46491	0,56282	0,05232	19,77913	7,75282	13,17599

Tabelle 6.28.

6.11. Strukturierte Produkte

In diesem Kapitel werden wir die bisher behandelten Produkte zur Konstruktion von Strukturierten Anleihen nutzen. Strukturierte Anleihen sind Anleihen, die im Rahmen des *Financial Engineering* oder des *Financial Design* auf ganz spezielle (Engineering) oder spezifische (Design) Kundeninteressen zugeschnitten sind.

Das Konstruieren dieser, *tailor-made*, Produkte fängt mit der möglichst detaillierten Erhebung der Kundenwünsche an. Darauf aufbauend wird ein Portfolio aus bekannten Produkten konstruiert und in einem Private-Placement (Design) oder in Form einer Emission (Engineering) zum Kauf angeboten.

Wir werden im folgenden einige Beispiele für derartige Produkte aufführen und ihr Pricing darstellen. Deshalb werden die Konstruktionen aus Emittentensicht dargestellt und die Frage beantwortet: Wie können diese Konstruktionen aufgebaut werden oder anders formuliert: Wie können sie gehedged werden?

Alle folgenden Beispiele gehen von Restlaufzeiten von zwei Jahren aus, die Zinsstrukturkurve ist wie zu Beginn von **6.** Zinsinstrumente gegeben, Zinsanpassungen sind generell halbjährlich, um die Rechnungen nicht unnötig zu verkomplizieren.

Beispiel 6.11.1. (Floored Floater):

Ein *Floored-Floater* ist ein Floater, der eine bestimmte Mindestverzinsung verspricht. Diese Mindestverzinsung wird seitens des Emittenten durch einen Floor realisiert:

	Floor	Floater	Floored Floater
Nominalbetrag	100.000.000	100.000.000	100.000.000
Strike/Kupon	2,5000%	3,3000%	3,3000%
heute	20.08.1997	20.08.1997	20.08.1997
Ende	20.08.1999	20.08.1999	20.08.1999

BPV	-428,80	-4.840,27	-5.269,07
Preis	16.050,26	100.000.000	100.016.050

Sigma sei mit 22,00% angenommen.
Tabelle *6.29.*

Der Floored Floater wird zu einem Kurs von 100,0161 emittiert, liefert einen ersten Kupon von 3,30% und hat einen BPV von -0,0053 EUR pro 100 Nominal.

Beispiel *6.11.2.* (Collared Floater):
Ein *Collared-Floater* ist ein Floater, der eine Mindest- und eine Höchstverzinsung aufweist. Deshalb wird er auch zuweilen als *Range-Floater* oder *Korridor-Floater* bezeichnet. Der entsprechende Korridor kann mit Hilfe eines Collars dargestellt werden.

	Floor	Cap	Collar
Nominalbetrag	100.000.000	100.000.000	100.000.000
Strike/Kupon	2,5000%	6,0000%	2,5% - 6,0%
heute	20.08.1997	20.08.1997	20.08.1997
Ende	20.08.1999	20.08.1999	20.08.1999
BPV	-428,80	384,16	-44,64
Preis	16.050,26	-15.572,18	478,08

	Floater	Collared Floater
Nominalbetrag	100.000.000	100.000.000
Strike/Kupon	3,3000%	3,3000%
heute	20.08.1997	20.08.1997
Ende	20.08.1999	20.08.1999
BPV	-4.840,27	-4.884,91
Preis	100.000.000	100.000.478

Sigma sei mit 22,00% angenommen.
Tabelle *6.30.*

Man hat in diesem Beispiel einen (fast) Zero-Cost-Collar mit einem Floater verbunden. Der Collared Floater kann zu pari emittiert werden und hat einen BPV von EUR 0,0049 auf EUR 100,--. Der erste Kupon liegt bei 3,30% und wird während der gesamten Laufzeit in einer Bandbreite von 2,50% bis 6,00% liegen.

Beispiel 6.11.3. (Superfloater):

Ein *Superfloater* oder auch *Leveraged-Floater* genannt, bietet dem Inhaber ein Vielfaches des Referenzzinssatzes (12-Monats-EURIBOR) minus einem Festzinssatz. Im allgemeinen wird ein gewisser Mindestsatz garantiert. Der Mindestsatz wird mit Hilfe eines Floors realisiert, der Hebeleffekt mit einem Interest-Rate-Swap.

Ein IRS mit einer Laufzeit von zwei Jahren liegt bei 3,6147% jährliche Zinszahlung, BondBasis. Dies entspricht 3,5335% halbjährliche Zinszahlung, *act/360*. (siehe Kapitel 1. Zinsrechnung).

	Zinsmethode	Nominalbetrag	Preis
IRS	3,5335% s.a. act/360	50.000.000	0
Floater	3,30% act/360	100.000.000	-100.000.000
Floor	Strike: 2,50%	150.000.000	-24.075
Superfloater		150.000.000	-100.024.075

Tabelle *6.31*.

Der Emittent tritt in einen IRS ein, Nominalvolumen EUR 50 Mio, in den er den Festsatz in Höhe von 3,5335% *act/360* halbjährlich zahlt und den 6-Monats-EURIBOR erhält. Die rollierende Plazierung von 6-Monats-Geldern (Plain-Vanilla-Floater) erzielt einen Ertrag von EURIBOR auf EUR 100 Mio.

Per Saldo erwirtschaftet der Emittent auf EUR 100 Mio einen Zinsertrag von $1,50 \cdot EURIBOR$ und zahlt $\dfrac{3,5335\%}{2} = 1,7668\%$.

Um sich gegen einen EURIBOR unter 2,50% abzusichern, kauft er einen Floor über ein Nominalvolumen von EUR 150 Mio. Damit kann er dem Investor eine Minimumverzinsung von

$1,50 \cdot 2,50\% - 1,7668\% = 1,9832\% \approx 2,0000\%$ bieten.

Diese Konstruktion zahlt im ersten halben Jahr einen Kupon von 3,1833% und kostet 100,025.

Da bei dem gewählten Hebel die Duration sehr niedrig ist, ist diese Anlage nicht sehr kurssensitiv gegenüber Renditeschwankungen. Dies zeigt sich ebenfalls im BPV.

Der Superfloater verhält sich gegenüber Renditeänderungen entgegengesetzt zu einer Plain-Vanilla-Anleihe.

	IRS	Floater	Floor	Superfloater
Duration	-1,470	0,500		-0,2350
BPV	7.080	-4.840	-643	1.597

Tabelle *6.32*.

Durch die Wahl eines anderen Hebels kann eine weitaus höhere Kurssensitivität erreicht werden.   �֎

Beispiel *6.11.4*. (Reverse-Floater):
Der *Reverse-Floater* wird auch zuweilen *Invers-Floater* oder *Bull-Floater* genannt. Er besteht aus einem einfachen Floater in Kombination mit einem IRS und einem Cap. Der Reverse-Floater bietet dem Inhaber einen Festzinssatz (Basiszins) minus einem Vielfachen des vereinbarten Referenzzinssatzes (12-Monats-EURIBOR).

		Nominalbetrag	Preis
IRS	3,5336% s.a. act/360	400.000.000	0
Floater	3,30% act/360	100.000.000	-100.000.000
Cap	Strike: 4,0448%	300.000.000	-792.863
Reverse Floater		100.000.000	-100.792.863

Tabelle *6.33*.

Der Emittent tritt in einen IRS über EUR 400 Mio ein. In diesem IRS erhält er halbjährlich den Festsatz und zahlt den 6-Monats-EURIBOR. Damit erzielt er auf ein Nominalvolumen von EUR 100 Mio einen Zinsertrag von $4 \cdot 3,5336\% = 14,1344\%$ und zahlt $4 \cdot LIBOR$. Die Plazierung einer EUR 100 Mio rollierenden 6-Monats-Geldanlage führt zu einem Zinsertrag in Höhe des EURIBOR.
Per Saldo erhält der Emittent
$$4 \cdot 3,5335\% - 3 \cdot EURIBOR = 14,1344\% - 3 \cdot EURIBOR.$$

Um dem Investor eine Mindestverzinsung von 2,00% zu bieten, ist noch ein Cap zu kaufen, der ein Zinsniveau von 4,0448% auf Nominal EUR 300 Mio absichert.
Die gesamte Konstruktion kann zu 100,80 verkauft werden, der erste Kupon liegt bei
$$14,1344\% - 3 \cdot 3,30\% = 4,2344\%$$

Zu den Risiken siehe folgende Tabelle:

	IRS	Floater	Cap	Reverse Floater
Duration	1,470	0,500		6,3800
BPV	-56.640	-4.840	13.720	-47.760

Tabelle *6.34*.

Die Duration ist durch die stark gewichtete IRS-Position auf 6,38 Jahre gestiegen und liegt damit weit höher als die tatsächliche Restlaufzeit.

Der BPV ist dementsprechend hoch und zeigt, daß die Position in dieser Anleihe ein hochspekulatives Investment darstellt. (Der BPV eines Plain-Vanilla-Bonds liegt bei ca. EUR 19.000, für nominal EUR 100 Mio.)

Durch die Wahl eines anderen Hebels kann das Risiko eines Reverse Floaters gemindert werden.

Beispiel 6.11.5. (Floater in arrears):

Ein *Floater-in-arrears* ist ein Geldmarktfloater, bei dem der Zinssatz einer Periode erst am Ende dieser Periode festgestellt wird. Er besteht im wesentlichen aus einem einfachen Floater und einem IRS in arrears, der den 6-Monats-EURIBOR in advance in einen 6-Monats-EURIBOR in arrears minus Spread swapt:

Der Emittent investiert in eine halbjährliche EURIBOR-Anlage (rollierendes Festgeld) und zahlt die Erträge hieraus in den IRS in arrears. Im Gegenzug erhält er den EURIBOR in arrears minus 39 Basispunkte. (siehe **Beispiel 6.5.6.**)

Damit liegen die Emissionsbedingungen für den Floater in arrears fest:
Der Investor erhält halbjährlich den 6-Monats-EURIBOR in arrears minus 39 Basispunkte. Der erste Kupon ist noch nicht bekannt.

Beispiel 6.11.6. (Step-Up-Bond):

Ein Step-Up-Bond ist eine festverzinsliche Anleihe, die steigende Zinssätze bietet.

Sie wird genutzt, *die Zinsstrukturkurve zu verkaufen* und wird mit Hilfe eines Step-Up-IRS dargestellt.

Der Emittent investiert in eine halbjährliche EURIBOR-Anlage. Damit erhält er im ersten halben Jahr eine Verzinsung in Höhe von 3,30%. Die folgenden Halbjahre haben bei der momentanen Zinsstruktur steigende Forwards:

6x12:   3,44319%
12x18: 3,60735%
18x24: 3,75243%

Diese Forwards können durch FRA´s abgesichert werden. Damit kann der Emittent folgende Emissionsbedingungen festlegen:

1. Halbjahr: 3,30%   2. Halbjahr: 3,44%
3. Halbjahr: 3,60%   4. Halbjahr: 3,75%

Beispiel *6.11.7.* (Callable-Bond):

Ein *Callable-Bond* ist ein einfacher Bond, der vom Emittenten zu einem oder mehreren Terminen zu einem festen Preis, beispielsweise zu pari, kündbar ist. Ein einfacher Bond mit einer Laufzeit von zwei Jahren muß einen Nominalzins von 3,62% haben, wenn er bei 100 notiert. Wenn der Emittent ein Kündigungsrecht nach einem Jahr haben will, muß er dem Investor dieses Recht (welches für den Investor einen Nachteil bedeutet, da er in der Stillhalterposition ist) vergüten. Die Frage lautet also: Wieviel ist das Recht, in einem Jahr den Bond mit einem Kupon von 3,62% zu pari zurückzufordern, heute wert?

Der Investor, der einen Callable-Bond kauft, kann sich gegen den Fall daß der Bond gekündigt wird nur durch eine Option absichern, die ihm das Recht gibt, in einen IRS einzutreten, der ihm den Kupon von 3,62% zahlt. Zur Absicherung des Kündigungsfalles muß er eine Receiver-Swaption kaufen. In dem Callable-Bond steckt also eine Receiver-Swaption, die der Investor an den Emittenten verkauft hat.

Der Preis einer Receiver-Swaption, die in einem Jahr ausläuft und das Recht auf einen Receiver-Swap mit einem Kupon von 3,62% bietet, kostet 38 Basispunkte (siehe **Übung *6.12.*).

Der Emittent kann seinen Callable-Bond nur zu einem Preis verkaufen, der unter 99,62 (100-0,38) liegt.

An den Greeks der **Übung *6.12.*** wird klar, daß der Callable-Bond Risiken beinhaltet, die originär einer Optionsposition zuzuordnen sind.

Der BPV des Callable-Bonds liegt bei -2,56 für Nominal 100.

Teile	BPV
BPV Bond	-1,90
BPV Swaption	-0,66
BPV Callable-Bond	-2,56

Tabelle *6.35.*

Beispiel *6.11.8.* (Putable-Bond):

Im Gegensatz zu einem Callable-Bond hat bei einem *Putable-Bond* der Inhaber zu einem, oder mehreren, Terminen ein Kündigungsrecht zu einem im voraus vereinbarten Preis.

Damit hat der Emittent das Kündigungsrisiko und ist in einer Stillhalterposition. Die Option, den Bond nach einem Jahr zu pari zurückzugeben, auch wenn die Rendite für einjährige Restläufer deutlich über 3,62% liegt, hat einen Wert von 80 Basispunkten (siehe **Übung *6.12.*). Es handelt sich um eine Payer-Swaption, die der Emittent an den

Investor verkauft hat. Der Emittent kann also bis zu 100,80 für den Putable-Bond verlangen.
Der BPV des Putable-Bond liegt bei -0,67 für nominal 100.

Teile	BPV
BPV Bond	-1,90
BPV Swaption:	1,23
BPV Putable-Bond	-0,67

Tabelle 6.36.

Beispiel 6.11.9. (Kapitalmarktfloater):
Siehe auch **Übung 6.5.**
Ein Kapitalmarktfloater mit einer Laufzeit von 2 Jahren und einer jährlichen Zinsanpassung an 78,68% des 3-Jahres-IRS-Satzes kann zu pari emittiert werden.

					100,00%	78,68%	Barwert
Start	StartDF	DF	DF	DF	Kupon	Kupon	Cash-Flows
0	1,00000	0,96712	0,93135	0,88542	4,1160	3,2385	3,1320
1	0,96712	0,93135	0,88542	0,83217	5,0943	4,0082	96,8680
						Preis	100,0000

Tabelle 6.37.

Natürlich lassen sich noch andere Kombinationen darstellen, wie zum Beispiel die Kombination eines Putable-Bonds in Verbindung mit einer Aktienoption. Somit ist dem Investor die Chance gegeben, den Bond zu einem fest vereinbarten Preis zurückzugeben, und gleichzeitig eine Aktie zu einem fest vereinbarten Preis zu kaufen. Man hat so eine *Wandelschuldverschreibung* kreiert.

Oder man kombiniert einen Bond mit einem Call auf den USD. Das Ergebnis besteht in einen Bond, dessen Tilgung vom dann gültigen USD-Kurs abhängt.
Ähnliches kann man mit Hilfe einer DAX-Option tun.

Auch das Zusammenspiel von "normalen" Instrumenten und Exotischen Optionen wie *Barrier-Options*, *Binary-Options* oder *Ladder-Options* führt zu sehr interessanten Strukturen, die den Wünschen, Meinungen und Bedürfnissen spezieller Investoren entgegenkommen.

Auf jeden Fall muß der Käufer sich über die Risiken dieser strukturierten Produkte genau im klaren sein und im Vorfeld der Investition detaillierte Überlegungen anstellen. Ansonsten kann ein Investment in derartige Instrumente zu enormen Verlusten führen.

Auch nach dem Kauf dieser Produkte sollte der Investor diese mit besonderer Sorgfalt täglich überwachen.

6.12. Übungen

Übung 6.1. (Zerobond):
Berechnen Sie unter der gegebenen Zinskurve die Preise und Parameter von Zerobonds mit Restlaufzeiten von 8, 9 und 10 Jahren.

Übung 6.2. (FRA):
Berechnen Sie unter der gegebenen Zinskurve die Preise und Parameter für folgende FRA's:
6x12, 12x18, 18x24.

Übung 6.3. (Floater+1/8):
1. Berechnen Sie den Preis eines Floaters mit einer Gesamtlaufzeit von 5 Jahren der den 6-Monats-EURIBOR+1/8 zahlt.
2. Wie hoch ist der erste Kupon?
3. Berechnen Sie die Parameter des Floaters mit Hilfe der Näherungsformeln.

Übung 6.4. (ForwardSwap):
Berechnen Sie den Preis für einen IRS, der in 4 Jahren startet und in 10 Jahren endet.

Übung 6.5. (Kapitalmarktfloater):
Berechnen Sie den Preis für einen Kapitalmarktfloater folgender Ausstattung:
Laufzeit: 6 Jahre
Kupon: Jährlich 90% des 2 Jahres IRS-Satzes
Zinsmethode: BondBasis
Berechnen Sie mit Hilfe der Näherungsformeln die Parameter des Kapitalmarktfloaters.

Übung 6.6. (CMS):
Pricen Sie einen *ConstantMaturitySwap* (*CMS*) mit einer Gesamtlaufzeit von 6 Jahren und einer jährlichen Zinsanpassung an den 2-Jahres-IRS gegen 6-Monats-EURIBOR.

Übung 6.7. (ZeroSwap):
Berechnen Sie den Preis eines Zeroswaps für eine Laufzeit von 9 Jahren gegen den 6-Monats-EURIBOR. Wie lauten die Parameter dieses Swaps?

Übung 6.8. (AssetSwap):
Sie bekommen einen Bond mit folgenden Merkmalen angeboten:
Laufzeit: 4 Jahre
Kupon: 5,00% BondBasis, jährliche Zahlung
Tilgung: Zu 100 am Ende der Laufzeit
Preis: 100,90

1.   Berechnen Sie den fairen Preis für diesen Bond.
2.   Kaufen Sie den Bond und schließen Sie einen IRS ab, der ein Upfrontpayment in Höhe des Agios aufweist und in dem Sie EURIBOR+10,9 Basispunkte erhalten. Stellen Sie einen CashFlow-Plan auf.

Übung 6.9. (Ableiten):
Verifizieren Sie durch Ableiten der Formel für Optionen auf Futures die in Kapitel *6.7.Optionen auf Futures* angegebenen Greeks.
Hinweis: Bestimmen Sie zunächst die Ableitung von $N(d)$, und alle partiellen Ableitungen von d_1, d_2 und DF und stellen Sie eine Verbindung her zwischen $N(\pm d_1)$ und $N(\pm d_2)$

Übung 6.10. (Caps/Floors):
Pricen Sie einen Step-Up-Cap, (Step-Up-Floor). Sie müssen vom 20/8/98 bis 20/02/99 EUR 10 Mio absichern, vom 20/2/99 bis 20/8/99 EUR 20 Mio und vom 20/8/99 bis zum 20/2/2000 EUR 30 Mio. Wie teuer ist der Cap/Floor bei einem Strike von 4,25%

Übung 6.11. (Swaption):
Pricen Sie folgende Payer/Receiver-Swaption und berechnen Sie die Greeks:
Start der Option: 18/8/97, Fälligkeit der Option: 18/8/99, Underlying: IRS über EUR 10 Mio bei einem Strike von 6,60%, Laufzeit des IRS vom 20.08.1999 bis zum 20.08.2002. Rechnen Sie mit einer Volatilität von 14,00%.

Übung 6.12.:
Berechnen Sie die Preise und die Greeks für eine Payer-(Receiver-) Swaption, Fälligkeit in einem Jahr, Underlying: IRS mit einem Kupon von 3,62%, Laufzeit ein Jahr.

Übung *6.13.*:
Zeigen Sie, daß die Formel *6.8* zur Berechnung der CTD den Clean-Price einer Anleihe bei einem Renditeniveau von 6% berechnet.

Übung *6.14.*:
Zeigen Sie, daß dem Pricing eines kurzfristigen Zinsfutures ebenso wie bei einem langfristigen Zinsfuture eine *Cash-and-Carry*-Überlegung zugrundeliegt.

Übung *6.15.*:
Tragen Sie den Preis (die Greeks) eines Caplets/Floorlets in Abhängikeit von der Forwardrate in einem Diagramm ab.

Übung *6.16.*:
Berechnen Sie den Preis und die Greeks eines Puts analog zu **Beispiel** *6.10.1.*

7. Deviseninstrumente

Obwohl die in den vorherigen Kapiteln beschriebenen Zinsinstrumente am Beispiel des DEM-Bereiches dargestellt wurden, existieren diese Instrumente auch in den meisten anderen Währungen. Dies ermöglicht eine Klassifizierung des globalen Zinsmarktes nach Währungen:

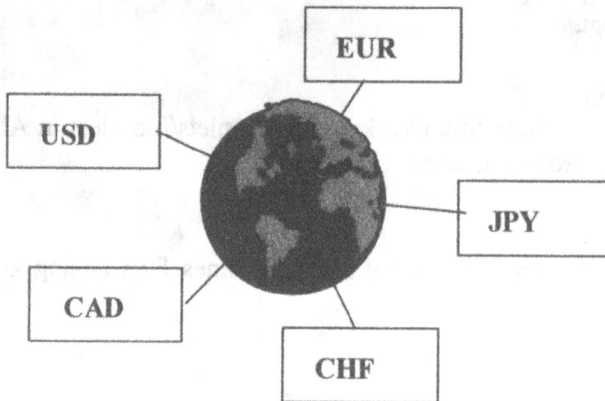

Abbildung 7.1

Die solcherart gebildeten Teilmärkte sind über den Devisenmarkt miteinander verbunden.

Der Devisenmarkt erlaubt es, Forderungen (Verbindlichkeiten) in einer Währung gegen Forderungen (Verbindlichkeiten) in einer anderen Währung zu tauschen.

Auf diese Weise ist es möglich, in einer Währung einen Kredit aufzunehmen und die Liquidität in einer anderen Währung anzulegen. Dazu ist ein *Kassegeschäft* nötig, welches die Kreditwährung zum *Tageskurs* in die Anlagewährung tauscht. Dieser Kurs ist bekannt, das Kassegeschäft wird mit zweitägiger Valuta, *Kassevaluta*, abgeschlossen.

Zur Tilgung des Kredites ist die Anlagewährung inclusive Zinserträge in die Kreditwährung zurückzutauschen. Der dann gültige Kassekurs ist zum Zeitpunkt der Kreditaufnahme noch nicht bekannt, kann jedoch mit Hilfe eines *Devisentermingeschäftes* festgelegt werden.

Wenn der Ertrag der Anlage, umgerechnet zum *Devisenterminkurs* höher ist als der Aufwand des Kredites, hat man einen Arbitragegewinn erzielt. Die Überlegung ist analog zu der in Kapitel *6.6.Future* vorgestellten Cash and Carry Überlegung.

Im folgenden wollen wir die verschiedenen Deviseninstrumente vorstellen und mit ihnen die Verbindungen der Zinsmärkte untereinander beleuchten.

Dazu wird, ähnlich wie in Kapitel **6.** Zinsinstrumente, ein Zins- und ein Devisenszenario zugrundegelegt, in dem sich die Behandlung der im folgenden beschriebenen Deviseninstrumente abspielen wird:

Gegeben seien die folgenden Zerozinskurven in EUR, USD und GBP (angegeben ist nur die Mitte zwischen Geld und Brief):

Laufzeit	EUR		USD		GBP	
	Zerosatz	Diskont faktoren	Zerosatz	Diskont faktoren	Zerosatz	Diskont faktoren
3 Monate	3,2500	0,9919	5,7070	0,9859	7,2290	0,9822
6 Monate	3,3590	0,9835	5,8590	0,9715	7,3400	0,9646
9 Monate	3,4450	0,9748	5,9930	0,9570	7,4480	0,9471
12 Monate	3,5340	0,9659	6,1010	0,9425	7,5210	0,9301
1,5 Jahre	3,7250	0,9466	6,2440	0,9132	7,5470	0,8966
2 Jahre	3,9460	0,9255	6,3200	0,8846	7,5200	0,8650
2,5 Jahre	4,1530	0,9033	6,4050	0,8562	7,5140	0,8343
3 Jahre	4,3590	0,8799	6,4650	0,8287	7,5120	0,8047
3,5 Jahre	4,5340	0,8562	6,5060	0,8020	7,5110	0,7761
4 Jahre	4,7010	0,8321	6,5230	0,7767	7,5110	0,7485
4,5 Jahre	4,8830	0,8069	6,5460	0,7518	7,5110	0,7219
5 Jahre	5,0490	0,7817	6,5740	0,7274	7,5110	0,6962

Tabelle *7.1.*

Diese Zinskurven sehen graphisch folgendermaßen aus:

Zerokurven

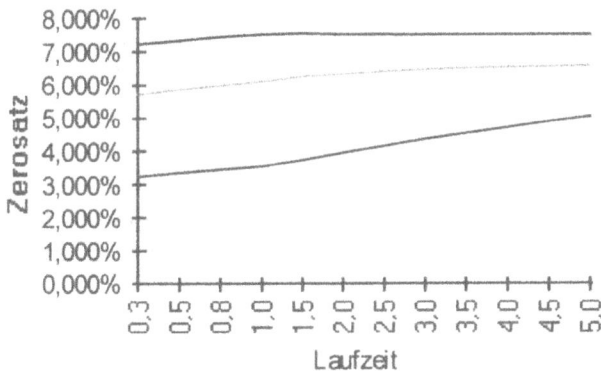

Abbildung *7.2*

Gegeben seien ebenfalls die Devisenkurse aus Tabelle *7.2.*:

Whg1	Whg2	Geld	Mitte	Brief
EUR	USD	0,9005	0,9008	0,9010
EUR	GBP	0,6177	0,6180	0,6183
EUR	CAD	1,4151	1,4158	1,4165
EUR	JPY	115,2300	115,2800	115,3300

Tabelle 7.2.

7.1.Devisenkasse

Die *Devisenkassegeschäfte* sind die einfachsten Devisengeschäfte. Sie werden in der Regel mit zweitägiger Valuta, *Kassevaluta*, abgeschlossen und bestehen im Tausch eines Betrages in einer Währung in den äquivalenten Betrag in einer anderen Währung.

Beispiel 7.1.1.:
Legt man die Tabelle 7.2. zugrunde, entspricht der Betrag von WHG 100 Mio den folgenden EUR-Beträgen:

Whg1	Betrag1	Whg2	Geld	Mitte	Brief
USD	100.000.000	EUR	111.049.417	111.012.433	110.987.791
GBP	100.000.000	EUR	161.890.886	161.812.298	161.733.786

Tabelle 7.3.

Seit Euroeinführung gibt es nur noch die *Mengennotierung*: Hier wird angegeben, wieviele Einheiten der Fremdwährung einer Einheit der Hauswährung entsprechen.

Die Preisnotierung war eine deutsche Eigenheit und bedeutete, daß der DEM-Preis für eine, hundert oder tausend Einheiten der Fremdwährung angegeben war.

Natürlich kann ein USD-Betrag mit Hilfe der Kurse aus Tabelle 7.2. nicht nur in die lokale Währung EUR, sondern auch in eine andere Fremdwährung getauscht werden. Derartige Geschäfte nennt man *Usance-Geschäfte* oder auch *Cross-Geschäfte*, die entsprechenden Kurse nennt man *Usance-Kurse* oder *Cross-Rates*.
Die Überlegungen, die der Berechnung von Cross-Rates zugrundeliegen, lauten folgendermaßen:

Um den Geldkurs GBP/USD zu berechnen, muss man GBP gegen EUR verkaufen. Der zugrundeliegende Kurs ist der Briefkurs EUR/GBP. Die

EUR wiederum sind gegen USD zu tauschen, es sind also USD zum Geldkurs gegen EUR zu kaufen.

Die entsprechende Formel zur Berechnung des Geldkurses GBP/USD lautet also:

$$GBP/USD_{Geld} = \frac{EUR/USD_{Geld}}{EUR/GBP_{Brief}}$$

Analog erhält man die Formel zur Berechnung des Briefkurses GBP/USD:

$$GBP/USD_{Brief} = \frac{EUR/USD_{Brief}}{EUR/GBP_{Geld}}$$

Beispiel 7.1.2.:
Aus der Tabelle 7.2. lassen sich die folgenden Cross-Rates berechnen:

Whg1	Whg2	Geld	Mitte	Brief
GBP	USD	1,4564	1,4575	1,4586
GBP	CAD	2,2887	2,2909	2,2932
GBP	JPY	186,3658	186,5373	186,7088

Tabelle 7.4.

Bei größeren Kunden rechnen Banken zuweilen nicht mit den üblichen Geld- Briefkursen, sondern mit *gespannten* oder gar *doppelt gespannten* Kursen: Bei *gespannten Kursen* ist die Spanne zwischen Geld- und Mittelkurs (Mittel- und Briefkurs) nur halb so groß wie die normale Spanne, die Spanne bei *doppelt gespannten Kursen* liegt nur noch bei einem Viertel der normalen Spanne.

7.2.Devisenswap/Devisenoutright

Ein *Devisenswap* ist ein Devisengeschäft, bei dem eine Währung in der Kasse, mit zweitägiger Valuta, gekauft und gleichzeitig auf Termin, mit späterer Valuta also, wieder verkauft wird (oder umgekehrt).

Ein Devisenswap kann in folgende Grundgeschäfte zerlegt werden:

1. Kreditaufnahme eines Betrages ($Betrag_1$) in einer Währung (WHG_1) auf eine bestimmte Laufzeit zum aktuellen Marktzinssatz ($Zins_1$) dieser Währung für diese Laufzeit.

2. Anlage des entsprechenden Betrages ($Betrag_2$) in einer anderen Währung (WHG_2) auf dieselbe Laufzeit zum aktuellen Zinssatz dieser Währung ($Zins_2$).

3. Devisenkassegeschäft, in dem $Betrag_2$ gegen $Betrag_1$ zum aktuellen Kassekurs (WHG_2/WHG_1) mit zweitägiger Valuta gekauft wird.

4. Devisentermingeschäft, in dem Betrag1 incl. Zinsen gegen $Betrag_2$ incl. Zinsen zum Terminkurs (WHG_2/WHG_1) auf Termin gekauft wird.

Zwischen diesen vier Einzelgeschäften muß eine Beziehung bestehen, die Arbitragegewinne ausschließt. Es folgt also:

$$Betrag_1 \cdot \left(1 + Zins_1 \cdot \frac{Laufzeit_1}{Basis_1}\right) \cdot \frac{1}{Terminkurs}$$

$$= \left(Kassekurs \cdot Betrag_1\right) \cdot \left(1 + Zins_2 \cdot \frac{Laufzeit_2}{Basis_2}\right)$$

Damit gilt:

$$Terminkurs = Kassekurs \cdot \frac{\left(1 + Zins_1 \cdot \dfrac{Laufzeit_1}{Basis_1}\right)}{\left(1 + Zins_2 \cdot \dfrac{Laufzeit_2}{Basis_2}\right)}$$

Formel 7.1

In Formel 7.1 ist zwischen $Laufzeit_1$ und $Laufzeit_2$ bzw. $Basis_1$ und $Basis_2$ unterschieden, weil in verschiedenen Währungen verschiedene Tageberechnungsmethoden vorliegen können (siehe Kapitel *1.1. Einfache Zinsrechnung*).

Die Differenz zwischen dem Devisenterminkurs und dem Devisenkassekurs, ausgedrückt in Stellen, wird *Swapstellen* genannt.

Beispiel 7.2.1.:
In der Situation aus Tabelle 7.1 und Tabelle 7.2. und einer Laufzeit von drei Monaten ergibt sich für den Terminkurs EUR/USD:

$$Terminkurs = 0,9008 \cdot \frac{\left(1 + 5,7070\% \cdot \dfrac{91}{360}\right)}{\left(1 + 3,2500\% \cdot \dfrac{91}{360}\right)} = 0,9063$$

Rechnet man jeweils mit den Mittelkursen, ergibt sich:

Laufzeit	Terminkurse		Swapstellen	
	EUR/USD	EUR/GBP	EUR/USD	EUR/GBP
Kasse	0,9008	0,6180		
3 Monate	0,9063	0,6242	55,49	61,65
6 Monate	0,9119	0,6301	110,74	120,98
9 Monate	0,9176	0,6361	167,81	180,87
12 Monate	0,9234	0,6421	226,34	241,18

Tabelle 7.5.

Der Teil 4 eines Devisenswaps wird auch *Devisenoutright*, oder *Devisentermingeschäft*, genannt.

An der Formel *7.1* wird die enge Verbindung zwischen dem Geldmarkt und dem Devisenterminmarkt deutlich. Diese Verbindung wird in **Übung 7.5.** und **Übung 7.6.** noch einmal aufgegriffen.

7.3.Zins- und Währungsswap (CIRS)

Ein *Cross-Currency-Interest-Rate-Swap*, *Zins- und Währungsswap*, oder kurz *CIRS* ist ein Interest Rate Swap (siehe Kapitel *6.5.Interest-Rate-Swap*), bei dem Zinszahlungen in verschiedenen Währungen und die zugrundeliegenden Kapitalbeträge ausgetauscht werden (siehe auch Abbildung *6.6*).
Die zugrundeliegenden Kapitalbeträge werden zu Beginn und am Ende der vereinbarten Laufzeit mit demselben Devisenkurs, meist dem aktuellen Kassekurs, umgerechnet. Das Pricing erfolgt analog zum Pricing eines IRS, mit dem Unterschied, daß die entsprechenden Cash-Flows mit unterschiedlichen Zinskurven abzuzinsen sind. Dieses Vorgehen zeigt das folgende Beispiel:

Beispiel 7.3.1.:
Es ist ein CIRS zu pricen, Laufzeit 5 Jahre, EUR-Festsatz in Höhe von 4,9782% gegen 6-Monats EURIBOR, act/360 - x Basispunkte. Wir gehen

von einem EUR-Betrag in Höhe von 100 Mio aus und einem aktuellen
Kurs EUR/USD in Höhe von 0,9008.

EUR-Seite, Nominal 100 Mio EUR					
Laufzeit	Festsatz	Kupon	Cash-Flow	Diskont faktor	Barwerte
0,5 Jahre					
1 Jahre	4,9782%	4.978.236	4.978.236	0,96587	4.808.310
1,5 Jahre					
2 Jahre	4,9782%	4.978.236	4.978.236	0,92552	4.607.442
2,5 Jahre					
3 Jahre	4,9782%	4.978.236	4.978.236	0,87985	4.380.117
3,5 Jahre					
4 Jahre	4,9782%	4.978.236	4.978.236	0,83214	4.142.592
4,5 Jahre					
5 Jahre	4,9782%	4.978.236	104.978.236	0,7817	82.061.539
				Summe	100.000.000

USD-Seite, Nominal 90.080.000 USD						
Laufzeit	LIBOR	Abschlag	Kupon	Cash-Flow	Diskont faktor	Barwerte
0,5 Jahre	5,8590%	0,0000%	-2.638.894	-2.638.894	0,97154	-2.563.787
1 Jahre	6,1625%	0,0000%	-2.775.577	-2.775.577	0,94250	-2.615.976
1,5 Jahre	6,4273%	0,0000%	-2.894.857	-2.894.857	0,91315	-2.643.446
2 Jahre	6,4445%	0,0000%	-2.902.602	-2.902.602	0,88465	-2.567.778
2,5 Jahre	6,6356%	0,0000%	-2.988.675	-2.988.675	0,85624	-2.559.020
3 Jahre	6,6548%	0,0000%	-2.997.319	-2.997.319	0,82867	-2.483.775
3,5 Jahre	6,6420%	0,0000%	-2.991.575	-2.991.575	0,80203	-2.399.333
4 Jahre	6,5353%	0,0000%	-2.943.499	-2.943.499	0,77665	-2.286.075
4,5 Jahre	6,6206%	0,0000%	-2.981.917	-2.981.917	0,75177	-2.241.705
5 Jahre	6,7136%	0,0000%	-3.023.828	-93.103.828	0,72735	-67.719.104
					Summe USD	-90.080.000

Tabelle 7.6.

Der CIRS muss also auf der USD-Seite ohne Aufschlag gehandelt werden.

7.4. Devisenoptionen

Der *Käufer*, *Inhaber*, eines *Calls* auf eine Devise hat das Recht, nicht aber
die Verpflichtung, am Verfalltag die Devise zu einem im voraus
festgelegten Preis, dem *Strike*, zu kaufen.
Analog hat der *Verkäufer*, *Stillhalter*, des *Calls* die Verpflichtung, die
Devise zu dem vereinbarten Kurs zu verkaufen.

Der *Inhaber* eines *Puts* auf eine Devise hat das Recht, nicht aber die Verpflichtung, am Verfalltag die Devise zu einem im voraus festgelegten Kurs, dem *Strike*, zu verkaufen.
Analog hat der *Verkäufer*, *Stillhalter*, des Puts die Verpflichtung, die Devise zu dem vereinbarten Kurs zu kaufen.

Ebenso wie in Kapitel *6.7.Optionen auf Futures.* werden wir die Formel zu Pricing einer Devisenoption nicht herleiten, sondern nur angeben.
Der Preis eines Calls lässt sich nach dem Modell von *Garman und Kohlhagen* folgendermaßen berechnen:

$$Call = df_1 \cdot Kurs \cdot N(d_1) - df_2 \cdot Strike \cdot N(d_2)$$

Formel *7.2*

Für den Preis eines Puts gilt:

$$Put = -df_1 \cdot Kurs \cdot N(-d_1) + df_2 \cdot Strike \cdot N(-d_2)$$

Formel *7.3*

Einfache Umformungen der Formel *7.3* führen direkt zur Call-Put-Parität für Devisenoptionen:

$$Put = Call - df_1 \cdot Kurs + df_2 \cdot Strike$$

Formel *7.4*

In diesen Formeln gilt:

$$d_1 = \frac{\ln\left(\frac{Kurs}{Strike}\right) + \left(Z_2 - Z_1 + \frac{\sigma^2}{2}\right) \cdot Restlaufzeit}{\sigma \cdot \sqrt{Restlaufzeit}}$$

$d_2 = d_1 - \sigma \cdot \sqrt{Restlaufzeit}$

$df_i = e^{-Z_i \cdot Restlaufzeit}$ $i \in \{1,2\}$ Diskontfaktoren für die Währung i

Z_1 stetiger Zinssatz für EUR
Z_2 stetiger Zinssatz für die Fremdwährung
Restlaufzeit Restlaufzeit der Option in Jahren
Kurs aktueller Kurs der Währung
Strike Basispreis oder Strike der Option

Beispiel 7.4.1.:
Im gegebenen Szenario ist ein EUR/USD Call zu pricen. Die Laufzeit
liege bei 6 Monaten (182 Tagen), der Strike bei 0,8500. Als Volatilität
legen wir 20,00% zugrunde. Es soll sich um einen Gesamtbetrag von EUR
1 Mio handeln.

Dem EUR-Zinssatz von 3,3590% aus Tabelle 7.1 entspricht der stetige

$$\text{Zinssatz von } \ln\left(1+3,3590\%\cdot\frac{182}{360}\right)\cdot\frac{360}{182} = 3,3308\% = Z_1$$

Analog lautet der stetige Zinssatz in USD für 6 Monate $5,7739\% = Z_2$.
Damit ergibt sich der Preis für einen Call folgendermaßen:

$$Call = 0,9835\cdot 0,9008\cdot N(0,3924)-0,9716\cdot 0,8500\cdot N(0,2502)$$
$$= 0,9835\cdot 0,9008\cdot 0,6526 - 0,9716\cdot 0,8500\cdot 0,5988$$
$$= 0,0836 USD$$

Der Call kostet USD 83.600,--.

Die Greeks für die Devisenoption können analog zu den Greeks in Kapitel
6.7.Optionen auf Futures berechnet werden: Ableiten der Formel 7.2 und
Formel 7.4 bzw. Formel 7.4. Damit ergibt sich:

Delta:

$$DeltaCall = \frac{\partial Call}{\partial Kurs} = df_1 \cdot N(d_1) + \frac{N'(d_1)\cdot(df_1 - df_2)}{\sigma\cdot\sqrt{Restlaufzeit}}$$

$$DeltaPut = \frac{\partial Put}{\partial Kurs} = DeltaCall - df_1$$

Gamma:

$$GammaCall = \frac{\partial Call}{\partial^2 Kurs}$$

$$= df_1 \cdot \frac{N'(d_1)}{Kurs\cdot\sigma\cdot\sqrt{Restlaufzeit}} + \frac{N''(d_1)(df_1 - df_2)}{Kurs\cdot\sigma^2\cdot Restlaufzeit}$$

$$GammaPut = \frac{\partial Put}{\partial Kurs} = GammaCall$$

Vega:

$$VegaCall = \frac{\partial Call}{\partial \sigma} = df_1 \cdot Kurs \cdot N'(d_1) \cdot \frac{\partial d_1}{\partial \sigma} - df_2 \cdot Strike \cdot N'(d_2) \cdot \frac{\partial d_2}{\partial \sigma}$$

$$= df_1 \cdot Kurs \cdot N'(d_1) \cdot \frac{\partial d_1}{\partial \sigma} - df_2 \cdot Strike \cdot \frac{df_1}{df_2} \cdot \frac{Kurs}{Strike} \cdot N'(d_1) \cdot \frac{\partial d_2}{\partial \sigma}$$

$$= Kurs \cdot N'(d_1) \cdot \left[df_1 \cdot \frac{\partial d_1}{\partial \sigma} - df_1 \cdot \frac{\partial d_2}{\partial \sigma} \right]$$

$$= Kurs \cdot N'(d_1) \cdot \left[df_1 \cdot \frac{\partial d_1}{\partial \sigma} - df_1 \cdot \left(\frac{\partial d_1}{\partial \sigma} - \sqrt{Restlaufzeit} \right) \right]$$

$$= Kurs \cdot N'(d_1) \cdot df_1 \cdot \sqrt{Restlaufzeit}$$

Wegen der Call-Put-Parität folgt: $VegaPut = VegaCall$.

Theta:
Für Theta gilt:

$$ThetaCall = \frac{\partial Call}{\partial Restlaufzeit} =$$

$$= Kurs \cdot \left[\frac{\partial df_1}{\partial Restlaufzeit} \cdot N(d_1) + df_1 \cdot N'(d_1) \cdot \frac{\partial d_1}{\partial Restlaufzeit} \right]$$

$$- Strike \cdot \left[\frac{\partial df_2}{\partial Restlaufzeit} \cdot N(d_2) + df_2 \cdot N'(d_1) \cdot \frac{df_1}{df_2} \cdot \frac{Kurs}{Strike} \cdot \frac{\partial d_2}{\partial Restlaufzeit} \right]$$

$$= Kurs \cdot df_1 \cdot \left(\frac{\sigma}{2 \cdot \sqrt{Restlaufzeit}} - Z_1 \cdot N(d_1) \right) + Strike \cdot df_2 \cdot Z_2 \cdot N(d_2)$$

Aus der Call-Put-Parität folgt direkt:

$$ThetaPut = \frac{\partial Put}{\partial Restlaufzeit} = ThetaCall + Z_1 \cdot df_1 \cdot Kurs - Z_2 \cdot df_2 \cdot Strike$$

Rho:
Da in der Formel zum Pricing einer Devisenoption zwei Zinssätze vorkommen, sind auch zwei Rho zu berechnen.

Rho_1 :

$$Rho_1 Call = \frac{\partial Call}{\partial Z_1} = -df_1 \cdot Kurs \cdot Restlaufzeit \cdot N(d_1)$$

Wegen der Call-Put-Parität gilt:

$$Rho_1 Put = \frac{\partial Put}{\partial Z_1} = \frac{\partial Call}{\partial Z_1} + Restlaufzeit \cdot df_1 \cdot Kurs$$

Rho$_2$:

$$Rho_2 Call = \frac{\partial Call}{\partial Z_2} = df_2 \cdot Strike \cdot Restlaufzeit \cdot N(d_2)$$

Wegen der Call-Put-Parität gilt:

$$Rho_2 Put = \frac{\partial Put}{\partial Z_2} = \frac{\partial Call}{\partial Z_2} - Restlaufzeit \cdot df_2 \cdot Strike$$

In diesen Formeln gilt:

$$N'(d) = \frac{1}{\sqrt{2 \cdot \pi}} e^{-\frac{d^2}{2}} \qquad und \qquad N''(d) = \frac{-d}{\sqrt{2 \cdot \pi}} e^{-\frac{d^2}{2}}$$

Beispiel 7.4.2.:
Die Greeks des EUR/USD Calls aus **Beispiel 7.4.1** lauten:

	Preis	Delta	Gamma	Vega	Theta	Rho_1	Rho_2
Call	0,0837	0,6417	2,8354	0,2326	0,0553	-0,2922	0,2499

Tabelle 7.7.

Diese Zahlen sind folgendermaßen zu interpretieren:

Delta:
Ändert sich der Devisenkurs um zehn Stellen (0,9008 + 0,0010 = 0,9018), dann ändert sich der Preis des Calls annähernd um
$0,0010 \cdot Delta = 0,0010 \cdot 0,6417 = 0,00064$, also von 0,0837 auf 0,0843.

Gamma:
Ändert sich der Devisenkurs um zehn Stellen (0,9008 + 0,0010 = 0,9018), dann ändert sich das Delta des Calls um
$0,0010 \cdot Gamma = 0,0010 \cdot 2,8354 = 0,00284$, also von 0,6417 auf 0,64457.

Vega:
Ändert sich die Volatilität um zehn Stellen (20,00% + 0,10% = 20,10%), dann ändert sich der Preis des Calls um

$0,10\% \cdot Vega = 0,10\% \cdot 0,2326 = 0,00023$, also von $0,0837$ auf $0,0839$.

Theta:
Durch eine Restlaufzeitverkürzung um einen Tag (182 - 1 = 181) ändert sich der Preis des Calls um

$$\frac{-1}{365} \cdot Theta = \frac{-1}{365} \cdot 0,0553 = -0,00015, \text{ also von } 0,0837 \text{ auf } 0,0835.$$

Rho$_1$:
Ändert sich der stetige Zinssatz der EUR um zehn Basispunkte (3,3308% + 0,10% = 3,4308%), dann ändert sich der Preis des Calls um

$0,10\% \cdot Rho_1 = 0,10\% \cdot (-0,29225) = -0,0003$, also von $0,0837$ auf $0,0834$.

Rho$_2$:
Ändert sich der stetige Zinssatz der USD um zehn Basispunkte (5,7739% + 0,10% = 5,8739%), dann ändert sich der Preis des Calls um

$0,10\% \cdot Rho_2 = 0,10\% \cdot (0,2499) = 0,00025$, also von $0,0837$ auf $0,0839$.

7.5.Übungen

Übung *7.1.* (Devisenkasse)
Berechnen Sie den EUR-Gegenwert von 100 Mio CAD und 100 Mio JPY.

Übung *7.2.* (Devisencrosse)
Berechnen Sie die Cross-Rates USD gegen CAD und CAD gegen JPY.

Übung *7.3.* (Swapstellen):
Berechnen Sie die Swapstellen EUR/USD und EUR/GBP für die Laufzeiten von 1,5 Jahren bis zu 5 Jahren, rechnen Sie jeweils mit den Mitten.

Übung *7.4.* (Cross Currency Swap):
Warum ist in **Beispiel *7.3.1.*** auf der variablen Seite kein Auf-/Abschlag zu quotieren? Begründen Sie Ihre Antwort, indem sie den CIRS zerlegen.

Übung 7.5. (Zinsausgleichsarbitrage):
Sie wollen 3 Monats EUR aufnehmen.
Sie bekommen von Ihrem Makler folgende Quotierungen:

GBP 3 Monats Depot: 7,12% - 7,24%
EUR 3 Monats Depot: 3,23% - 3,28%

Ein FX-Händler bietet Ihnen einen EUR/GBP 3 Monats Swap:

EUR/GBP 3 Monats Swap: 60 - 65
EUR/GBP Kasse: 0,6180

Drei Monate entsprechen einer Laufzeit von 91 Tagen. Was tun Sie?

Übung 7.6. (Differenzarbitrage):
Sie bekommen von Ihrem Makler folgende Quotierungen:

USD 6 Monats Depot: 5,80% - 5,90%
EUR 6 Monats Depot: 3,30% - 3,40%

Ein FX-Händler bietet Ihnen einen EUR/USD 6 Monats Swap:

EUR/USD 6 Monats Swap: 107 - 120
EUR/USD Kasse: 0,9008

Sechs Monate entsprechen einer Laufzeit von 182 Tagen. Was tun Sie?

Übung 7.7. (Devisenoption):
(vgl. **Beispiel 7.3.1.**)
Berechnen Sie den Preis und die Greeks für einen EUR/USD Put auf EUR
1 Mio, Laufzeit 182 Tage, Strike 0,8500, Volatilität 20,00%.

8. Anhang

Im Anhang sind einige für das Verständnis des Buches wichtige mathematische Grundlagen zusammengestellt. Er ist aufgeteilt in einen analytischen Teil, in dem Rechenregeln und grundlegende Sätze aufgeführt sind und in einen statistischen Teil, der insbesondere für den Bereich des *Value-at-Risk* und die Optionspreistheorie relevant ist.

Der Anhang soll dem Nachschlagen dienen, falls im Text verschiedene mathematische Grundlagen fehlen oder mathematische Zusatzinformationen gewünscht werden.

Sollten tiefergehende Studien gewünscht werden, ist im Bereich der Analysis das *Lehrbuch der Analysis Teil 1 und 2* von *Harro Heuser* zu empfehlen, welches im B. G. Teubner Verlag Stuttgart erschienen ist.

Im Bereich der Statistik ist das Buch *Statistik* von *Murray R. Spiegel* zu empfehlen, welches bei McGraw-Hill Book Company GmbH Hamburg erschienen ist.

8.1. Analytischer Anhang

Potenzregeln, Eulersche Zahl und Natürlicher Logarithmus:
Potenzen sind in der Zinseszinsrechnung wichtige Hilfsmittel, etwa bei der Berechnung des Zinseszinseffektes oder der Diskontfaktoren. Die Eulersche Zahl ist ein unverzichtbares Hilfsmittel bei der Beschreibung der Stetigen Verzinsung. Der Natürliche Logarithmus $\ln(\cdot)$ dient als Umkehrfunktion der Eulerschen Potenzfunktion $e^{(\cdot)}$ zur Umrechnung von einem normalen Zinssatz in einen stetigen Zinssatz bzw. ermöglicht die Lösung von Gleichungen, in denen die gesuchte Variable im Exponenten steht.

Seien $a \in IR$, $m,n \in IN$, dann gilt:
Potenzgesetze:

$$a^n = a \cdot a \cdot \ldots \cdot a \quad (n-\text{mal})$$

$$a^1 = a$$

$$a^0 = 1$$

$$a^n \cdot a^m = a^{n+m}$$

$$a^{-n} = \frac{1}{a^n}$$

$$a^{\frac{1}{n}} = \sqrt[n]{a}$$

Seien $a,b \in IR$, $a,b > 0$, e sei die Eulersche Zahl, $e \approx 2,718281828$ und $\ln(\cdot)$ sei der natürliche Logarithmus dann gilt:

Logarithmengesetze:

$$\ln(e^a) = a$$

$$e^{\ln(a)} = a$$

$$\ln(1) = \ln(e^0) = 0$$

$$\ln(a \cdot b) = \ln(a) + \ln(b)$$

$$\ln(\frac{a}{b}) = \ln(a \cdot b^{-1}) = \ln(a) - \ln(b)$$

$$\ln(a^b) = b \cdot \ln(a)$$

$$\ln(\sqrt[n]{a}) = \ln(a^{\frac{1}{n}}) = \frac{1}{n} \cdot \ln(a)$$

Die Geometrische Reihe:
Seien k und $n \in I\!N$ und sei $q \in I\!R$, dann gilt:

$$\sum_{k=0}^{n} q^k = \begin{cases} n+1 & q = 1 \\ \dfrac{1-q^{n+1}}{1-q} & q \neq 1 \end{cases}$$

nach einer Indexverschiebung ist dies äquivalent zu

$$\sum_{k=1}^{n} q^k = \begin{cases} n & q = 1 \\ \dfrac{q-q^{n+1}}{1-q} & q \neq 1 \end{cases}$$

Für n → ∞ zeigt die geometrische Reihe folgendes Grenzwertverhalten:

$$\sum_{k=0}^{n} q^k = \begin{cases} n+1 & q = 1 \\ \dfrac{1-q^{n+1}}{1-q} & q \neq 1 \end{cases} \xrightarrow{n \to \infty} \begin{cases} \infty & q \geq 1 \\ \dfrac{1}{1-q} & q < 1 \end{cases}$$

Die Geometrische Reihe hat in der Berechnung von Renditen und in der Darstellung von Renten eine große Bedeutung.

Mit Hilfe der Geometrischen Reihe und der Ableitungsregel für Quotienten, die weiter unten aufgeführt ist, kann auch eine geschlossene Formel für folgende Reihe gefunden werden:
Sei $q < 0$, dann gilt:

$$\sum_{k=0}^{n} k \cdot q^k = q \cdot \sum_{k=0}^{n} k \cdot q^{k-1} = q \cdot \sum_{k=0}^{n} \left(q^k\right)' = q \cdot \left(\sum_{k=0}^{n} \left(q^k\right)\right)' = q \cdot \left(\frac{1-q^{n+1}}{1-q}\right)'$$

$$= \frac{q-(n+1) \cdot q^{n+1} + n \cdot q^{n+2}}{(1-q)^2}$$

Ebenso läßt sich eine geschlossene Formel für folgende Reihe herleiten:

$$\sum_{k=0}^{n} k \cdot (k+1) \cdot q^k = q \cdot \left(\sum_{k=0}^{n} \left(q^{k+1}\right)\right)'' = q \cdot \left(q \cdot \sum_{k=0}^{n} \left(q^k\right)\right)'' = q \cdot \left(q \cdot \frac{1-q^{n+1}}{1-q}\right)''$$

$$= q \cdot \left(\frac{q-q^{n+2}}{1-q}\right)''$$

$$= q \cdot \frac{2-(n+1) \cdot (n+2) \cdot q^n + 2 \cdot n \cdot (n+2) \cdot q^{n+1} - n \cdot (n+1) \cdot q^{n+2}}{(1-q)^3}$$

Polynome:
Sei $x \in I\!R$ und $n \in I\!N$ dann gilt:
Die Funktion

$$p(x) = a_0 + a_1 x^1 + a_2 x^2 + \ldots + a_n x^n = \sum_{k=0}^{n} a_k x^k$$

wird Polynom n-ten Grades genannt.
Wenn man sich für die Koeffizienten a_i CashFlows vorstellt und x ersetzt durch $\dfrac{1}{(1 + Rendite)}$ wird die Bedeutung der Polynome in der Finanzmathematik deutlich.

Satz:
Ein nicht konstantes Polynom n-ten Grades hat genau n (komplexe) Nullstellen, die nicht notwendigerweise verschieden sind.

Dieser Satz folgt unmittelbar aus dem

Zerlegungssatz für Polynome:
Jedes Polynom $p(z) = \sum_{k=1}^{n} a_k z^k$ vom Grade $n \geq 1$ läßt sich folgendermaßen darstellen:

$$p(z) = \sum_{k=1}^{n} a_k (z - z_k)^k$$

Dieser Satz wiederum läßt sich direkt aus dem Fundamentalsatz der Algebra beweisen:

Fundamentalsatz der Algebra:
Jedes komplexe Polynom positiven Grades hat mindestens eine komplexe Nullstelle.

Differentialrechnung und Ableitungsregeln:
Eine Funktion f ist auf einem Intervall I differenzierbar, wenn gilt:

$$\lim_{x \to x_0} \left(\frac{f(x) - f(x_0)}{x - x_0} \right) := \lim_{\Delta x \to 0} \left(\frac{\Delta f}{\Delta x} \right) \quad \text{existiert}$$

Man schreibt für die Ableitung der Funktion f nach der Variablen x entweder $f'(x)$ oder aber $\dfrac{\partial f}{\partial x}$.

Wird die Ableitung einer Funktion noch einmal abgeleitet, sofern möglich, erhält man die zweite Ableitung dieser Funktion oder auch Ableitung 2-ter Ordnung.

Man schreibt $f''(x)$ oder aber $\dfrac{\partial^2 f}{\partial x}$ oder $\dfrac{\partial^2 f}{\partial x^2}$.

Analog werden Ableitungen n-ter Ordnung definiert.

Es exisitieren unter anderem folgende Ableitungsregeln:

$$(f + g)' = f' + g' \qquad\qquad f(x) = x^\alpha \Rightarrow f'(x) = \alpha \cdot x^{\alpha-1}$$

$$(\alpha \cdot f)' = \alpha \cdot f' \qquad\qquad f(x) = \alpha^x \Rightarrow f'(x) = \ln(\alpha) \cdot \alpha^x$$

$$(f \cdot g)' = f \cdot g' + f' \cdot g \qquad f(x) = e^x \Rightarrow f'(x) = e^x$$

$$\left(\frac{f}{g} \right)' = \frac{g \cdot f' - g' \cdot f}{g^2} \qquad f(x) = \ln(x) \Rightarrow f'(x) = \frac{1}{x}$$

Wichtig für das Kapitel Risikokennzahlen sind insbesondere die folgenden Sätze:

Regel von de l'Hospital:

Wenn entweder $\lim\limits_{x \to a} f(x) = \lim\limits_{x \to a} g(x) = 0$ oder $\lim\limits_{x \to a} g(x) = \pm\infty$, dann gilt:

$$\lim_{x \to a} \frac{f(x)}{g(x)} = \lim_{x \to a} \frac{f'(x)}{g'(x)}$$

Satz von Taylor:

Die Funktion f besitze auf dem Intervall $[x_0 ; x]$ eine stetige Ableitung n-ter Ordnung und die Ableitung $(n+1)$-ter Ordnung sei mindestens im Innern des Intervalles vorhanden. Dann gibt es im Innern dieses Intervalles mindestens eine Zahl y , sodaß gilt:

$$f(x) = f(x_0) + \frac{f'(x_0)}{1!} \cdot (x - x_0)^1 + \dots$$

$$\dots + \frac{f^{(n)}(x_0)}{n!} \cdot (x - x_0)^n + \frac{f^{(n+1)}(y)}{(n+1)!} \cdot (x - x_0)^{n+1}$$

Eine Folgerung aus dem Satz von Taylor ist, daß bei beliebig oft differenzierbaren Funktionen, wie beispielsweise den Polynomfunktionen, die Funktion selbst innerhalb eines Intervalles beliebig genau approximiert werden kann, wenn nur die Ableitungen und der Funktionswert an einer bestimmten Stelle bekannt sind.

Der Satz von Taylor kann auch angewandt werden, wenn der Funktionswert von mehr als nur einer Variablen abhängt.
Dies ist beispielsweise bei Optionen der Fall. Deren Preis hängt nicht nur von dem Underlying ab, sondern auch von der Volatilität, dem risikolosen Zinssatz, der Restlaufzeit....

Sei f eine Funktion, die von den Variablen $x_1, \dots x_n$ abhängt. Dann gilt:

$$f(x_1, \dots, x_n) \approx f(x_{0,1}, \dots, x_{0,n}) + \sum_{i=1}^{\infty} \frac{1}{i!} \frac{\partial f}{\partial x_i} \cdot (x_i - x_{0,i})^i$$

Matrix- und Vektorrechnung:

Matrizen und Vektoren stammen aus der mehrdimensionalen Mathematik und finden auch in den Statistik und den Wirtschaftswissenschaften breite

Anwendung, wenn es um die gleichzeitige Beschreibung mehrerer Variablen geht.

Ein n-Tupel der Form

$$\vec{x} = \begin{pmatrix} x_1 \\ \vdots \\ x_n \end{pmatrix}$$ aus dem Raum IR^n wird *n-dimensionaler (Spalten-)Vektor* genannt

Es gilt die Schreibweise:

$$\vec{x}^t = \begin{pmatrix} x_1 & \cdots & x_n \end{pmatrix}$$ (Zeilen-) Vektor

Eine (m*n)-Matrix ist ein m-dimensionaler Spaltenvektor, dessen Komponenten n-dimensionale Zeilenvektoren sind:

$$M = \begin{pmatrix} \vec{m}_1^{\,t} \\ \vdots \\ \vec{m}_m^{\,t} \end{pmatrix} = \begin{pmatrix} m_{1,1} & \cdots & m_{1,n} \\ \vdots & \ddots & \vdots \\ m_{m,1} & \cdots & m_{m,n} \end{pmatrix} \in IR^{m*n}$$

Es gilt: für $\vec{a}, \vec{b} \in IR^n$:

$$\vec{a}^t \bullet \vec{b} = \sum_{i=1}^{n} a_i \cdot b_i$$

Für $\vec{y} \in IR^n$ und $M \in IR^{m*n}$ und $\vec{x} \in IR^n$ gilt:

$$M \bullet \vec{y} = \begin{pmatrix} \vec{m}_1^{\,t} \\ \vdots \\ \vec{m}_m^{\,t} \end{pmatrix} \bullet \vec{y} = \begin{pmatrix} \vec{m}_1^{\,t} \bullet \vec{y} \\ \vdots \\ \vec{m}_m^{\,t} \bullet \vec{y} \end{pmatrix} = \begin{pmatrix} \sum_{i=1}^{n} m_{1,i} \cdot y_i \\ \vdots \\ \sum_{i=1}^{n} m_{m,i} \cdot y_i \end{pmatrix}$$

Sei M eine (n*n)-Matrix, dann wird $M^{-1} \in IR^{n*n}$ die zu M inverse Matrix, oder kurz die Inverse, genannt, wenn gilt:

$$M \bullet M^{-1} = M^{-1} \bullet M = I = \begin{pmatrix} 1 & 0 & 0 \\ 0 & \ddots & 0 \\ 0 & 0 & 1 \end{pmatrix}$$

Die Matrix $I = \begin{pmatrix} 1 & 0 & 0 \\ 0 & \ddots & 0 \\ 0 & 0 & 1 \end{pmatrix}$ wird Einheitsmatrix genannt.

8.2. Statistischer Anhang

Statistische Begriffe, Methoden und Verfahren,

...sofern sie zur Darstellung der Optionspreistheorie und des Value-at-Risk-Ansatzes notwendig sind.

Zufallsvariable:
Eine Zufallsvariable ist eine Variable, deren Wert zufallsabhängig ist.
Beispiel:
Der Devisenkurs USD\DEM wird oftmals als Zufallsvariable angesehen.

Zeitreihe:
Eine Zeitreihe ist eine geordnete Abfolge von Zufallsvariablen. Im Gegensatz zu normalen (analytischen) Variablen werden Zufallsvariablen im allgemeinen mit großen Buchstaben gekennzeichnet. Die Realisation der Zufallsvariablen wird dann wieder klein geschrieben.
Beispiel:
Der Chart des Devisenkurses USD\DEM wird als zeitliche Abfolge der Realisationen von Zufallsvariablen angesehen.

Varianz:
Ein Streuungsparameter, der die Schwankungsbreite einer Zufallsvariable angibt. Je größer die Varianz, desto stärker schwankt die Zufallsvariable. Sie wird mit σ^2 bezeichnet.
Wenn die Varianz einer (normalverteilten) Zufallsvariable nicht bekannt ist, muß sie aus vorliegenden Beobachtungen (z. B. aus Kursen) geschätzt werden.
Dazu dient folgender Schätzer:

$$\hat{\sigma}_X^{\ 2} = \frac{1}{n-1} \cdot \sum_{i=1}^{n} \left(X_i - \hat{\mu}_X \right)^2$$

Wobei $\hat{\mu}$ der Schätzer für den *Erwartungswert* der Zufallsvariablen X ist und n die Anzahl der Beobachtungen angibt.
In der Literatur findet man auch Schätzer, bei denen nicht durch $(n-1)$ dividiert wird, sondern durch n. Diese Schätzer sind jedoch nicht erwartungstreu.

Standardabweichung:
Die Wurzel aus der Varianz. $\sigma_X = \sqrt{\sigma_X^2}$
Analog ist der Schätzer für die Standardabweichung die Wurzel des Schätzers der Varianz: $\hat{\sigma}_X = \sqrt{\hat{\sigma}_X^2}$

Erwartungswert:
Der Lageparameter einer Verteilung oder einer Zufallsvariablen wird mit μ bezeichnet. Ist der Erwartungswert nicht bekannt, muß er aus vorliegenden Beobachtungen geschätzt werden:

$$\hat{\mu}_X = \frac{1}{n} \cdot \sum_{i=1}^{n} X_i$$

Auch hier ist n die Anzahl der Beobachtungen. Dieser Schätzer ist erwartungstreu.

Kovarianz:
Die Kovarianz ist die gemeinsame Streuung zweier Zufallsvariablen X und Y. Sie wird in Formeln duch *Cov* abgekürzt. Ist die Kovarianz nicht bekannt, muß sie aus vorliegenden Beobachtungen geschätzt werden:

$$\hat{Cov}(X;Y) = \frac{1}{n-1} \cdot \sum_{i=1}^{n} (X_i - \mu_X) \cdot (Y_i - \mu_Y)$$

An dieser Formel wird deutlich, daß die Kovarianz eine verallgemeinerte *Varianz* ist, denn die Kovarianz einer Zufallsvariablen mit sich selbst ist gleich ihrer Varianz.
Auch hier ist n die Anzahl der Beobachtungen.

Korrelation:
Die Korrelation ρ gibt an inwieweit ein linearer Zusammenhang zwischen zwei Zufallsvariablen X und Y besteht. Die Korrelation liegt immer zwischen -1 und +1.
Falls $\rho = +1$ ist, sind die beiden Zufallsvariablen vollständig *positiv* korreliert und die eine Zufallsvariable reagiert genau wie die andere.
Im Falle $\rho = -1$ sind die beiden Zufallsvariablen vollständig *negativ* korreliert d. h. die eine Zufallsvariable reagiert genau umgekehrt wie die andere.

Für $\rho = 0$ liegt kein linearer Zusammenhang zwischen beiden Zufallsvariabeln vor. Man sagt sie sind voneinander *unabhängig*.

Ist die Korrelation nicht bekannt, muß sie aus vorliegenden Beobachtungen geschätzt werden:

$$\hat{\rho}_{X;Y} = \hat{\rho}(X;Y) = \frac{\hat{Cov}(X;Y)}{\hat{\sigma}_X \cdot \hat{\sigma}_Y}$$

Damit gilt für die Kovarianz:

$$\hat{Cov}(X;Y) = \hat{\rho}_{X;Y} \cdot \hat{\sigma}_X \cdot \hat{\sigma}_Y$$

Normalverteilung:

Wenn eine Zufallsvariable X normalverteilt ist mit dem Erwartungswert μ und der Varianz σ^2 schreibt man kurz $X \sim N(\mu; \sigma^2)$.

Die Dichte der Normalverteilung lautet:

$$f(x) = \frac{1}{\sqrt{2\pi\sigma^2}} \cdot e^{-\frac{(x-\mu)^2}{2\sigma^2}}$$

Die Dichte der Normalverteilung wird auch *Gaußsche Glockenkurve* und die Normalverteilung auch *Gauß-Verteilung* genannt.

Es gilt:

$$X \sim N(\mu; \sigma^2) \Rightarrow \alpha \cdot X + \beta \sim N((\alpha \cdot \mu + \beta); \alpha^2 \cdot \sigma^2)$$

Mit Hilfe dieser Beziehung kann die Normierung jeder normalverteilten Zufallsvariablen vorgenommen werden:

Beispiel:

$$\text{Sei } X \sim N(\mu; \sigma^2) \Rightarrow Y = \frac{X - \mu}{\sigma} \sim N\left(\frac{\mu - \mu}{\sigma}; \frac{\sigma^2}{\sigma^2}\right) = N(0;1)$$

Wenn der Erwartungswert bei 0 liegt und die Varianz bei 1, spricht man von einer *Standardisierten Normalverteilung* oder von der *Standardnormalverteilung*.

Standard-Normalverteilung

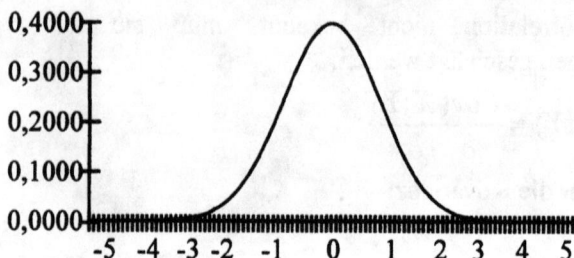

Abbildung *8.1*

Für die Standardnormalverteilung gilt:
Die Wahrscheinlichkeit, daß die Zufallsvariable einen Wert annimmt, der innerhalb eines Intervalles liegt, welches symmetrisch um den Erwartungswert mit einer Länge von einer Standardabweichung ist, liegt bei 68,3 % (siehe Tabelle *8.2*).
Man schreibt hierfür:

$$P_{0,1}\left(X \in [-1;+1]\right) = P_{0,1}(-1 \le X \le +1) = 68,3\ \%\ ,$$

$$P_{0,1}\left(X \in [-1,65\sigma;+1,65\sigma]\right) = 90,0\ \%$$

$$P_{0,1}\left(X \in [-2\sigma;+2\sigma]\right) = 95,4\ \%\ ,$$

$$P_{0,1}\left(X \in [-3\sigma;+3\sigma]\right) = 99,7\ \%$$

Für eine beliebig normalverteilte Zufallsvariable gilt:

$$P_{\mu,\sigma}\left(X \in [\mu-\sigma;\mu+\sigma]\right) = P_{0,1}\left(\frac{X-\mu}{\sigma} \in [-1;+1]\right) = 68,3\ \%$$

$$P_{\mu,\sigma}\left(X \in [\mu-2\sigma;\mu+2\sigma]\right) = P_{0,1}\left(\frac{X-\mu}{\sigma} \in [-2;+2]\right) = 95,4\ \%$$

$$P_{\mu,\sigma}\left(X \in [\mu-3\sigma;\mu+3\sigma]\right) = P_{0,1}\left(\frac{X-\mu}{\sigma} \in [-3;+3]\right) = 99,7\ \%$$

LOG-Normalverteilung:
Eine Zufallsvariable X ist LOG-normalverteilt, wenn ihr natürlicher Logarithmus *ln(X)* normalverteilt ist.
Es gilt:
Sind die Zufallsvariablen X und Y LOG-normalverteilt, ist auch ihr Quotient $\dfrac{X}{Y}$ LOG-normalverteilt.

In der Tat, denn

$$\ln\left(\frac{X}{Y}\right) = \ln(X) - \ln(Y)$$ und die Summe (Differenz) normalverteilter

Zufallsvariablen ist wiederum normalverteilt.

Konfidenzintervall:
Ein Konfidenzintervall I zum Niveau $(1 - \alpha)$ liegt dann vor, wenn die betrachtete Zufallsvariable X mit einer Wahrscheinlichkeit von mindestens $(1 - \alpha)$ in I liegt.

$$P(X \in I) = 1 - \alpha$$

Damit gilt:

$$P(X \notin I) = \alpha$$

Deshalb wird von der Vertrauenswahrscheinlichkeit $(1 - \alpha)$ und der Irrtumswahrscheinlichkeit α gesprochen.

8.3. Kontraktspezifikationen

Einmonats-EURIBOR-Future an der EUREX:
Basiswert
European Interbank Offered Rate (EURIBOR) für Einmonats-Termingelder in Euro.
Kontraktwert
EUR 3.000.000
Erfüllung
Erfüllung durch Barausgleich, fällig am ersten Börsentag nach dem letzten Handelstag.
Preisermittlung
In Prozent auf drei Dezimalstellen auf der Basis 100 abzüglich gehandeltem Zinssatz.
Minimale Preisveränderung
0,005 Prozent; dies entspricht einem Wert von EUR 12,50.
Verfallmonate
Die sechs aufeinanderfolgenden Kalendermonate. Die längste Laufzeit beträgt somit sechs Monate.
Letzter Handelstag – Schlussabrechnungstag
Zwei Börsentage - soweit von der EURIBOR FBE/ACI an diesem Tag der für Einmonats-Euro-Termingelder massgebliche Referenz-Zinssatz EURIBOR festgestellt wird, ansonsten der davorliegende Börsentag - vor dem dritten Mittwoch des jeweiligen Erfüllungsmonats. Handelsschluss für den fälligen Kontraktmonat ist 11.00 Uhr MEZ.

Täglicher Abrechnungspreis

Volumengewichteter Durchschnitt der Preise der letzten fünf zustande gekommenen Geschäfte, sofern diese nicht älter als 15 Minuten sind oder der volumengewichtete Durchschnitt der Preise aller während der letzten Handelsminute zustande gekommenen Geschäfte, sofern in diesem Zeitraum mehr als fünf Geschäfte zustande gekommen sind. Ist eine derartige Preisermittlung nicht möglich, oder entspricht der so ermittelte Preis nicht den tatsächlichen Marktverhältnissen, legt die Eurex den Abrechnungspreis fest.

Schlussabrechnungspreis

Der Schlussabrechnungspreis wird von der Eurex auf Grundlage des von der FBE/ACI ermittelten Referenz-Zinssatzes (EURIBOR) für Einmonats-Termingelder in Euro um 11.00 Uhr MEZ am letzten Handelstag festgelegt. Bei der Festlegung des Schlussabrechnungspreises wird der EURIBOR-Satz auf das nächstmögliche Preisintervall (0,005; 0,01 oder ein Vielfaches) gerundet und anschliessend von 100 subtrahiert.

Handelszeit

8.45 bis 19.00 Uhr MEZ.

Zustandekommen von Geschäften (Pro-Rata-Matching)

Die Zusammenführung von Aufträgen und Quotes, die sich auf den Einmonats-Euribor-Future beziehen, erfolgt nach dem Pro-Rata-Matching-Prinzip*.

* Der ausschliesslich auf Preispriorität basierende Pro Rata-Algorithmus hat mit Wirkung zum 14.09.1999 das bis dahin für Geldmarkt-Futures übliche Matching Prinzip nach Preis-Zeit-Priorität ersetzt.

3-Monats-EURIBOR-Future an der EUREX:

Basiswert

European Interbank Offered Rate (EURIBOR) für Dreimonats-Termingelder in Euro.

Kontraktwert

EUR 1.000.000

Erfüllung

Erfüllung durch Barausgleich, fällig am ersten Börsentag nach dem letzten Handelstag.

Preisermittlung

In Prozent auf drei Dezimalstellen auf der Basis 100 abzüglich gehandeltem Zinssatz.

Minimale Preisveränderung

0,005 Prozent; dies entspricht einem Wert von EUR 12,50.

Verfallmonate

Die nächsten zwölf Quartalsmonate aus dem Zyklus März, Juni,

September und Dezember. Die längste Laufzeit eines Kontraktes beträgt somit drei Jahre.

Letzter Handelstag – Schlussabrechnungstag
Zwei Börsentage - soweit von der EURIBOR FBE/ACI an diesem Tag der für Dreimonats-Euro-Termingelder massgebliche Referenz-Zinssatz EURIBOR festgestellt wird, ansonsten der davorliegende Börsentag - vor dem dritten Mittwoch des jeweiligen Erfüllungsmonats. Handelsschluss für den fälligen Kontraktmonat ist 11.00 Uhr MEZ.

Täglicher Abrechnungspreis
Volumengewichteter Durchschnitt der Preise der letzten fünf zustande gekommenen Geschäfte, sofern diese nicht älter als 15 Minuten sind oder der volumengewichtete Durchschnitt der Preise aller während der letzten Handelsminute zustande gekommenen Geschäfte, sofern in diesem Zeitraum mehr als fünf Geschäfte zustande gekommen sind. Ist eine derartige Preisermittlung nicht möglich, oder entspricht der so ermittelte Preis nicht den tatsächlichen Marktverhältnissen, legt die Eurex den Abrechnungspreis fest.

Schlussabrechnungspreis
Der Schlussabrechnungspreis wird von der Eurex auf Grundlage des von der FBE/ACI ermittelten Referenz-Zinssatzes (EURIBOR) für Drei-monats-Termingelder in Euro um 11.00 Uhr MEZ am letzten Handelstag festgelegt. Bei der Festlegung des Schlussabrechnungspreises wird der EURIBOR-Satz auf das nächstmögliche Preisintervall (0,005; 0,01 oder ein Vielfaches) gerundet und anschliessend von 100 subtrahiert.

Handelszeit
8.30 bis 19.00 Uhr MEZ.

Zustandekommen von Geschäften (Pro-Rata-Matching)
Die Zusammenführung von Aufträgen und Quotes, die sich auf den Dreimonats-Euribor-Future beziehen, erfolgt nach dem Pro-Rata-Matching-Prinzip*.
* Der ausschliesslich auf Preispriorität basierende Pro Rata-Algorithmus hat mit Wirkung zum 14.09.1999 das bis dahin für Geldmarkt-Futures übliche Matching Prinzip nach Preis-Zeit-Priorität ersetzt.

Option auf den 3-Monats-EURIBOR-Future an der EUREX:
Basiswert
Dreimonats-EURIBOR-Future. Der Nominalwert eines Future-Kontraktes beträgt EUR 1.000.000.
Kontraktwert
Ein Dreimonats-EURIBOR-Future-Kontrakt.
Erfüllung
Die Ausübung einer Option auf einen Dreimonats-EURIBOR-Future-

Kontrakt resultiert für den Käufer sowie für den zugeteilten Verkäufer in einer entsprechenden Dreimonats-EURIBOR-Future-Position. Die Position wird auf der Grundlage des vereinbarten Ausübungspreises im Anschluss an die Post-Trading-Periode des Ausübungstages eröffnet.

Preisermittlung
In Punkten; auf drei Dezimalstellen.

Minimale Preisveränderung
0,005 Prozent; dies entspricht einem Wert von EUR 12,50.

Letzter Handelstag
Zwei Börsentage vor dem dritten Mittwoch des jeweiligen Erfüllungs-monats - soweit von der EURIBOR FBE/ACI an diesem Tag der für Dreimonats-Euro-Termingelder massgebliche Referenz-Zinssatz EURIBOR festgestellt wird, ansonsten der davorliegende Börsentag. Handelsschluss für den fälligen Kontraktmonat ist 11.00 Uhr MEZ.

Täglicher Abrechnungspreis
Letztbezahlter Kontraktpreis; falls dieser älter als 15 Minuten ist oder nicht den aktuellen Marktverhältnissen entspricht, wird dieser von der Eurex festgelegt.

Ausübungszeit
Ausübungen sind an jedem Börsentag während der Laufzeit bis zum Ende der Post-Trading-Periode möglich (amerikanische Art).

Verfallmonate
Die vier nächsten Monate aus dem Zyklus März, Juni, September und Dezember; d.h. es sind Laufzeiten von 3, 6, 9 sowie max. 12 Monaten ver-fügbar. Fälligkeitsmonat des zugrundeliegenden Future und Verfallmonat der Option sind identisch.

Ausübungspreise
Ausübungspreise haben feste Abstufungen von 0,10 Punkten (z.B. 96,40; 96,50; 96,60). Jeder Verfallmonat wird mit 21 Ausübungspreisen einge-führt.

Optionsprämie
Die Prämienabrechnung erfolgt nach dem «future style»- Verfahren.

Handelszeit
8.30 bis 19.00 Uhr MEZ.

Euro-SCHATZ-Future an der EUREX:

Basiswert
Fiktive kurzfristige Schuldverschreibung der Bundesrepublik Deutschland oder der Treuhandanstalt mit 1¾ bis 2¼ jähriger Laufzeit und einem Kupon von 6 Prozent.

Kontraktwert
EUR 100.000

Erfüllung

Eine Lieferverpflichtung aus einer Short-Position in einem Euro-SCHATZ-Future-Kontrakt kann nur durch bestimmte Schuldverschreibungen - nämlich Bundesschatzanweisungen, Bundesobligationen, Bundesanleihen oder börsennotierte, von der Bundesrepublik Deutschland uneingeschränkt und unmittelbar garantierte Schuldverschreibungen der Treuhandanstalt - erfüllt werden, die am Liefertag eine Restlaufzeit von 1¾ bis 2¼ Jahren haben. Die Schuldverschreibungen müssen ein Mindestemissionsvolumen von 2 Mrd. Euro aufweisen.

Preisermittlung

In Prozent vom Nominalwert; auf zwei Dezimalstellen.

Minimale Preisveränderung

0,01 Prozent; dies entspricht einem Wert von EUR 10.

Liefertag

Der zehnte Kalendertag des jeweiligen Quartalsmonats, sofern dieser Tag ein Börsentag ist, andernfalls der darauffolgende Börsentag.

Liefermonate

Die jeweils nächsten drei Quartalsmonate aus dem Zyklus März, Juni, September und Dezember.

Lieferanzeige

Clearing-Mitglieder mit offenen Short-Positionen müssen der Eurex am letzten Handelstag des fälligen Liefermonats bis zum Ende der Post-Trading-Periode anzeigen, welche Schuldverschreibungen sie liefern werden.

Letzter Handelstag

Zwei Börsentage vor dem Liefertag des jeweiligen Quartalsmonats. Handelsschluss für den fälligen Liefermonat ist 12.30 Uhr MEZ.

Täglicher Abrechnungspreis

Volumengewichteter Durchschnitt der Preise der letzten fünf zustande gekommenen Geschäfte, sofern sie nicht älter als 15 Minuten sind, oder der volumengewichtete Durchschnitt der Preise aller während der letzten Handelsminute zustande gekommenen Geschäfte, sofern in diesem Zeitraum mehr als fünf Geschäfte zustande gekommen sind. Ist eine derartige Preisermittlung nicht möglich, oder entspricht der so ermittelte Preis nicht den tatsächlichen Marktverhältnissen, legt die Eurex den Abrechnungspreis fest.

Schlussabrechnungspreis

Volumengewichteter Durchschnitt der Preise der letzten zehn zustande gekommenen Geschäfte, sofern sie nicht älter als 30 Minuten sind, oder der volumengewichtete Durchschnitt der Preise aller während der letzten Handelsminute abgeschlossenen Geschäfte, sofern in diesem Zeitraum

mehr als zehn Geschäfte zusammengeführt wurden. Der Schlussabrechnungspreis wird um 12.30 Uhr MEZ am letzten Handelstag festgelegt.

Handelszeit
8.00 bis 19.00 Uhr MEZ.

Euro-BOBL-Future an der EUREX:

Basiswert
Fiktive mittelfristige Schuldverschreibung der Bundesrepublik
Deutschland mit 4½ bis 5½jähriger Laufzeit und einem Kupon von 6
Prozent.

Kontraktwert
EUR 100.000

Erfüllung
Eine Lieferverpflichtung aus einer Short-Position in einem Euro-BOBL-
Future-Kontrakt kann nur durch bestimmte Schuldverschreibungen -
nämlich Anleihen oder Obligationenen der Bundesrepublik Deutschland
mit einer Restlaufzeit von 4½ bis 5½ Jahren am Liefertag erfüllt werden.
Die Schuldverschreibungen müssen ein Mindestemissionsvolumen von 2
Mrd. Euro aufweisen.

Preisermittlung
In Prozent vom Nominalwert; auf zwei Dezimalstellen.

Minimale Preisveränderung
0,01 Prozent; dies entspricht einem Wert von EUR 10.

Liefertag
Der zehnte Kalendertag des jeweiligen Quartalsmonats, sofern dieser Tag
ein Börsentag ist, andernfalls der darauffolgende Börsentag.

Liefermonate
Die jeweils nächsten drei Quartalsmonate des Zyklus März, Juni,
September und Dezember.

Lieferanzeige
Clearing-Mitglieder mit offenen Short-Positionen müssen der Eurex am
letzten Handelstag des fälligen Liefermonats bis zum Ende der Post-
Trading-Periode anzeigen, welche Schuldverschreibungen sie liefern
werden.

Letzter Handelstag
Zwei Börsentage vor dem Liefertag des jeweiligen Quartalsmonats.
Handelsschluss für den fälligen Liefermonat ist 12.30 Uhr MEZ.

Täglicher Abrechnungspreis
Volumengewichteter Durchschnitt der Preise der letzten fünf zustande
gekommenen Geschäfte, sofern sie nicht älter als 15 Minuten sind, oder
der volumengewichtete Durchschnitt der Preise aller während der letzten
Handelsminute zustande gekommenen Geschäfte, sofern in diesem

Zeitraum mehr als fünf Geschäfte zustande gekommen sind. Ist eine derartige Preisermittlung nicht möglich, oder entspricht der so ermittelte Preis nicht den tatsächlichen Marktverhältnissen, legt die Eurex den Abrechnungspreis fest.

Schlussabrechnungspreis
Volumengewichteter Durchschnitt der Preise der letzten zehn zustande gekommenen Geschäfte, sofern sie nicht älter als 30 Minuten sind, oder der volumengewichtete Durchschnitt der Preise aller während der letzten Handelsminute abgeschlossenen Geschäfte, sofern in diesem Zeitraum mehr als zehn Geschäfte zusammengeführt wurden. Der Zeitpunkt der Festlegung des Schlussabrechnungspreises ist 12.30 Uhr MEZ des letzten Handelstages.

Handelszeit
8.00 bis 19.00 Uhr MEZ.

Euro-BUND-Future an der EUREX
Basiswert
Fiktive langfristige Schuldverschreibung der Bundesrepublik Deutschland mit 8½ bis 10½jähriger Laufzeit und einem Kupon von 6 Prozent.

Kontraktwert
EUR 100.000

Erfüllung
Eine Lieferverpflichtung aus einer Short-Position in einem Euro-BUND-Future-Kontrakt kann nur durch bestimmte Schuldverschreibungen - nämlich Anleihen der Bundesrepublik Deutschland - mit einer Restlaufzeit von 8½ bis 10½ Jahren am Liefertag erfüllt werden. Die Schuldverschreibungen müssen ein Mindestemissionsvolumen von 2 Mrd. Euro aufweisen.

Preisermittlung
In Prozent vom Nominalwert; auf zwei Dezimalstellen.

Minimale Preisveränderung
0,01 Prozent; dies entspricht einem Wert von EUR 10.

Liefertag
Der Liefertag ist der zehnte Kalendertag des jeweiligen Quartalsmonats, sofern dieser Tag ein Börsentag ist, andernfalls der darauffolgende Börsentag.

Liefermonate
Die jeweils nächsten drei Quartalsmonate des Zyklus März, Juni, September und Dezember.

Lieferanzeige
Clearing-Mitglieder mit offenen Short-Positionen müssen der Eurex am letzten Handelstag des fälligen Liefermonats bis zum Ende der Post-

Trading-Periode anzeigen, welche Schuldverschreibungen sie liefern werden.

Letzter Handelstag
Zwei Börsentage vor dem Liefertag des jeweiligen Quartalsmonats. Handelsschluss für den fälligen Liefermonat ist 12.30 Uhr MEZ.

Täglicher Abrechnungspreis
Volumengewichteter Durchschnitt der Preise der letzten fünf zustande gekommenen Geschäfte, sofern sie nicht älter als 15 Minuten sind, oder der volumengewichtete Durchschnitt der Preise aller während der letzten Handelsminute zustande gekommenen Geschäfte, sofern in diesem Zeitraum mehr als fünf Geschäfte zustande gekommen sind. Ist eine derartige Preisermittlung nicht möglich, oder entspricht der so ermittelte Preis nicht den tatsächlichen Marktverhältnissen, legt die Eurex den Abrechnungspreis fest.

Schlussabrechnungspreis
Volumengewichteter Durchschnitt der Preise der letzten zehn zustande gekommenen Geschäfte, sofern sie nicht älter als 30 Minuten sind, oder der volumengewichtete Durchschnitt der Preise aller während der letzten Handelsminute abgeschlossenen Geschäfte, sofern in diesem Zeitraum mehr als zehn Geschäfte zusammengeführt wurden. Der Zeitpunkt der Festlegung des Schlussabrechnungspreises ist 12.30 Uhr MEZ des letzten Handelstages.

Handelszeit
8.00 bis 19.00 Uhr MEZ.

Euro-BUXL-Future an der EUREX:
Basiswert
Fiktive langfristige Schuldverschreibung der Bundesrepublik Deutschland mit 20 bis 30½jähriger Laufzeit und einem Kupon von 6 Prozent.

Kontraktwert
EUR 100.000

Erfüllung
Eine Lieferverpflichtung aus einer Short-Position in einen Euro-BUXL-Future-Kontrakt kann nur durch bestimmte Schuldverschreibungen - nämlich Anleihen der Bundesrepublik Deutschland - mit einer Restlaufzeit von 20 bis 30½ Jahren am Liefertag erfüllt werden. Die Anleihen müssen ein Mindestemissionsvolumen von 5 Mrd. Euro aufweisen.

Preisermittlung
In Prozent vom Nominalwert; auf zwei Dezimalstellen.

Minimale Preisveränderung
0,01 Prozent; dies entspricht einem Wert von EUR 10.

Liefertag
Der Liefertag ist der zehnte Kalendertag des jeweiligen Quartalsmonats, sofern dieser Tag ein Börsentag ist, andernfalls der darauffolgende Börsentag.

Liefermonate
Die jeweils nächsten drei Quartalsmonate des Zyklus März, Juni, September und Dezember.

Lieferanzeige
Clearing-Mitglieder mit offenen Short-Positionen müssen der Eurex am letzten Handelstag des fälligen Liefermonats bis zum Ende der Post-Trading-Periode anzeigen, welche Schuldverschreibungen sie liefern werden.

Letzter Handelstag
Zwei Börsentage vor dem Liefertag des jeweiligen Quartalsmonats. Handelsschluss für den fälligen Liefermonat ist 12.30 Uhr MEZ.

Täglicher Abrechnungspreis
Volumengewichteter Durchschnitt der Preise der letzten fünf zustande gekommenen Geschäfte, sofern sie nicht älter als 15 Minuten sind, oder der volumengewichtete Durchschnitt der Preise aller während der letzten Handelsminute zustande gekommenen Geschäfte, sofern in diesem Zeitraum mehr als fünf Geschäfte zustande gekommen sind. Ist eine derartige Preisermittlung nicht möglich, oder entspricht der so ermittelte Preis nicht den tatsächlichen Marktverhältnissen, legt die Eurex den Abrechnungspreis fest.

Schlussabrechnungspreis
Volumengewichteter Durchschnitt der Preise der letzten zehn zustande gekommenen Geschäfte, sofern sie nicht älter als 30 Minuten sind, oder der volumengewichtete Durchschnitt der Preise aller während der letzten Handelsminute abgeschlossenen Geschäfte, sofern in diesem Zeitraum mehr als zehn Geschäfte zusammengeführt wurden. Der Zeitpunkt der Festlegung des Schlussabrechnungspreises ist 12.30 Uhr MEZ des letzten Handelstages.

Handelszeit
8.00 bis 19.00 Uhr MEZ.

LIBOR:
Der LIBOR (London Interbank Offered Rate) wird von der BBA (British Bankers Association) für die Währungen GBP, CAD, EUR, USD, AUD, YEN und CHF für die Laufzeiten Overnight, 1 Woche, 2 Wochen, 1, 2, 3, 4, 5, 6, 7, 8, 9, 10, 11 und 12 Monate gefixt. Das Fixing ist für GBP gleichtägig, für die restlichen Währungen zweitägig. Die quotierenden Banken, mindestens 8, geben zwischen 11:00h und 11:10h Londoner Zeit

ihre Zinssätze an die BBA, zu denen sie Deposits im Interbankenhandel hereinnehmen. Die BBA ermittelt aus den mittleren 50% dieser Angaben den arithmetischen Durschnitt und veröffenlicht diesen als LIBOR, gerundet auf fünf Nachkommastellen um 12:00h Londoner Zeit. GBP-LIBOR werden auf Basis *act/365*, alle anderen Währungen auf Basis *act/360* quotiert.

EURIBOR:

Der EURIBOR (**Eur**o **I**nterbank **O**ffered **R**ate) wird von der **EBF** (**E**uropean **B**anking **F**ederation) täglich gefixt.

Täglich werden bis 10:45h von den 57 teilnehmenden Referenzbanken die Zinssätze für die Laufzeiten von 1 Woche, 2 Wochen, 1, 2, 3, 4, 5, 6, 7, 8, 9, 10, 11 und 12 Monate gemeldet, zu denen Sie bereit sind Deposits im Interbankenhandel hereinzunehmen. Um 11:00h wird aus den mittleren 70% aller Quotes das arithmetische Mittel gebildet, auf drei Nachkommastellen gerundet und sofort veröffentlicht. EURIBOR wird mit zweitägiger Valuta und auf Basis *act/360* veröffentlicht.

EONIA:

Der EONIA (**E**uro **O**ver**N**ight **I**ndex **A**verage) wird täglich von der ECB (**E**uropean **C**entral **B**ank) ermittelt und veröffentlicht. Die für die Berechnung herangezogenen Quotierungen stammen von den Banken, die auch für den EURIBOR quotieren. Die Berechnung erfolgt auf zwei Nachkommastellen mit gleichtägiger Valuta auf Basis *act/360*. Jede teilnehmende Bank berichtet bis spätestens 18:30h MEZ das Gesamtvolumen an O/N-Geldanlagen in EUR incl. des Durchschnittssatzes, gerundet auf zwei Nachkommastellen, an die ECB. Der EONIA wird zwischen 18:30h und 19:00h veröffentlicht. Die ECB bestimmt das arithmetische Mittel der 70% mittleren Quotierungen und rundet das Ergebnis auf drei Nachkommastellen.

8.4. Tabellen

5- und 10-jährige Renditen					
Datum	Rendite DEM5J	Rendite DEM10J	Datum	Rendite DEM5J	Rendite DEM10J
05.09.96	5,540	6,600	22.10.96	5,090	6,250
06.09.96	5,550	6,600	23.10.96	5,080	6,230
09.09.96	5,460	6,540	24.10.96	5,140	6,270
10.09.96	5,430	6,520	25.10.96	5,240	6,320
11.09.96	5,490	6,540	28.10.96	5,170	6,270
12.09.96	5,430	6,500	28.10.96	5,220	6,300
12.09.96	5,420	6,490	29.10.96	5,190	6,280
13.09.96	5,340	6,400	30.10.96	5,210	6,280
19.09.96	5,380	6,400	31.10.96	5,200	6,270
19.09.96	5,380	6,400	04.11.96	5,270	6,300
20.09.96	5,330	6,370	05.11.96	5,190	6,230
23.09.96	5,360	6,400	06.11.96	5,130	6,190
24.09.96	5,390	6,420	07.11.96	5,150	6,220
24.09.96	5,340	6,380	12.11.96	5,080	6,160
25.09.96	5,260	6,320	13.11.96	5,040	6,140
26.09.96	5,240	6,310	13.11.96	5,070	6,160
27.09.96	5,230	6,290	14.11.96	5,060	6,140
30.09.96	5,270	6,340	15.11.96	5,060	6,140
30.09.96	5,270	6,330	18.11.96	5,040	6,120
08.10.96	5,140	6,270	19.11.96	5,050	6,110
09.10.96	5,060	6,200	22.11.96	5,110	6,160
10.10.96	5,100	6,250	25.11.96	5,110	6,150
11.10.96	5,120	6,270	26.11.96	5,070	6,130
14.10.96	5,130	6,280	26.11.96	5,070	6,120
15.10.96	5,070	6,230	27.11.96	5,070	6,110
16.10.96	5,100	6,260	28.11.96	5,040	6,090
17.10.96	5,150	6,300	29.11.96	4,920	6,010
18.10.96	5,100	6,260	03.12.96	4,840	5,930
18.10.96	5,100	6,250	04.12.96	4,930	6,020
21.10.96	5,090	6,250	05.12.96	4,900	6,010

Tabelle 8.1.

Tabelle der Normalverteilung							
P(-z<X<z)							
z	P	z	P	z	P	z	P
0,00	0,00%	1,04	70,17%	2,08	96,25%	3,12	99,82%
0,02	1,60%	1,06	71,09%	2,10	96,43%	3,14	99,83%
0,04	3,19%	1,08	71,99%	2,12	96,60%	3,16	99,84%
0,06	4,78%	1,10	72,87%	2,14	96,76%	3,18	99,85%
0,08	6,38%	1,12	73,73%	2,16	96,92%	3,20	99,86%
0,10	7,97%	1,14	74,57%	2,18	97,07%	3,22	99,87%
0,12	9,55%	1,16	75,40%	2,20	97,22%	3,24	99,88%
0,14	11,13%	1,18	76,20%	2,22	97,36%	3,26	99,89%
0,16	12,71%	1,20	76,99%	2,24	97,49%	3,28	99,90%
0,18	14,28%	1,22	77,75%	2,26	97,62%	3,30	99,90%
0,20	15,85%	1,24	78,50%	2,28	97,74%	3,32	99,91%
0,22	17,41%	1,26	79,23%	2,30	97,86%	3,34	99,92%
0,24	18,97%	1,28	79,95%	2,32	97,97%	3,36	99,92%
0,26	20,51%	1,30	80,64%	2,34	98,07%	3,38	99,93%
0,28	22,05%	1,32	81,32%	2,36	98,17%	3,40	99,93%
0,30	23,58%	1,34	81,98%	2,38	98,27%	3,42	99,94%
0,32	25,10%	1,36	82,62%	2,40	98,36%	3,44	99,94%
0,34	26,61%	1,38	83,24%	2,42	98,45%	3,46	99,95%
0,36	28,12%	1,40	83,85%	2,44	98,53%	3,48	99,95%
0,38	29,61%	1,42	84,44%	2,46	98,61%	3,50	99,95%
0,40	31,08%	1,44	85,01%	2,48	98,69%	3,52	99,96%
0,42	32,55%	1,46	85,57%	2,50	98,76%	3,54	99,96%
0,44	34,01%	1,48	86,11%	2,52	98,83%	3,56	99,96%
0,46	35,45%	1,50	86,64%	2,54	98,89%	3,58	99,97%
0,48	36,88%	1,52	87,15%	2,56	98,95%	3,60	99,97%
0,50	38,29%	1,54	87,64%	2,58	99,01%	3,62	99,97%
0,52	39,69%	1,56	88,12%	2,60	99,07%	3,64	99,97%
0,54	41,08%	1,58	88,59%	2,62	99,12%	3,66	99,97%
0,56	42,45%	1,60	89,04%	2,64	99,17%	3,68	99,98%
0,58	43,81%	1,62	89,48%	2,66	99,22%	3,70	99,98%
0,60	45,15%	1,64	89,90%	2,68	99,26%	3,72	99,98%
0,62	46,47%	1,66	90,31%	2,70	99,31%	3,74	99,98%
0,64	47,78%	1,68	90,70%	2,72	99,35%	3,76	99,98%
0,66	49,07%	1,70	91,09%	2,74	99,39%	3,78	99,98%
0,68	50,35%	1,72	91,46%	2,76	99,42%	3,80	99,99%
0,70	51,61%	1,74	91,81%	2,78	99,46%	3,82	99,99%
0,72	52,85%	1,76	92,16%	2,80	99,49%	3,84	99,99%
0,74	54,07%	1,78	92,49%	2,82	99,52%	3,86	99,99%
0,76	55,27%	1,80	92,81%	2,84	99,55%	3,88	99,99%
0,78	56,46%	1,82	93,12%	2,86	99,58%	3,90	99,99%
0,80	57,63%	1,84	93,42%	2,88	99,60%	3,92	99,99%
0,82	58,78%	1,86	93,71%	2,90	99,63%	3,94	99,99%
0,84	59,91%	1,88	93,99%	2,92	99,65%	3,96	99,99%

0,86	61,02%	1,90	94,26%	2,94	99,67%	3,98	99,99%
0,88	62,11%	1,92	94,51%	2,96	99,69%	4,00	99,99%
0,90	63,19%	1,94	94,76%	2,98	99,71%	4,02	99,99%
0,92	64,24%	1,96	95,00%	3,00	99,73%	4,04	99,99%
0,94	65,28%	1,98	95,23%	3,02	99,75%	4,06	100,00%
0,96	66,29%	2,00	95,45%	3,04	99,76%	4,08	100,00%
0,98	67,29%	2,02	95,66%	3,06	99,78%	4,10	100,00%
1,00	68,27%	2,04	95,86%	3,08	99,79%	4,12	100,00%
1,02	69,23%	2,06	96,06%	3,10	99,81%	4,14	100,00%

Tabelle *8.2.*

9. Lösungen zu den Übungen

Lösung zu Übung 1.1:

Zu 1.)

Von	Bis	Zins satz	act/360			30/360		
			Tage	Zins zahlung	Diskont faktor	Tage	Zins zahlung	Diskont faktor
10.10.96	10.01.97	3,50	92	894,44	0,9911	90	875,00	0,9913
10.01.97	10.06.97	3,25	151	1.363,19	0,9866	150	1.354,17	0,9866
10.06.97	10.12.97	3,10	183	1.575,83	0,9845	180	1.550,00	0,9847

Tabelle 9.1.

Zu 2.)

Für die erste Periode wird der Diskontfaktor nach folgender Formel bestimmt:

$$\frac{1}{\left(1+\dfrac{3,50}{100}\cdot\dfrac{92}{360}\right)} = 0,9911$$

Die Diskontfaktoren der anderen Perioden stehen in obiger Tabelle.

Zu 3.)

Für den Zerosatz x muß gelten:

$$\frac{1}{\left(1+\dfrac{x}{100}\dfrac{365}{360}\right)}\cdot\frac{1}{\left(1+\dfrac{x}{100}\dfrac{61}{360}\right)} =$$

$$\frac{1}{\left(1+\dfrac{3,50}{100}\dfrac{92}{360}\right)}\cdot\frac{1}{\left(1+\dfrac{3,25}{100}\dfrac{151}{360}\right)}\cdot\frac{1}{\left(1+\dfrac{3,10}{100}\dfrac{183}{360}\right)}$$

Diese Formel enthält die Diskontfaktoren für die einzelnen Perioden. Derselbe Sachverhalt kann auch mittels Aufzinsungsfaktoren dargestellt werden.

Als Lösung dieser Gleichung erhält man $z\%=3,2646\%$

Zu 4.)

$$100.000\cdot\left(1+3,2646\%\cdot\frac{365}{360}\right)\cdot\left(1+3,2646\%\cdot\frac{61}{360}\right) = 103.881,43$$

Lösung zu Übung *1.2.*:

Zu 1.)

Von	Bis	Diskontfaktor act/360	Barwerte
10.10.1996	10.10.1997	0,9657	193.146,00
10.10.1996	10.10.1998	0,9236	277.070,77
10.10.1996	10.10.1999	0,8747	349.890,47
			820.107,24

Tabelle *9.2.*

Zu 2.)
Der maximale Preis entspricht immer dem Barwert.

Zu 3.)
Wenn der Preis bei DEM 800.000,-- liegt, kauft man die CashFlows auf Kredit.

Dieser Kredit ist gem. Tabelle *9.2* in folgende Tranchen aufzuspalten:

Kredit in Höhe von DEM 193.146,-- für ein Jahr zu 3,50%,

Kredit in Höhe von DEM 277.070,77 für zwei Jahre zu einem (Zero)satz von 4,00%

Kredit in Höhe von DEM 349.890,47 für drei Jahre zu einem (Zero)satz von 4,50%

Die Kredittranchen können komplett aus den gekauften CashFlows bedient werden. Man realisiert einen direkten risikolosen Gewinn (*Arbitragegewinn*) von DEM 20.107,24.

Lösung zu Übung 1.3.:

Zu 1.)
Die Diskontfaktoren werden berechnet nach der Formel:

$$\frac{1}{\left(1 + Zinssatz\% \cdot \dfrac{Tage}{Basis}\right)}$$

Monate	Von	Bis	Zinssatz	Tage	Diskont faktoren
1	12.04.96	12.05.96	3,000	30	0,9975
3	12.04.96	12.07.96	3,250	91	0,9919
6	12.04.96	12.10.96	3,750	183	0,9813
9	12.04.96	12.01.97	4,000	275	0,9704
12	12.04.96	12.04.97	4,125	365	0,9599

Tabelle *9.3.*

Zu 2.)
Für die Forwardrate muß gelten:

$$\left(1+z_{kurz}\%\cdot\frac{Tage_{kurz}}{Basis}\right)\cdot\left(1+z\%\cdot\frac{Tage_{Forward}}{Basis}\right)=\left(1+z_{lang}\%\cdot\frac{Tage_{lang}}{Basis}\right)$$

$$\left(1+3,75\%\cdot\frac{183}{360}\right)\cdot\left(1+z\%\cdot\frac{365-183}{360}\right)=\left(1+4,125\%\cdot\frac{365}{360}\right)$$

Einsetzen der Werte und Auflösen ergibt: 4,4178%.

Lösung zu Übung *1.4.*:
1.) Wenn der Zinseszinseffekt nicht berücksichtigt wird, liegt der durchschnittliche Zinsertrag bei 5,00%. Die absolute Höhe der Zinszahlungen hängt wegen deren Entnahme nicht vom Zeitpunkt ab, und der Durchschnittszins wird einfach als arithmetisches Mittel berechnet:

$$\frac{3,00\%\cdot180+5,00\%\cdot180+7,00\%\cdot180}{180+180+180}=5,00\%$$

2.) Unter Berücksichtigung des Zinseszinseffektes ergibt sich jedoch ein anderes Bild. Die Durchschnittsverzinsung erhält man über folgenden Ansatz:

$$\left(1+3,00\%\cdot\frac{180}{360}\right)\cdot\left(1+5,00\%\cdot\frac{180}{360}\right)\cdot\left(1+7,00\%\cdot\frac{180}{360}\right)=\left(1+z\%\cdot\frac{180}{360}\right)^{3}$$

Setzt man für x den Wert 4,9935% ein, ist obige Gleichung gelöst.

Lösung zu Übung *2.1.*:
Zu 1.)

Zerozinskurve

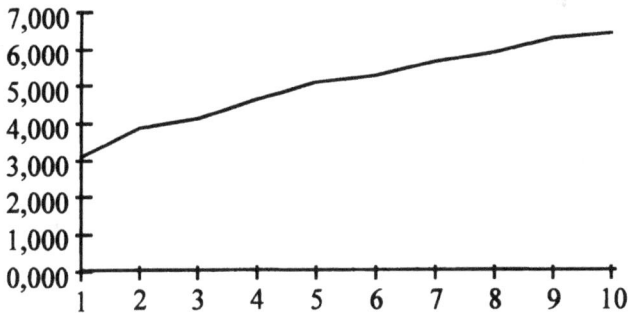

Abbildung 9.1

Zu 2.)
Die Diskontfaktoren berechnet man mit der Formel:

$$Diskontfaktor = \frac{1}{\left(1 + Zinssatz\right)^{Laufzeit}}$$

Die Ergebnisse stehen in der folgenden Tabelle:

Teil 2			
Laufzeit	Diskontfaktoren	Laufzeit	Diskontfaktoren
1	0,9709	6	0,7409
2	0,9290	7	0,6874
3	0,8890	8	0,6394
4	0,8386	9	0,5857
5	0,7854	10	0,5454

Tabelle 9.4.

Zu 3.)

Teil 3		
Laufzeit	Cash-Flows	Barwerte
0	-99,497	-99,497
1	2,000	1,942
2	2,000	1,858
3	2,000	1,778
4	112,000	93,919

Tabelle 9.5.

Zu 4.)

Der Preis muß nach folgender Formel berechnet werden:

$$100 Mio \cdot \frac{1}{(1 + Zerosatz)^{10}} = 100 Mio \cdot Diskontfaktor_{10 Jahre} = 54,54 Mio$$

Lösung zu Übung 2.2.:

Zu 1.)

Die Formeln zur Berechnung der Zerozinssätze stehen in Kapitel *2.1.Zerozinskurve* (vgl. **Beispiel 2.1.1.**)

Lösung					
Laufzeit	Diskont faktoren	Zerosätze	Laufzeit	Diskont faktoren	Zerosätze
1 Jahr	0,98039	2,0000	6 Jahre	0,71597	5,7265
2 Jahre	0,94232	3,0152	7 Jahre	0,66318	6,0428
3 Jahre	0,90116	3,5298	8 Jahre	0,61355	6,2965
4 Jahre	0,85293	4,0571	9 Jahre	0,56758	6,4953
5 Jahre	0,77136	5,3290	10 Jahre	0,52537	6,6482

Tabelle *9.6.*

Zu 2.)

IRS-Sätze gegen Zerosätze

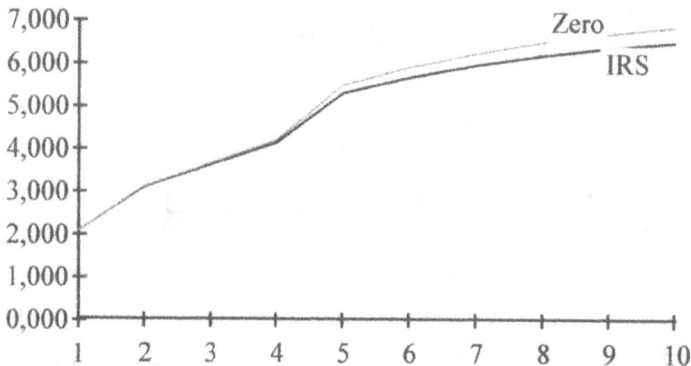

Abbildung *9.2*

Lösung zu Übung 2.3.:

Zu 1.)

Die Formeln zur Berechnung der Zerozinssätze (Bootstrapping) stehen in Kapitel *2.1.Zerozinskurve*.

Lösung					
Laufzeit	Diskont faktoren	Zerosätze	Laufzeit	Diskont faktoren	Zerosätze
1 Jahr	0,94073	6,3000	6 Jahre	0,74410	5,0498
2 Jahre	0,88722	6,1660	7 Jahre	0,77005	3,8034
3 Jahre	0,83993	5,9870	8 Jahre	0,77178	3,2911
4 Jahre	0,79958	5,7510	9 Jahre	0,77211	2,9154
5 Jahre	0,76710	5,4459	10 Jahre	0,75847	2,8031

Tabelle *9.7.*

Zu 2.)

IRS - Zerosätze

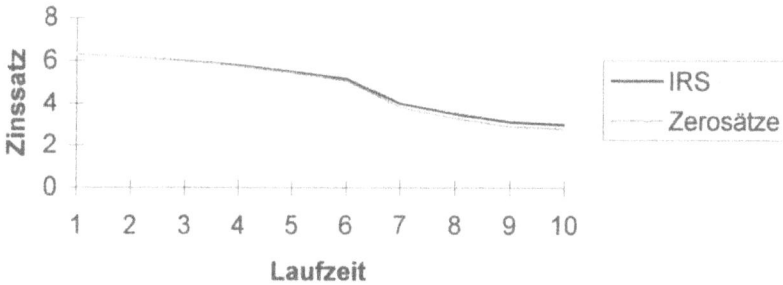

Abbildung *9.3*

Lösung zu Übung *2.4.*:
Für die Zinskurve aus **Übung *2.2.*** ergibt sich:

Lösung					
Periode		Forward-Diskontfaktoren	Forward-Rates	Periode		Forward-Diskontfaktoren	Forward-Rates
0	1	0,98039	2,0000	5	6	0,92819	7,7366
1	2	0,96117	4,0404	6	7	0,92627	7,9603
2	3	0,95633	4,5668	7	8	0,92516	8,0895
3	4	0,94647	5,6554	8	9	0,92508	8,0992
4	5	0,90437	10,5740	9	10	0,92563	8,0342

Tabelle *9.8.*

Der Forward (3;4) wird beispielsweise folgendermaßen berechnet (siehe Kapitel *1.2.Zinseszinsrechnung*):

$$(1 + 3,5298\%) \cdot (1 + f\%) = (1 + 4,0571\%) \Rightarrow f\% = 5,6554\%$$

Hinweis: Es ist jeweils mit Zerozinssätzen zu rechnen!

Für die Zinskurve aus **Übung 2.3.** ergibt sich:

Lösung					
Periode	Forward-Diskontfaktoren	Forward-Rates	Periode	Forward-Diskontfaktoren	Forward-Rates
0 1	0,94073	6,3000	5 6	0,97001	3,0913
1 2	0,94311	6,0322	6 7	1,03488	-3,3705
2 3	0,94670	5,6300	7 8	1,00225	-0,2243
3 4	0,95196	5,0459	8 9	1,00042	-0,0419
4 5	0,95938	4,2343	9 10	0,98234	1,7981

Tabelle *9.9.*

Salopp ausgedrückt kann man die Forwardrates mit der Steigung der Zins-strukturkurve vergleichen, auch wenn sie mathematisch gesehen keine Steigung sind.

Lösung zu Übung 2.5.:
In **Übung 2.2.** ist der Fall einer *normalen Zinsstruktur* gegeben. Bei einer normalen Zinsstruktur ist der Zinseszinseffekt durch die Wiederanlage der Zinszuflüsse zu den verhältnismäßig hohen Forwardrates in den Zero-zinssätzen enthalten.
Bei der *inversen Zinsstruktur* der **Übung 2.3.** ist dieser Zinseszinseffekt ebenfalls in den Zerozinssätzen enthalten, aber dieser Effekt geht zu Lasten des Anlegers. Aus diesem Grunde liegen die Zerozinssätze unter den Kuponzinssätzen.
Wenn die Zerozinssätze gleich den Kuponzinssätzen wären, läge eine *flache Zinsstrukturkurve* vor.

Lösung zu Übung 2.6.:
Siehe **Beispiel 2.1.4.:**
1.) Lineare Interpolation der Zerosätze:
Der Zerosatz für vier Jahre liegt bei 4,0571%
Der Zerosatz für fünf Jahre liegt bei 5,3290%
Damit erhält man:

$$4,0571 + \frac{5,3290 - 4,0571}{12} \cdot 2 = 4,26913$$

2.) Lineare Interpolation der Diskontfaktoren:
Der Diskontfaktor für vier Jahre liegt bei 0,85293
Der Diskontfaktor für fünf Jahre liegt bei 0,77136
Damit erhält man für den interpolierten Diskontfaktor:

$$0,85293 + \frac{0,77136 - 0,85293}{12} \cdot 2 = 0,839334$$

Aus diesem ist der Zerosatz über folgende Formel zu berechnen:

$$0,839334 = \frac{1}{(1+z\%)^4 \cdot \left(1 + z\% \cdot \dfrac{2}{12}\right)}$$

Der Satz in Höhe von 4,29002% löst diese Gleichung.

3.) Forward-Based-Interpolation:
Die tägliche Forwardrate vom vierten auf das fünfte Jahr liegt bei
10,05286% gemäß folgender Formel:

$$(1 + 4,0571\%)^4 \cdot \left(1 + z\% \cdot \frac{1}{360}\right)^{360} = (1 + 5,3290\%)^5$$

Daraus ergibt sich für den Zerosatz für vier Jahre und zwei Monate die
folgende Beziehung:

$$(1 + 4,0571\%)^4 \cdot \left(1 + 10,05286\% \cdot \frac{1}{360}\right)^{2 \cdot 30} = (1 + z\%)^4 \cdot \left(1 + z\% \cdot \frac{2}{12}\right)$$

Der Zinssatz von 4,30712% löst diese Gleichung.

Lösung zu Übung 2.7.:
Das Gleichungssystem lautet:

$$1 = (1 + K_1) \cdot DF_1$$
$$1 = K_2 \cdot DF_1 + (1 + K_2) \cdot DF_2$$
$$1 = K_3 \cdot DF_1 + K_3 \cdot DF_2 + (1 + K_3) \cdot DF_3$$
$$1 = K_4 \cdot DF_1 + K_4 \cdot DF_2 + K_4 \cdot DF_3 + (1 + K_4) \cdot DF_4$$

bzw. in Matrixschreibweise:

$$\begin{pmatrix} 1 \\ 1 \\ 1 \\ 1 \end{pmatrix} = \begin{pmatrix} 1+K_1 & 0 & 0 & 0 \\ K_2 & 1+K_2 & 0 & 0 \\ K_3 & K_3 & 1+K_3 & 0 \\ K_4 & K_4 & K_4 & 1+K_4 \end{pmatrix} \bullet \begin{pmatrix} DF_1 \\ DF_2 \\ DF_3 \\ DF_4 \end{pmatrix} \Leftrightarrow \vec{p} = K \bullet \vec{DF}$$

Der Preisvektor $\vec{p}$ besteht nur aus Einsen, die Matrix der Kupons enthält nur die Kupons der Parbonds, der Vektor der Diskontfaktoren $\vec{DF}$ enthält die entsprechenden Diskontfaktoren.

Die Matrix K hat eine Dreiecksgestalt und die Inverse K^{-1} ist leicht anzugeben:

$$K^{-1} =$$

$$\begin{pmatrix} \dfrac{1}{(1+K_1)} & 0 & 0 & 0 \\[3ex] \dfrac{-K_2}{(1+K_1)(1+K_2)} & \dfrac{1}{(1+K_2)} & 0 & 0 \\[3ex] \dfrac{-K_3}{(1+K_1)(1+K_2)(1+K_3)} & \dfrac{-K_3}{(1+K_2)(1+K_3)} & \dfrac{1}{(1+K_3)} & 0 \\[3ex] \dfrac{-K_4}{(1+K_1)(1+K_2)(1+K_3)(1+K_4)} & \dfrac{-K_4}{(1+K_2)(1+K_3)(1+K_4)} & \dfrac{-K_4}{(1+K_3)(1+K_4)} & \dfrac{1}{(1+K_4)} \end{pmatrix}$$

Damit ist es möglich, das Gleichungssystem unzuformen zu:

$$\vec{p} = K \bullet \vec{DF} \Leftrightarrow K^{-1} \bullet \vec{p} = \vec{DF}$$

Diese Matrixgleichung erlaubt die direkte Berechnung der Diskontfaktoren aus den Par-Rates.

Legt man die Zahlenwerte aus der Tabelle *2.1* zugrunde, ergeben sich die folgenden Vektoren und Matrizen (gerundet):

$$K = \begin{pmatrix} 1{,}0330 & 0 & 0 & 0 \\ 0{,}0362 & 1{,}0362 & 0 & 0 \\ 0{,}0414 & 0{,}0414 & 1{,}0414 & 0 \\ 0{,}0470 & 0{,}0470 & 0{,}0470 & 1{,}0470 \end{pmatrix}$$

$$
K^{-1} = \begin{pmatrix} 0{,}9681 & 0 & 0 & 0 \\ -0{,}0338 & 0{,}9651 & 0 & 0 \\ -0{,}0371 & -0{,}0384 & 0{,}9602 & 0 \\ -0{,}0403 & -0{,}0416 & -0{,}0431 & 0{,}9551 \end{pmatrix}
$$

$$
\vec{p} = \begin{pmatrix} 1 \\ 1 \\ 1 \\ 1 \end{pmatrix} \qquad \vec{DF} = \begin{pmatrix} 0{,}9681 \\ 0{,}9312 \\ 0{,}8847 \\ 0{,}8301 \end{pmatrix}
$$

Hinweis: Die Diskontfaktoren lassen sich als Zeilensumme der Matrix K^{-1} berechnen.
Aus dem Diskontfaktorvektor ergeben sich schließlich die Zerosätze, die mit denen in Tabelle *2.1* identisch sind.

Lösung zu Übung *3.1.*:

Laufzeit	Cash-Flows	BFR DF	BFR Barwerte	MMR DF	MMR Barwerte
0	-102,125	1,00000	-102,1250	1,00000	-102,1250
0,5	5,25	0,97398	5,1134	0,97398	5,1134
1,5	5,25	0,92459	4,8541	0,92459	4,8541
2,5	5,25	0,87769	4,6079	0,87769	4,6079
3,5	5,25	0,83318	4,3742	0,83318	4,3742
4,5	5,25	0,79093	4,1524	0,79093	4,1524
5,5	105,25	0,75081	79,0231	0,75081	79,0231

Laufzeit	AIBDR DF	AIBDR Barwerte	Dollar Total Return	
0	1,00000	-102,1250	0,5000	Kursertrag
0,5	0,97428	5,1150	31,5000	Kuponertrag
1,5	0,92480	4,8552	4,5260	Zinseszinsertrag
2,5	0,87784	4,6086	36,5260	DTR
3,5	0,83326	4,3746		
4,5	0,79094	4,1524		
5,5	0,75078	79,0191		

CY:	5,2764%	AIBDR	5,3500%
SYTM:	5,3677%	DTR:	36,5260
BFR:	5,3426%	PTR:	5,8241%
MMR:	5,3426%		

Tabelle 9.10.

Lösung zu Übung 3.2.:

Laufzeit	Cash-Flows	BFR DF	BFR Barwerte	MMMR DF	MMR Barwerte
0	-112,50	1,00000	-112,5000	1,00000	-112,5000
1	9,5	0,93204	8,8543	0,93204	8,8543
2	9,5	0,86869	8,2526	0,86869	8,2526
3	9,5	0,80965	7,6917	0,80965	7,6917
4	9,5	0,75463	7,1690	0,75463	7,1690
5	114,5	0,70334	80,5324	0,70334	80,5324

Laufzeit	AIBDR DF	AIBDR Barwerte	DollarTotal Return	
0	1,00000	-112,5000	-7,5000	Kursertrag
1	0,93204	8,8543	47,5000	Kuponertrag
2	0,86869	8,2526	7,4511	Zinseszinsertrag
3	0,80965	7,6917	47,4511	DTR
4	0,75463	7,1690		
5	0,70334	80,5324		

CY:	8,4444%	AIBDR	7,2919%
SYTM:	7,1111%	DTR:	47,4511
BFR:	7,2919%	PTR:	8,0761%
MMR:	7,2919%		

Tabelle 9.11.

Lösung zu Übung *3.3.*:

Laufzeit	Cash-Flows	BFR DF	BFR Barwerte	MMMR DF	MMR Barwerte
0	-79,5	1,00000	-79,5000	1,00000	-79,5000
1	0	0,94426	0,0000	0,94426	0,0000
2	0	0,89163	0,0000	0,89163	0,0000
3	0	0,84193	0,0000	0,84193	0,0000
4	100	0,79500	79,5000	0,79500	79,5000

Laufzeit	AIBDR DF	AIBDR Barwerte	Dollar Total Return	
0	1,00000	-79,5000	20,5000	Kursertrag
1	0,94426	0,0000	0,0000	Kuponertrag
2	0,89163	0,0000	0,0000	Zinseszinsertrag
3	0,84193	0,0000	20,5000	DTR
4	0,79500	79,5000		

CY:	0,0000%	AIBDR	5,9030%
SYTM:	6,4465%	DTR:	20,5000
BFR:	5,9030%	PTR:	4,7724%
MMR:	5,9030%		

Tabelle *9.12.*

Lösung zu Übung *3.4.*:

Laufzeit	Cash-Flows	BFR DF	BFR Barwerte	MMMR DF	MMR Barwerte
0	-100,50	1,00000	-100,5000	1,00000	-100,5000
0,5	3,00			0,97174	2,9152
1	3,00	0,94427	5,7492	0,94428	2,8328
1,5	3,00			0,91760	2,7528
2	3,00	0,89165	5,4288	0,89167	2,6750
2,5	3,00			0,86647	2,5994
3	103,00	0,84196	89,3220	0,84199	86,7247

Laufzeit	AIBDR DF	AIBDR Barwerte	Dollar Total Return

0	1,00000	-100,5000	-0,5000	Kursertrag
0,5	0,97174	2,9152	18,0000	Kuponertrag
1	0,94428	2,8328	2,8736	Zinseszinsertrag
1,5	0,91760	2,7528	20,3736	DTR
2	0,89167	2,6750		
2,5	0,86647	2,5994		
3	0,84199	86,7247		

CY:	5,9701%	AIBDR	5,9005%
SYTM:	5,8043%	DTR:	20,3736
BFR:	5,9018%	PTR:	6,3760%
MMR:	5,9005%		

Tabelle *9.13.*

Lösung zu Übung *3.5.*:
Zu 1.)

		Startwert:	-9,0000%		
Iterations schritt		Untere Grenze	Intervall mitte	Obere Grenze	Intervall länge
1	Rendite	-14,0000%	-9,0000%	-4,0000%	10,0000%
	Barwert	-0,9678	-0,2118	0,0214	0,9892
2	Rendite	-9,0000%	-6,5000%	-4,0000%	5,0000%
	Barwert	-0,2118	-0,0522	0,0214	0,2332
3	Rendite	-6,5000%	-5,2500%	-4,0000%	2,5000%
	Barwert	-0,0522	-0,0069	0,0214	0,0736
4	Rendite	-5,2500%	-4,6250%	-4,0000%	1,2500%
	Barwert	-0,0069	0,0091	0,0214	0,0283
5	Rendite	-5,2500%	-4,9375%	-4,6250%	0,6250%
	Barwert	-0,0069	0,0016	0,0091	0,0160
6	Rendite	-5,2500%	-5,0938%	-4,9375%	0,3125%
	Barwert	-0,0069	-0,0025	0,0016	0,0085
7	Rendite	-5,0938%	-5,0156%	-4,9375%	0,1562%
	Barwert	-0,0025	-0,0004	0,0016	0,0041
8	Rendite	-5,0156%	-4,9766%	-4,9375%	0,0781%
	Barwert	-0,0004	0,0006	0,0016	0,0020
9	Rendite	-5,0156%	-4,9961%	-4,9766%	0,0391%
	Barwert	-0,0004	0,0001	0,0006	0,0010

10	Rendite	-5,0156%	-5,0059%	-4,9961%	0,0195%
	Barwert	-0,0004	-0,0002	0,0001	0,0005

	Lösung:	-5,0059%

	Startwert:	4,0000%

Iterations schritt		Untere Grenze	Intervall mitte	Obere Grenze	Intervall länge
1	Rendite	-1,0000%	4,0000%	9,0000%	10,0000%
	Barwert	0,0408	0,0072	-0,0065	-0,0473
2	Rendite	4,0000%	6,5000%	9,0000%	5,0000%
	Barwert	0,0072	-0,0075	-0,0065	-0,0137
3	Rendite	4,0000%	5,2500%	6,5000%	2,5000%
	Barwert	0,0072	-0,0016	-0,0075	-0,0147
4	Rendite	4,0000%	4,6250%	5,2500%	1,2500%
	Barwert	0,0072	0,0025	-0,0016	-0,0088
5	Rendite	4,6250%	4,9375%	5,2500%	0,6250%
	Barwert	0,0025	0,0004	-0,0016	-0,0041
6	Rendite	4,9375%	5,0938%	5,2500%	0,3125%
	Barwert	0,0004	-0,0006	-0,0016	-0,0020
7	Rendite	4,9375%	5,0156%	5,0938%	0,1563%
	Barwert	0,0004	-0,0001	-0,0006	-0,0010
8	Rendite	4,9375%	4,9766%	5,0156%	0,0781%
	Barwert	0,0004	0,0002	-0,0001	-0,0005
9	Rendite	4,9766%	4,9961%	5,0156%	0,0391%
	Barwert	0,0002	0,0000	-0,0001	-0,0003
10	Rendite	4,9961%	5,0059%	5,0156%	0,0195%
	Barwert	0,0000	0,0000	-0,0001	-0,0001

	Lösung:	5,0059%

	Startwert:	11,0000%

Iterations schritt		Untere Grenze	Intervall mitte	Obere Grenze	Intervall länge
1	Rendite	6,0000%	11,0000%	16,0000%	10,0000%
	Barwert	-0,0055	0,0105	0,1332	0,1387
2	Rendite	6,0000%	8,5000%	11,0000%	5,0000%
	Barwert	-0,0055	-0,0083	0,0105	0,0161
3	Rendite	8,5000%	9,7500%	11,0000%	2,5000%

	Barwert	-0,0083	-0,0020	0,0105	0,0189
4	Rendite	9,7500%	10,3750%	11,0000%	1,2500%
	Barwert	-0,0020	0,0035	0,0105	0,0125
5	Rendite	9,7500%	10,0625%	10,3750%	0,6250%
	Barwert	-0,0020	0,0005	0,0035	0,0054
6	Rendite	9,7500%	9,9063%	10,0625%	0,3125%
	Barwert	-0,0020	-0,0008	0,0005	0,0025
7	Rendite	9,9063%	9,9844%	10,0625%	0,1563%
	Barwert	-0,0008	-0,0001	0,0005	0,0013
8	Rendite	9,9844%	10,0234%	10,0625%	0,0781%
	Barwert	-0,0001	0,0002	0,0005	0,0007
9	Rendite	9,9844%	10,0039%	10,0234%	0,0391%
	Barwert	-0,0001	0,0000	0,0002	0,0003
10	Rendite	9,9844%	9,9941%	10,0039%	0,0195%
	Barwert	-0,0001	0,0000	0,0000	0,0002
	Lösung:	9,9941%			

Tabelle *9.14*.

Zu 2.)

Barwert

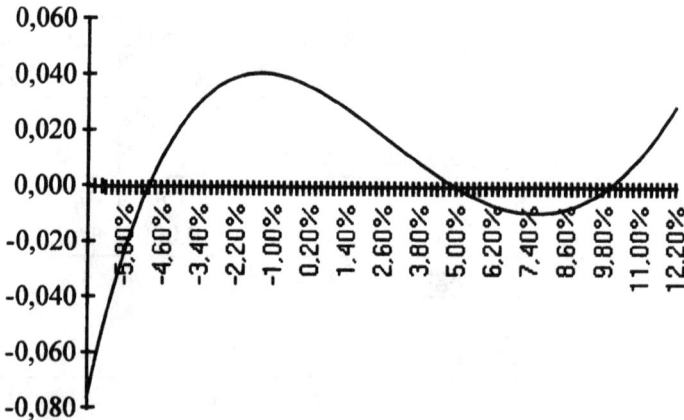

Abbildung *9.4*

Lösung zu Übung *4.1.*:
Zu 1.)
Die Mitte liegt bei 5,140 %. Auf diesen Satz müssen 2,5 Basispunkte zum Briefsatz und 30 Basispunkte zum Kundensatz addiert werden.

Der Kundensatz liegt somit bei 5,465 %

Zu 2.)

Jahr	Nominalbeträge	Tilgungen	Zinszahlungen	Marge	Zahlung
1	100.000.000	-20.000.000	-5.165.000	-300.000	-25.465.000
2	80.000.000	-20.000.000	-4.132.000	-240.000	-24.372.000
3	60.000.000	-20.000.000	-3.099.000	-180.000	-23.279.000
4	40.000.000	-20.000.000	-2.066.000	-120.000	-22.186.000
5	20.000.000	-20.000.000	-1.033.000	-60.000	-21.093.000

Tabelle *9.15.*

Zu 3.)
Aus der Beziehung
$$SDF = 0,96810 + 0,93124 + 0,88474 + 0,83013 + 0,77442 =$$
$$4,38863 = \frac{1-(1+z)^n}{z \cdot (1+z)^n}$$

kann $z = 4,5109\%$ (Mitte) iterativ ermittelt werden.
Aus diesem Satz erhält man dann den Krediteinstandssatz von 4,5359 %
(= 4,5109 + 0,025). Der Kundensatz liegt dann bei 4,8359 % (= 4,5359 +
0,30).

Die erste Tilgung erhält man über die Gleichung
$$T_1 = \frac{-K_1 \cdot z}{1-(1+z)^n} = \frac{-100.000.000 \cdot 4,8359\%}{1-(1+4,8359\%)^5} = 18.156.904,08$$

Aus diesen Angaben kann man den CashFlow-Plan aufstellen:

Jahr	Nominalbeträge	Tilgungen	Zinszahlungen	Annuität
1	100.000.000	-18.156.904	-4.835.900	-22.992.804
2	81.843.096	-19.034.954	-3.957.850	-22.992.804
3	62.808.142	-19.955.465	-3.037.339	-22.992.804
4	42.852.677	-20.920.491	-2.072.313	-22.992.804
5	21.932.186	-21.932.186	-1.060.619	-22.992.804
	0			

Tabelle *9.16.*

Lösung zu Übung *4.2.*:
Induktionsanfang (IA):
Sei *n*=2, dann gilt $A_1 = A_2 \Leftrightarrow T_2 = T_1(1+z)^{2-1}$ gem. **Beispiel *4.2.1.***

Induktionsvoraussetzung (IV):
Sei $n \geq 3$, dann gelte: $T_n = T_1 \cdot (1+z)^{n-1}$

Induktionsschluß (IS):
$T_{n+1} = T_1 \cdot (1+z)^{(n+1)-1} = T_1 \cdot (1+z)^n$
Es gelten die folgenden Äquivalenzen:

$$A_{n+1} = A_n \Leftrightarrow T_{n+1} + \left(K_1 - \sum_{i=1}^{n} T_i \right) \cdot z = T_n + \left(K_1 - \sum_{i=1}^{n-1} T_i \right) \cdot z$$

$$\Leftrightarrow T_{n+1} + z \cdot K_1 - z \cdot \sum_{i=1}^{n-1} T_i - z \cdot T_n = T_n + z \cdot K_1 - z \cdot \sum_{i=1}^{n-1} T_i$$

$$\Leftrightarrow T_{n+1} - z \cdot T_n - T_n = 0$$

$$\Leftrightarrow T_{n+1} = T_n \cdot (1+z) = T_1 \cdot (1+z)^{n-1} \cdot (1+z) = T_1 \cdot (1+z)^n$$

q.e.d.

Lösung zu Übung 4.3.:
Es gilt (siehe **Beispiel 4.2.3.**):

$$n = \frac{\ln\left(1 + \dfrac{z \cdot K_1}{T_1} \right)}{\ln(1+z)}$$

Es fehlt noch die anfängliche Tilgung. Diese folgt aus der Beziehung:

$T_1 = Annuität - Zinsbetrag$

oder

$T_1 = A - K_1 \cdot z$

Die anfängliche Tilgung liegt also bei
$15.500.000 - 100.000.000 \cdot 5,00\% = 10.500.000$

Setzt man dies in die erste Gleichung ein, erhält man eine Laufzeit von 8 Jahren:

Laufzeit	Nominalbetrag	Tilgung	Zinszahlung	Annuität
1	100.000.000	-10.500.000	-5.000.000	-15.500.000
2	89.500.000	-11.025.000	-4.475.000	-15.500.000
3	78.475.000	-11.576.250	-3.923.750	-15.500.000

4	66.898.750	-12.155.063	-3.344.938	-15.500.000
5	54.743.688	-12.762.816	-2.737.184	-15.500.000
6	41.980.872	-13.400.956	-2.099.044	-15.500.000
7	28.579.915	-14.071.004	-1.428.996	-15.500.000
8	14.508.911	-14.508.911	-725.446	-15.234.357
9	0			

Tabelle *9.17.*

(Die exakte Laufzeit liegt bei 7,98 Jahren)

Lösung zu Übung *4.4.*:
Zu 1.)

FRA	Satz
0 x 1	3,2951%
1 x 2	3,9577%
2 x 3	5,2563%
3 x 4	6,5781%
4 x 5	7,1935%

Tabelle *9.18.*

Zu 2.)

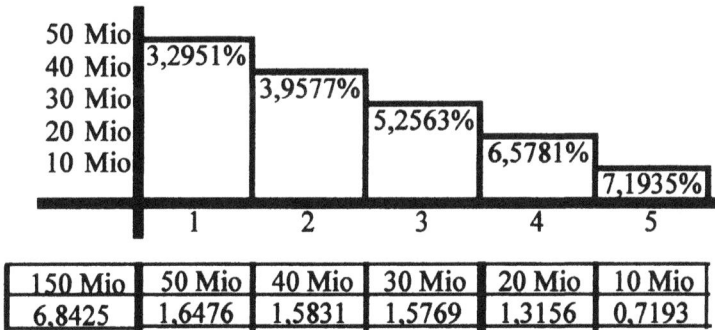

150 Mio	50 Mio	40 Mio	30 Mio	20 Mio	10 Mio
6,8425	1,6476	1,5831	1,5769	1,3156	0,7193

Gewichtetes Mittel: 4,5617% (Mitte)
            + 0,0250%   4,5867% (Brief)
            + 0,3000%   4,8867%

Abbildung *9.5*

Das komplette Tilgungsdarlehen kann als Folge von Einzeldarlehen angesehen werden, die mit den jeweiligen Forward-Sätzen verzinst werden müssen. Da die Nominalbeträge fallen, wird der Schwerpunkt des kompletten Kredites (50 Mio) auf den Anfang der Laufzeit gelegt, der

einen niedrigen Nominalzinssatz (3,2951%) aufweist und der Teil der
Laufzeit, der mit einem hohen Zinssatz (7,1938%) verzinst wird, ist mit
nur noch 10 Mio niedrig gewichtet. Diese Methode kann bei bekannten
Forwards als erste Indikation für die Größenordnung des Nominalzinssatzes herangezogen werden.

Lösung zu Übung 4.5.:
Zunächst wird die CashFlow-Struktur des Kredites unter Zugrundelegung
eines beliebigen Zinssatzes aufgebaut. Dann werden alle so entstehenden
Zahlungen mit den entsprechenden Zerozinssätzen abgezinst:

Laufzeit	Nominalbetrag	Tilgungsbetrag	Zinsbetrag
1	100.000.000	0	-5.459.165
2	100.000.000	0	-5.459.165
3	100.000.000	-10.000.000	-5.459.165
4	90.000.000	-20.000.000	-4.913.249
5	70.000.000	-30.000.000	-3.821.416
6	40.000.000	-10.000.000	-2.183.666
7	30.000.000	-5.000.000	-1.637.750
8	25.000.000	-10.000.000	-1.364.791
9	15.000.000	-5.000.000	-818.875
10	10.000.000	-10.000.000	-545.917
Summen:		-100.000.000	-31.663.157

Laufzeit	Zahlung	Barwerte
1	-5.459.165	-5.285.016
2	-5.459.165	-5.083.813
3	-15.459.165	-13.677.326
4	-24.913.249	-20.681.283
5	-33.821.416	-26.192.115
6	-12.183.666	-8.760.978
7	-6.637.750	-4.422.494
8	-11.364.791	-7.007.158
9	-5.818.875	-3.319.687
10	-10.545.917	-5.570.128
Summen:	-131.663.157	-100.000.000

Tabelle 9.19.

Die Summe der so entstehenden Barwerte muß gleich dem Kreditbetrag
sein (vom Vorzeichen abgesehen).
Normalerweise trifft man den "richtigen" Zinssatz nicht mit dem ersten
Versuch. In diesem Fall muß wieder iteriert werden.

Zu dem solchermaßen gefundenen Zinssatz sind noch 2,5 BP und 30 BP zu addieren und der Kundensatz liegt für diese spezielle Tilgungsstruktur bei 5,7842% p. a.

Lösung zu Übung 5.1.:
Die Barwertfunktion der Ewigen Rente lautet gemäß **Beispiel 3.8.4.**:

$$P(Rendite) = Zahlung \cdot \frac{1}{Rendite}$$

$$P = DEM\ 50,--$$

Die erste Ableitung nach der Rendite lautet also:

$$\frac{\partial P}{\partial Rendite} = Zahlung \cdot \frac{-1}{Rendite^2}$$

Damit liegt der Basispointvalue der Ewigen Rente bei:

$$BPV = Zahlung \cdot \frac{-1}{Rendite^2} \cdot \frac{1}{10.000}$$

$$BPV = -0,083333\ DEM$$

Die Modified Duration lautet:

$$ModDur = Zahlung \cdot \frac{1}{Rendite^2} \cdot \frac{1}{P}\%$$

$$= \frac{Zahlung}{Rendite^2} \cdot \frac{Rendite}{Zahlung}\% = \frac{1}{Rendite}\%$$

$$ModDur = 16,6666\ \%$$

Die Duration der Ewigen Rente kann folgendermaßen berechnet werden:

$$Dur = E \cdot \sum_{t=1}^{\infty} \frac{t}{(1+Rendite)^t} \cdot \frac{1}{P}$$

$$= E \cdot \sum_{t=1}^{\infty} \frac{t}{(1+Rendite)^t} \cdot \frac{(1+Rendite)}{Zahlung}$$

$$= \sum_{t=1}^{\infty} \frac{t}{(1+Rendite)^{t-1}}$$

$$= \frac{1+Rendite}{Rendite}$$

$$Dur = 17,6666\ Jahre$$

Der letzte Schritt dieser Berechnung kann mit Hilfe des Zusammenhanges zwischen der Modified Duration und der Duration (*Dur = (1+Rendite)· ModDur*) verifiziert werden.

Es gilt für die zweite Ableitung der Barwertfunktion der Ewigen Rente:

$$\frac{\partial^2 P}{\partial^2 Rendite} = Zahlung \cdot \frac{2}{Rendite^3}$$

Damit lautet ihre Konvexität:

$$Konv = \frac{Rendite}{Zahlung} \cdot \frac{2 \cdot Zahlung}{Rendite^3} = \frac{2}{Rendite^2}$$

$$Konv = 555,55$$

Hinweis:

Die Konvexität hängt bei der Ewigen Rente sehr stark vom aktuellen Renditeniveau ab. Dies wird unter anderem an der Graphik der Barwertfunktion deutlich:

Für Theta gilt:

$$Theta = \ln(1 + Rendite) \cdot \frac{Zahlung}{Rendite} \cdot \frac{1}{360}$$

$$Theta = 0,008093\ DEM$$

Barwert der Ewigen Rente, Kupon = DEM 3,--

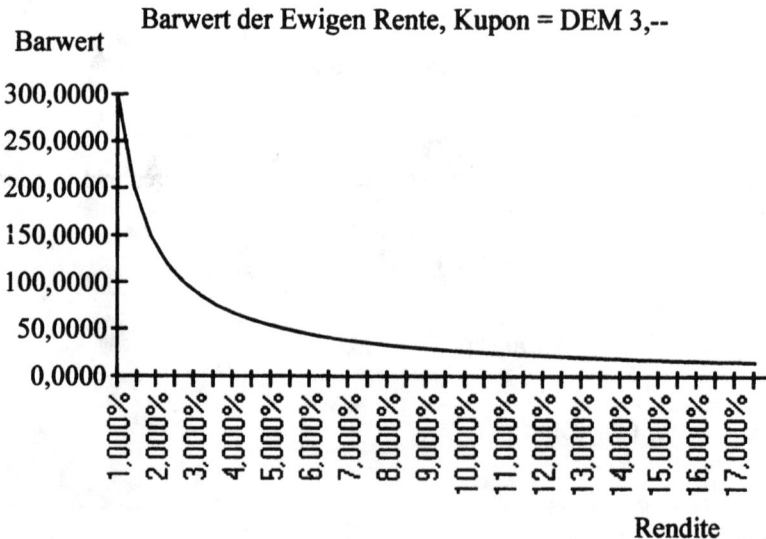

Abbildung 9.6

Lösung zu Übung 5.2.:

Direkt nach dem ersten Fixing notiert der Floater bei 100,00%, wenn eventuelle Bonitätseinflüsse des Emittenten vernachlässigt werden. Wenn das nächste Fixing in einem halben Jahr ansteht, wird der Floater wieder bei 100,00% notieren, denn einer inzwischen eingetretenen Marktänderung wird durch den neuen Kupon Rechnung getragen. Der Floater bindet also das eingesetzte Kapital genau ein halbes Jahr ohne Risiko. Er ist wie ein rollierendes 6-Monats-Festgeld zu behandeln und alle Kennzahlen können alternativ für eine Festgeldanlage berechnet werden. Damit liegt die Duration bei 0,5 Jahren.

Die Rendite liegt bei dem aktuellen Kupon, dem 6-Monats-EURIBOR. Deshalb lautet die formale Herleitung für den BPV:

$$Dur = \frac{Tage}{Basis} \cdot \frac{100 \cdot \left(1 + EURIBOR \cdot \dfrac{Tage}{Basis}\right)}{100 \cdot (1 + EURIBOR)^{\frac{Tage}{Basis}}}$$

$$\approx \frac{Tage}{Basis} \cdot \frac{100 \cdot (1 + EURIBOR)^{\frac{Tage}{Basis}}}{100 \cdot (1 + EURIBOR)^{\frac{Tage}{Basis}}}$$

$$= \frac{Tage}{Basis} = 0,50$$

Für die Modified Duration gilt:

$$ModDur = \frac{1}{1 + EURIBOR} \cdot 0,50\% = \frac{1}{1,035} \cdot 0,50\% = 0,483\%$$

Der Basispointvalue liegt bei

$$BPV = -ModDur \cdot 100 \cdot \frac{1}{10.000} = -ModDur \cdot \frac{1}{100} = -0,00483$$

Konvexität:

$$Konv = \frac{1}{100} \cdot \frac{1}{(1 + EURIBOR)^2} \cdot t \cdot (t+1) \cdot \frac{100 \cdot (1 + EURIBOR)}{(1 + EURIBOR)^t}$$

$$= \frac{t \cdot (t+1)}{(1 + EURIBOR)^{t+1}} = \frac{0,5 \cdot 1,5}{(1,035)^{1,5}} = 0,71228$$

Für Theta gilt:

$$Theta = \ln(1 + EURIBOR) \cdot 100 \cdot \frac{1}{360} = \ln(1,035) \cdot \frac{100}{360} = 0,00956$$

Aus der Herleitung der obigen Kennzahlen wird deutlich, daß deren Wert nicht von der Restlaufzeit eines Plain-Vanilla-Floaters abhängt.

Lösung zu Übung 5.3.:
Zu 1.)

Datum	Cash-Flows
15.01.96	
15.01.97	
15.01.98	-90,00
15.01.99	6,00
15.01.00	6,00
15.01.01	106,00

Tabelle *9.20*.

Zu 2.)

Datum	Cash-Flows	Diskontfaktoren	Barwerte
15.01.96		1,0000	0,0000
15.01.97		0,9390	0,0000
15.01.98	-90,00	0,8817	-79,3493
15.01.99	6,00	0,8278	4,9671
15.01.00	6,00	0,7773	4,6639
15.01.01	106,00	0,7299	77,3674
Summe:			7,6491

Tabelle *9.21*.

Zu 3.)
Für den Barwert *BW* gilt:

$$
\begin{aligned}
BW &= \frac{1}{(1+Rendite)^s} \cdot \left[-Preis + \frac{Kupon}{(1+Rendite)^1} + \ldots + \frac{Kupon}{(1+Rendite)^n} + \frac{Tilgung}{(1+Rendite)^n} \right] \\
&= \frac{1}{(1+Rendite)^s} \cdot \left[-Preis + \sum_{t=1}^{n} \frac{Kupon}{(1+Rendite)^t} + \frac{Tilgung}{(1+Rendite)^n} \right] \\
&= -\frac{Preis}{(1+Rendite)^s} + \sum_{t=1}^{n} \frac{Kupon}{(1+Rendite)^{t+s}} + \frac{Tilgung}{(1+Rendite)^{n+s}}
\end{aligned}
$$

Wobei *s* die Dauer in Jahren bis zum Start des Forward-Bonds angibt, *t* die Laufzeitjahre des Bonds durchzählt und *n+s* die Fälligkeit in Jahren, gerechnet ab heute, angibt. (In dieser Übung ist *s=2* und *n=3*)

Zu 4.)

$$\frac{\partial BW}{\partial Rendite} = \frac{s \cdot Preis}{(1 + Rendite)^{s+1}} + \sum_{t=1}^{n} \frac{(-s-t) \cdot Kupon}{(1 + Rendite)^{t+s+1}} + \frac{(-s-n) \cdot Tilgung}{(1 + Rendite)^{n+s+1}}$$

$$= \frac{(-s)}{(1 + Rendite)^{1}} \cdot \left[\frac{-Preis}{(1 + Rendite)^{s}} + \sum_{t=1}^{n} \frac{Kupon}{(1 + Rendite)^{t+s}} + \frac{Tilgung}{(1 + Rendite)^{n+s}} \right] +$$

$$+ \left[\sum_{t=1}^{n} \frac{(-t) \cdot Kupon}{(1 + Rendite)^{t+s+1}} + \frac{(-n) \cdot Tilgung}{(1 + Rendite)^{n+s+1}} \right]$$

$$= \frac{(-s)}{(1 + Rendite)^{1}} \cdot BW + \frac{1}{(1 + Rendite)^{s}} \left[\sum_{t=1}^{n} \frac{(-t) \cdot Kupon}{(1 + Rendite)^{t+1}} + \frac{(-n) \cdot Tilgung}{(1 + Rendite)^{n+1}} \right]$$

Zu 5.)

Die Duration ist die barwertgewichtete Restlaufzeit der CashFlow-Struktur.

Gem. **Beispiel 5.3.5.** müssen dazu die Cash-Inflows und die Cash-Outflows voneinander getrennt werden:

Die Duration der Cash-Inflows lautet damit:

$$Dur_1 = \frac{4,9671 \cdot 3 + 4,6639 \cdot 4 + 77,3674 \cdot 5}{4,9671 + 4,6639 + 77,3674} = 4,8322$$

Die Duration der Cash-Outflows lautet:

$$Dur_2 = \frac{79,3493 \cdot 2}{79,3493} = 2$$

Die Duration des Forward-Bonds liegt also bei:

$$Dur_1 - Dur_2 = 4,8322 - 2 = 2,8322$$

Die Modified Duration ist damit einfach zu berechnen:

$$ModDur = \frac{1}{1 + Rendite} \cdot Dur\% = \frac{1}{1,065} \cdot 2,8322\% = 2,65934\%$$

Für den Basispointvalue gilt:

$$BPV = -ModDur \cdot Barwert \cdot \frac{1}{100}$$

$$= -2,65934\% \cdot 7,6491 \cdot \frac{1}{10.000} = 0,02034$$

Die Konvexität berechnen wir analog zur Duration folgendermaßen (siehe auch **Beispiel 5.4.2.**):

$$Konv_1 \; = \; \frac{1}{P} \cdot \frac{1}{\left(1+Rendite\right)^2} \cdot \sum_{t=1}^{n} t \cdot \left(t+1\right) \cdot \frac{CF}{\left(1+Rendite\right)^t}$$

$$= \; \frac{1}{\left(4{,}9671+4{,}6639+77{,}3674\right)} \cdot \frac{1}{\left(1+6{,}50\%\right)^2} \cdot$$

$$= \; \cdot \left(4{,}9671 \cdot 3 \cdot 4 + 4{,}6639 \cdot 4 \cdot 5 + 77{,}3674 \cdot 5 \cdot 6\right)$$

$$= \; \frac{1}{\left(86{,}9984\right)} \cdot \frac{1}{1{,}134225} \cdot \left(2.473{,}9052\right) = 25{,}07105$$

$$Konv_2 \; = \; \frac{1}{P} \cdot \frac{1}{\left(1+Rendite\right)^2} \cdot \sum_{t=1}^{n} t \cdot \left(t+1\right) \cdot \frac{CF}{\left(1+Rendite\right)^t}$$

$$= \; \frac{1}{79{,}3493} \cdot \frac{1}{\left(1+6{,}50\%\right)^2} \cdot \left(79{,}3493 \cdot 2 \cdot 3\right)$$

$$= \; \frac{2 \cdot 3}{1{,}134225} = 5{,}29$$

Die Konvexität des Forward-Bonds lautet also:
$$Konv_1 - Konv_2 = 25{,}07105 - 5{,}29 = 19{,}78105$$

Zum Berechnen des Theta greifen wir auf die Formel aus Kapitel **5.5.Theta** zurück:

$$Theta = \Delta P \approx \ln\left(1+Rendite\right) \cdot P \cdot \frac{1}{360} = \ln\left(1{,}065\right) \cdot 7{,}6491 \cdot \frac{1}{360} = 0{,}001338$$

für einen Nominalwert von DEM 100,--.

Lösung zu Übung 5.4.:
Beweis:

Sei P der Preis des Papiers vor der Renditeänderung und sei $\widetilde{P}$ der Preis danach. Sei außerdem

$$Z(\lambda) := \ln\left(\frac{\widetilde{P}(\lambda)}{P(\lambda)}\right) = \ln\left(\widetilde{P}(\lambda)\right) - \ln\left(P(\lambda)\right) = \ln\left(\sum_{t=1}^{n} CF_t \cdot \left(1+r+\lambda\right)^t\right) - \ln\left(P(\lambda)\right)$$

der Zähler des obigen Bruches und

$$N(\lambda) := \ln\left(\frac{1+r}{1+r+\lambda}\right) = \ln\left(1+r\right) - \ln\left(1+r+\lambda\right)$$

der Nenner.

Dann folgt für die Ableitungen des Zählers und des Nenners nach λ:

$$\frac{\partial Z}{\partial \lambda} = \ln\left(\sum_{t=1}^{n} CF_t \cdot (1+r+\lambda)^t\right) = \frac{1}{\widetilde{P}} \cdot \sum_{t=1}^{n} (-t) \cdot CF_t \cdot (1+r+\lambda)^{t-1}$$

$$= \frac{-1}{\widetilde{P} \cdot (1+r+\lambda)} \cdot \sum_{t=1}^{n} t \cdot CF_t \cdot (1+r+\lambda)^t$$

$$\frac{\partial N}{\partial \lambda} = -\frac{1}{(1+r+\lambda)}$$

Somit gilt mit der Regel von l' Hospital:

$$\frac{\frac{\partial Z}{\partial \lambda}}{\frac{\partial N}{\partial \lambda}} = \frac{\dfrac{-1}{\widetilde{P} \cdot (1+r+\lambda)} \cdot \sum_{t=1}^{n} t \cdot CF_t \cdot (1+r+\lambda)^t}{-\dfrac{1}{(1+r+\lambda)}} = \frac{1}{\widetilde{P}} \cdot \sum_{t=1}^{n} t \cdot CF_t \cdot (1+r+\lambda)^t$$

$$= \sum_{t=1}^{n} t \cdot \frac{CF_t \cdot (1+r+\lambda)^t}{\widetilde{P}} = Dur$$

Lösung zu
Übung 5.5.:

1. Möglichkeit, den Anlagehorizont von fünf Jahren zu realisieren, besteht darin, den fünfjährigen Bond zu kaufen (*Bullet*-Portfolio, weil die Tilgung in einer Summe zu einem Zeitpunkt erfolgt)
2. Möglichkeit besteht in einer Mischung von Bond 1 und Bond 2 zu gleichen Teilen in einem Portfolio. (*Barbell*-Portfolio, weil die Tilgungen auf zwei von dem Anlagehorizont gleichweit entfernte Zeitpunkte verlagert wird. Barbell = Hantelstange)

Die beiden Alternativen sind in der folgenden Tabelle einander gegenübergestellt:

Bezeichnung:	Bullet	Barbell
Nominal:	246.169.746	200.000.000
Laufzeit:	5	
Kupon:	1,02	
Tilgung:	100	
Rendite:	5,40%	5,40%
Preis:	200.000.000	200.000.000
Basispointvalue:	-92.729	-92.736

Modified Duration:	-4,64%	-4,64%
Duration:	4,89	4,89
Konvexität:	26,20	37,64
Theta:	29.218	24.397

Tabelle 9.22.

Aufgrund der Renditen kann keine Entscheidung getroffen werden, die Risiken mittels BPV sind ebenfalls gleich, ebenso wie Modified Duration und Duration. Aber die Konvexität ist bei dem Barbell-Portfolio deutlich größer als bei dem Bullet-Portfolio.

Damit zeichnet sich das Barbell-Portfolio gegenüber dem Bullet-Portfolio durch ein besseres Chancen-Risiko-Profil aus.

Lösung zu Übung 5.6.:

1.)
Berechnet man die CashFlows und bestimmt den internen Zinsfuß, der den Barwert des Portfolios auf 0 setzt, ergibt sich eine Rendite von 5,65%.

2.)
Durch das Gewichten mit verschiedenen Ansätzen ergeben sich die folgenden Ergebnisse:

Gewichte	Rendite
Nominalwert	4,69%
Laufzeit	5,70%
Barwert	4,84%
Duration	5,61%

Tabelle 9.23.

Die durationsgewichtete Rendite ist der tatsächlichen Rendite am nächsten.

Lösung zu Übung 6.1.:

Zerobonds									
Laufzeit	Diskont faktor	Tilgung	Preis	Rendite	BPV	Mod Dur	Dur	Konv	Theta
8 Jahre	0,62741	100,00	62,74	6,00000	-0,047	0,075	8	64,080	0,010
9 Jahre	0,58342	100,00	58,34	6,17000	-0,049	0,085	9	79,843	0,010
10 Jahre	0,54283	100,00	54,28	6,30000	-0,051	0,094	10	97,348	0,009

Tabelle 9.24.

Lösung zu Übung 6.2.:

6x12 FRA						
Laufzeit	Rendite	BPV	ModDur	Dur	Konv	Theta
0,50 Jahre	3,30000	-0,005	0,005	0,50	0,703	0,00902
1,00 Jahre	3,40000	0,010	-0,010	-1,00	-1,871	-0,00929
0,50 Jahre	3,44319	0,005	-0,005	-0,50	-1,168	-0,00027

12x18 FRA						
Laufzeit	Rendite	BPV	ModDur	Dur		Theta
1,00 Jahre	3,40000	-0,010	0,010	1,00	1,871	0,00929
1,50 Jahre	3,51000	0,014	-0,014	-1,50	-3,500	-0,00958
0,50 Jahre	3,60735	0,005	-0,005	-0,50	-1,629	-0,00030

18x24 FRA						
Laufzeit	Rendite	BPV	ModDur	Dur		Theta
1,50 Jahre	3,51000	-0,014	0,014	1,50	3,500	0,00958
2,00 Jahre	3,62000	0,019	-0,019	-2,00	-5,588	-0,00988
0,50 Jahre	3,75243	0,005	-0,005	-0,50	-2,088	-0,00030

Tabelle *9.25.*

Lösung zu Übung 6.3.:
Zu 1.)

Floater				
Laufzeit	Kupon	Cash-Flow	Barwerte	Diskontfaktor
0,5 Jahre	3,300	3,425	1,685	0,98377
1 Jahre	3,443	3,568	1,725	0,96712
1,5 Jahre	3,696	3,821	1,814	0,94957
2 Jahre	3,912	4,037	1,880	0,93135
2,5 Jahre	4,867	4,992	2,270	0,90922
3 Jahre	5,378	5,503	2,436	0,88542
3,5 Jahre	6,025	6,150	2,643	0,85952
4 Jahre	6,573	6,698	2,787	0,83217
4,5 Jahre	6,588	6,713	2,704	0,80563
5 Jahre	7,018	7,143	80,612	0,77832
Summe			100,556	

Tabelle *9.26.*

Zu 2.)
Der erste Kupon liegt bei 3,30% + 0,125% = 3,425%

Zu 3.)

BPV:

Analog zu **Beispiel 5.1.4.** ergibt sich der BPV über folgende Formel:

$$BPV = \frac{100,5513 - 100,5614}{2} = -0,00505$$

Modified Duration:

Nach Kapitel **5.2.Modified Duration** gilt

$$ModDur = -\frac{BPV}{Barwert} \cdot 10.000 = \frac{0,00505}{100,5564} \cdot 10.000 = 0,50223$$

Duration:

Die Duration kann nicht aus der Modified Duration berechnet werden, da man keine Rendite (Rendite bis zur nächsten Zinsanpassung) angeben kann. Die Duration liegt jedoch wegen des Spreads etwas über einem halben Jahr.

Konvexität:

Analog zur Berechnung des BPV läßt sich die Konvexität annähern (siehe **Beispiel 5.4.1.**)

$$Konv^\bullet = 10^6 \cdot \frac{100,5058 + 100,6070 - 2 \cdot 100,5564}{100,5564} = 0$$

Theta:

gem. Kapitel **5.5.Theta** gilt für Theta:

$$Theta = \Delta P \approx \ln(1 + Rendite) \cdot P \cdot \frac{1}{360}$$

Ebenso wie bei der Duration benötigt man zur Berechnung des Theta die Rendite, die nicht bekannt ist. Das Theta liegt jedoch in etwa in Höhe der Stückzinsen für einen Tag.

Der Vergleich dieser Parameter mit den Parametern für einen Plain-Vanilla-Floater (**Übung 5.2.**) zeigt, daß die Aufschläge bei der Berechnung der Parameter vernachlässigt werden können.

Lösung zu Übung 6.4.:

Nach der Formel *6.7* ergibt sich als Preis für den Forward-Swap:

$$100 \cdot \frac{0,83217 - 0,54283}{0,77832 + 0,72525 + 0,67480 + 0,62741 + 0,58342 + 0,54283}$$

$$= 7,3584$$

Lösung zu Übung 6.5.:

Pricing:

Zunächst müssen die Forwards berechnet werden; 90% dieser Forwards sind als Kupons anzusetzen. Die Kuponzahlungen und die Tilgung am Ende der Laufzeit sind mit den entsprechenden Diskontfaktoren abzuzinsen um den Barwert, den Preis, von 98,831 zu erhalten.

Dieses Vorgehen ist in der folgenden Tabelle dargestellt:

				100,00%	90,00%		Barwert
Start	StartDF	DF	EndeDF	Kupon	Kupon	Tilgung	Cash-Flows
0	1,00000	0,96712	0,93135	3,6161	3,2545	0,00	3,1475
1	0,96712	0,93135	0,88542	4,4971	4,0474	0,00	3,7696
2	0,93135	0,88542	0,83217	5,7742	5,1968	0,00	4,6013
3	0,88542	0,83217	0,77832	6,6497	5,9847	0,00	4,9803
4	0,83217	0,77832	0,72525	7,1115	6,4004	0,00	4,9816
5	0,77832	0,72525	0,67480	7,3943	6,6549	100,00	77,3510
						Preis	98,8312

Tabelle *9.27.*

Parameter:

BPV:

Analog zu **Beispiel 5.1.4.** ergibt sich der BPV über folgende Formel:

$$BPV = \frac{98,8266 - 98,8358}{2} = -0,0046$$

Modified Duration:

Nach Kapitel **5.2.Modified Duration** gilt

$$ModDur = -\frac{BPV}{Barwert} \cdot 10.000 = \frac{0,0046}{98,8312} \cdot 10.000 = 0,4654$$

Duration:

Die Duration kann nicht aus der Modified Duration berechnet werden, da man keine Rendite (Rendite bis zur nächsten Zinsanpassung) angeben kann. Die Duration liegt jedoch unter einem halben Jahr. Angenommen die Duration wäre gleich einem halben Jahr, dann müßte gelten:

$$ModDur \cdot (1 + Rendite) = Dur = 0,5 = 0,4654 \cdot (1,0743)$$

Der Kapitalmarktfloater hat jedoch sicher eine Rendite, die unter 7,43% liegt.

Konvexität:

Analog zur Berechnung des BPV kann die Konvexität angenähert werden
(siehe **Beispiel 5.4.1.**)

$$Konv^* = 10^6 \cdot \frac{98,7851 + 98,8776 - 2 \cdot 98,8312}{98,8312} = 3,03548$$

Theta:

gem. Kapitel **5.5.*Theta*** gilt für Theta:

$$Theta = \Delta P \approx \ln(1 + Rendite) \cdot P \cdot \frac{1}{360}$$

Auch hier ist mit der Rendite zu rechnen, die nicht bekannt ist. Das Theta
wird sich jedoch in etwa in Höhe der Stückzinsen für einen Tag bewegen.

Lösung zu Übung 6.6.:

Ein CMS ist ein Basisswap, da er zwei variable Zinssätze gegeneinander
tauscht.

Gefragt ist nach dem (Auf-) Abschlag auf der EURIBOR-Seite.

Der CMS ist ähnlich ausgestaltet wie der Kapitalmarktfloater aus **Übung
6.5.**.

Der Basisswap kann zerlegt werden in einen Kapitalmarktfloater und
einen Geldmarktfloater.

Der Kapitalmarktfloater notiert bei 98,831.

Der Geldmarktfloater notiert bei EURIBOR flat bei 100,000.

Also muß auf der EURIBOR-Seite ein Abschlag vorgenommen werden,
dessen Barwert bei

100-98,831=1,169 liegt.

Ein Abschlag von 11,26 Basispunkten führt zu diesem Barwert, wie
folgende Tabelle zeigt:

Zeitpunkte	Abschlag	Diskont faktoren	Barwert des Abschlages
0,5	0,1126	0,98377	0,111
1	0,1126	0,96712	0,109
1,5	0,1126	0,94957	0,107
2	0,1126	0,93135	0,105
2,5	0,1126	0,90922	0,102
3	0,1126	0,88542	0,100
3,5	0,1126	0,85952	0,097
4	0,1126	0,83217	0,094
4,5	0,1126	0,80563	0,091
5	0,1126	0,77832	0,088

	5,5	0,1126	0,75195	0,085
	6	0,1126	0,72525	0,082
Summen			10,37929	1,169

Tabelle *9.28.*

Damit liegt der Preis bei: EURIBOR-11,26 BP

Lösung zu Übung 6.7.:
Der Zeroswap ist ein Portfolio aus Zerobond und Floater. Damit lassen sich die Parameter als Differenz der Parameter der einzelnen Bestandteile berechnen.
Es gilt also für einen Nominalbetrag von DEM 100 Mio:
Die feste Seite (Zeroseite) hat eine Verzinsung von 6,1700% (siehe **Übung 6.1.**).
Für die Parameter gilt (siehe **Übung 6.1.** und **Übung 5.2.**):

Zeroswap								
Instrument	Laufzeit	Tilgung	Preis	BPV	ModDur	Dur	Konv	Theta
Zerobond	9 Jahre	-171,41	-100,00	0,085	8,4770	9	79,843	-0,017
Floater	9 Jahre	100,00	-100,00	0,005	-0,4840	-0,5	-0,714	-0,009
Zeroswap	9 Jahre	-71,41	-200,00	0,090	7,9929	8,50	79,129	-0,026

Tabelle *9.29.*

Lösung zu Übung 6.8.:
Zu 1.)
Der faire Preis für den Bond ergibt sich durch Abzinsen der einzelnen CashFlows mit den entsprechenden Diskontfaktoren:

Bond			
Laufzeit	Cash-Flow	Diskont faktoren	Barwerte
0,5 Jahre		0,98377	
1 Jahre	5,00	0,96712	4,83559
1,5 Jahre		0,94957	
2 Jahre	5,00	0,93135	4,65675
2,5 Jahre		0,90922	
3 Jahre	5,00	0,88542	4,42708
3,5 Jahre		0,85952	
4 Jahre	105,00	0,83217	87,37810
Preis:			101,30

Tabelle *9.30.*

Zu 2.)

Der Bond wird 40 Stellen zu billig angeboten.

Man schließt einen IRS ab, in den jährlich 5% zu zahlen sind (Durchleiten des Kupons) und aus dem man den 6-Monats-EURIBOR erhält. Damit zahlt man deutlich mehr als marktgerecht wäre. Als Ausgleich verlangt man von seinem Swappartner ein Upfrontpayment in Höhe von 0,90 (das Agio) und einen Aufschlag auf den EURIBOR von 10,9 Basispunkten.

Die CashFlow-Struktur des IRS sieht dann folgendermaßen aus:

IRS				
Laufzeit	Cash-Flow	EURIBOR	Spread	Barwerte
0,5 Jahre		3,30	0,109	1,677
1 Jahre	-5,00	3,44	0,109	-3,118
1,5 Jahre		3,70	0,109	1,806
2 Jahre	-5,00	3,91	0,109	-2,784
2,5 Jahre		4,87	0,109	2,262
3 Jahre	-5,00	5,38	0,109	-1,998
3,5 Jahre		6,03	0,109	2,636
4 Jahre	-5,00	6,57	0,109	-1,381
		Summe		-0,900

Tabelle *9.31*.

Asset-Swap

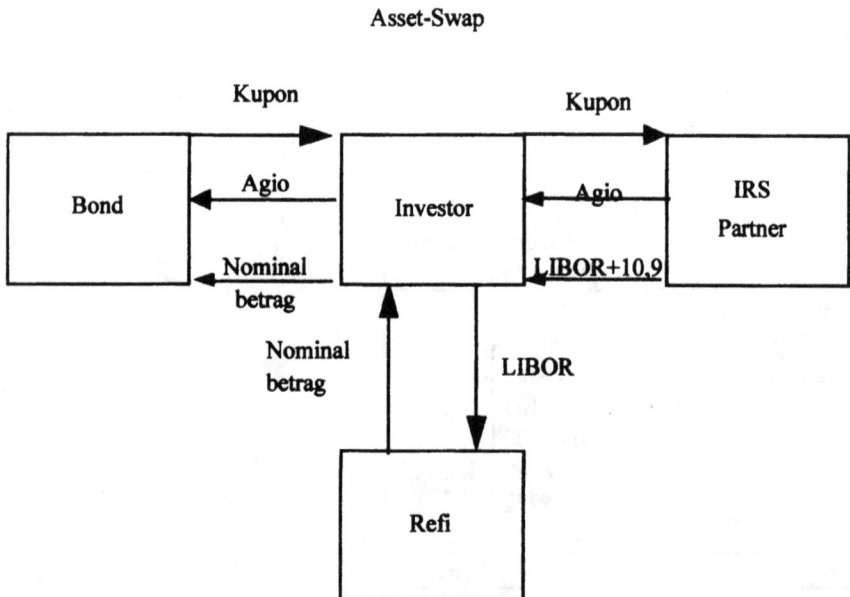

Abbildung *9.7*

Lösung zu Übung 6.9.:

Unter Ausnutzung der Tatsache, daß die Ableitung eines Integrals nach der oberen Grenze gleich dem Integranden an der oberen Grenze ist und mit Hilfe der Ableitungsregeln aus dem Anhang ergeben sich die folgenden Hilfsbeziehungen:

$$N'(d) = \frac{1}{\sqrt{2\pi}} e^{-\frac{d^2}{2}}$$

$$N'(d_2) = \frac{F}{S} N'(d_1)$$

$$N'(-d_2) = \frac{F}{S} N'(-d_1)$$

$$\frac{\partial d_1}{\partial F} = \frac{\partial d_2}{\partial F} = \frac{1}{\sigma\sqrt{T}} \frac{1}{F}$$

$$\frac{\partial d_1}{\partial \sigma} = \frac{-1}{\sqrt{T}} \cdot \ln\left(\frac{F}{S}\right) \cdot \sigma^{-2} + \frac{1}{2} \cdot \sqrt{T}$$

$$\frac{\partial d_2}{\partial \sigma} = \frac{\partial d_1}{\partial \sigma} - \sqrt{T}$$

$$\frac{\partial d_1}{\partial T} = \frac{-1}{2\sigma} \cdot \ln\left(\frac{F}{S}\right) \cdot \frac{1}{T\sqrt{T}} + \frac{\sigma}{4} \cdot \frac{1}{\sqrt{T}}$$

$$\frac{\partial d_2}{\partial T} = \frac{\partial d_1}{\partial T} - \frac{\sigma}{2} \cdot \frac{1}{\sqrt{T}}$$

$$\frac{\partial d_1}{\partial Zins} = \frac{\partial d_2}{\partial Zins} = 0$$

$$\frac{\partial df}{\partial Zins} = -T \cdot df$$

$$\frac{\partial df}{\partial T} = -Zins \cdot df$$

Um die Formeln für die Greeks nachzurechnen, müssen die Hilfsbeziehungen ausgenutzt und die Ableitungsregeln aus dem Anhang angewandt werden:

Delta:

$$DeltaCall = \frac{\partial Call}{\partial F} = df \cdot N(d_1)$$

$$DeltaPut = \frac{\partial Put}{\partial F} = df \cdot \left(N(d_1) - 1\right)$$

Zur Ableitung:

$$
\begin{aligned}
DeltaCall = \frac{\partial Call}{\partial F} &= df \cdot \left[\left(N(d_1) + F \cdot N'(d_1)\frac{\partial d_1}{\partial F}\right) - \left(S \cdot N'(d_2) \cdot \frac{\partial d_2}{\partial F}\right)\right] \\
&= df \cdot \left[N(d_1) + F \cdot N'(d_1)\frac{\partial d_1}{\partial F} - S \cdot \frac{F}{S} N'(d_1) \cdot \frac{\partial d_1}{\partial F}\right] \\
&= df \cdot \left[N(d_1) + F \cdot N'(d_1)\frac{\partial d_1}{\partial F} - F \cdot N'(d_1) \cdot \frac{\partial d_1}{\partial F}\right] \\
&= df \cdot N(d_1)
\end{aligned}
$$

Für das Delta des Put gilt:

Da
$$Put = Call + df \cdot (Strike - Futurekurs) \text{ ist, gilt:}$$
$$
\begin{aligned}
DeltaPut = \frac{\partial Put}{\partial F} &= \frac{\partial Call}{\partial F} - df \\
&= df \cdot N(d_1) - df \\
&= df \cdot (N(d_1) - 1)
\end{aligned}
$$

Gamma:

$$GammaCall = \frac{\partial^2 Call}{\partial^2 F} = df \cdot N'(d_1) \cdot \frac{\partial d_1}{\partial F} = df \cdot \frac{1}{F\sigma\sqrt{2\pi T}} \cdot e^{-\frac{d_1^2}{2}}$$

$$GammaPut = \frac{\partial^2 Put}{\partial^2 F} = df \cdot \frac{1}{F\sigma\sqrt{2\pi T}} \cdot e^{-\frac{d_1^2}{2}}$$

Vega:

$$VegaCall = \frac{\partial Call}{\partial \sigma} = df \cdot F \cdot N'(d_1) \cdot \sqrt{T}$$

$$VegaPut = \frac{\partial Put}{\partial \sigma} = VegaCall$$

Zur Ableitung:

$$
\begin{aligned}
VegaCall = \frac{\partial Call}{\partial \sigma} &= df \cdot \left[F \cdot N'(d_1) \cdot \frac{\partial d_1}{\partial \sigma} - S \cdot N'(d_2) \cdot \frac{\partial d_2}{\partial \sigma} \right] \\
&= df \cdot \left[F \cdot N'(d_1) \cdot \frac{\partial d_1}{\partial \sigma} - S \cdot \frac{F}{S} N'(d_1) \cdot \left(\frac{\partial d_1}{\partial \sigma} - \sqrt{T} \right) \right] \\
&= df \cdot F \cdot N'(d_1) \cdot \sqrt{T}
\end{aligned}
$$

Da
$$Put = Call + df_s \cdot (Strike - Futurekurs) \text{ ist, gilt:}$$
$$VegaPut = \frac{\partial Put}{\partial \sigma} = \frac{\partial Call}{\partial \sigma}$$

Theta:

$$ThetaCall = \frac{\partial Call}{\partial T} = -Zins \cdot Call + df \cdot \frac{\sigma}{2\sqrt{T}} \cdot F \cdot N'(d_1)$$

$$ThetaPut = \frac{\partial Put}{\partial T} = ThetaCall - Zins \cdot df \cdot (S - F)$$

Zur Ableitung:

$$ThetaCall = \frac{\partial Call}{\partial T} =$$

$$= \left(-Zins \cdot df \cdot F \cdot N(d_1) + df \cdot F \cdot N'(d_1) \cdot \frac{\partial d_1}{\partial T} \right)$$

$$= -\left(-Zins \cdot df \cdot S \cdot N(d_2) + df \cdot S \cdot N'(d_2) \cdot \frac{\partial d_2}{\partial T} \right)$$

$$= df \cdot \left(-Zins \cdot F \cdot N(d_1) + F \cdot N'(d_1) \cdot \frac{\partial d_1}{\partial T} + \right.$$

$$\left. + Zins \cdot S \cdot N(d_2) - S \cdot \frac{F}{S} N'(d_1) \cdot \left(\frac{\partial d_1}{\partial T} - \frac{\sigma}{2\sqrt{T}} \right) \right)$$

$$= df \cdot \left(-Zins \cdot F \cdot N(d_1) + Zins \cdot S \cdot N(d_2) + \frac{\sigma}{2\sqrt{T}} \cdot F \cdot N'(d_1) \right)$$

$$= -Zins \cdot df \cdot (F \cdot N(d_1) - S \cdot N(d_2)) + df \cdot \frac{\sigma}{2\sqrt{T}} \cdot F \cdot N'(d_1)$$

$$= -Zins \cdot Call + df \cdot \frac{\sigma}{2\sqrt{T}} \cdot F \cdot N'(d_1)$$

Da

$Put = Call + df \cdot (Strike - Futurekurs)$ ist, gilt:

$$ThetaPut = \frac{\partial Put}{\partial T} = \frac{\partial Call}{\partial T} - Zins \cdot df \cdot (S - F)$$

Rho:

$$RhoCall = \frac{\partial Call}{\partial Zins} = -T \cdot Call$$

$$RhoPut = \frac{\partial Put}{\partial Zins} = -T \cdot Put$$

Zur Ableitung:

$$RhoCall = \frac{\partial Call}{\partial Zins} = \frac{\partial df}{\partial Zins} \cdot \left[F \cdot N(d_1) - S \cdot N(d_2)\right]$$

$$= -T \cdot df \cdot \left[F \cdot N(d_1) - S \cdot N(d_2)\right]$$

$$= -T \cdot Call$$

Da

$$Put = Call + DF_S \cdot \left(Strike - Futurekurs\right) \text{ ist, gilt:}$$

$$RhoPut = \frac{\partial Put}{\partial Zins} = \frac{\partial Call}{\partial Zins} + \frac{\partial df}{\partial Zins} \cdot (S - F)$$

$$= -T \cdot Call - T \cdot df \cdot (S - F)$$

$$= -T \cdot Put$$

Lösung zu Übung 6.10.:

Die Preise und die Greeks finden sich inclusive diverser Zwischenschritte in folgender Tabelle:

	Caplet/ Floorlet1	Caplet/ Floorlet2	Caplet/ Floorlet3
Nominalbetrag	10.000.000	20.000.000	30.000.000
Strike	4,2500%	4,2500%	4,2500%
heute	18.08.97	18.08.97	18.08.97
Fixing	18.08.98	18.02.99	18.08.99
Start	20.08.98	20.02.99	20.08.99
Ende	20.02.99	20.08.99	20.02.00
Sigma	21,00%	20,00%	19,00%
DF Start	0,96721	0,94971	0,93153
DF Ende	0,94971	0,93153	0,90944
DF Laufzeit	0,98190	0,98086	0,97629
Fwd	3,6062%	3,8811%	4,7520%
Restlaufzeit	365	549	730
T	1,0028	1,5069	2,0028
FRA-Periode	184	181	184
Tau	0,5111	0,5028	0,5111
d_1	-0,67593	-0,24712	0,54962
d_2	-0,88622	-0,49264	0,28074

	Caplet/ Floorlet1	Caplet/ Floorlet2	Caplet/ Floorlet3	Gesamt
Preise Caplet	4.949,99	22.428,36	107.786,28	135.164,63
Preise Floorlet	36.198,50	56.986,74	37.790,19	130.975,44
N(d_1)	0,24954	0,40241	0,70871	

N(d_2)	0,18775	0,31114	0,61054	
N'(d_1)	0,31747	0,38694	0,34301	
r	3,3806%	3,5143%	3,6701%	
Delta Caplet	121,13	376,94	988,28	1.486,35
Delta Floorlet	-364,28	-559,77	-406,20	-1.330,24
Gamma Caplet	2,03	3,80	3,74	9,58
Gamma Floorlet	2,03	3,80	3,74	9,58
Vega Caplet	5,56	17,27	32,17	55,00
Vega Floorlet	5,56	17,27	32,17	55,00
Theta Caplet	15,51	29,24	30,97	75,71
Theta Floorlet	18,40	32,56	23,93	74,89
BPV Caplet	117,48	366,80	920,78	1.405,06
BPV Floorlet	-353,15	-553,17	-393,40	-1.299,72

Tabelle *9.32.*

Lösung zu Übung *6.11.*:
Die (Zwischen-) Ergebnisse finden sich in folgender Tabelle:

Pricing		Greeks	
Nominalbetrag	10.000.000	N(d_1)	0,3954834
Strike	6,6000%	N(d_2)	0,32167
heute	18.08.97	N'(d_1)	0,38517
Fixing des Swaps	18.08.99	Summe(DF)	2,49497
Sigma	14,00%	r	3,6453%
Start IRS	20.08.99	Delta Payer	986,72
Ende IRS	20.08.02	Delta Receiver	-1.508,25
Laufzeit in Jahren	3,00	Gamma Payer	7,90
Fwd IRS	6,1410%	Gamma Receiver	7,90
Laufzeit Option in Tagen	730	Vega Payer	83,46
Laufzeit Option in Jahren	2,0000	Vega Receiver	83,46
d_1	-0,26506	Theta Payer	69,57
d_2	-0,46305	Theta Receiver	81,01
DF Start des IRS	0,93117	BPV Payer	1.303,23
DF Start 1. Zinszahlung IRS	0,88516	BPV Receiver	-2.157,56
DF Start 2. Zinszahlung IRS	0,83185		
DF Start 3. Zinszahlung IRS	0,77795		
Preis Payer	104.729		
Preis Receiver	261.981		

Tabelle *9.33.*

Lösung zu Übung *6.12.*:
Die (Zwischen) Ergebnisse finden sich in der folgenden Tabelle:

Nominalbetrag	100.000.000
Strike	3,6200%
gehandelte Valuta	02.01.1996
Fixing des Swaps	02.01.1997
Start	04.01.1997

Ende	04.01.1998
Sigma (Vola)	20,00%
Fwd	3,8405%
d_1	0,39533
d_2	0,19506

Receiver	379.938
Delta Receiver	-3.225,25
Gamma Receiver	44,68
Vega Receiver	132,15
Theta Receiver	269,09
BPV Receiver	-6.629,04

Payer	798.489
Delta Payer	6.088,25
Gamma Payer	44,68
Vega Payer	132,15
Theta Payer	287,90
BPV Payer	12.295,30

Tabelle *9.34.*

Lösung zu Übung *6.13.*:
In **Beispiel *3.8.7.*** haben wir bei einem Renditeniveau von i% den Barwert eines Bonds mit einer Restlaufzeit von n Jahren und m Monaten berechnet. Wenn diese Beziehung für einen Nominalwert von 1 ausgenutzt wird und von diesem Barwert, dem Dirty Price, die Stückzinsen in Höhe von $K \cdot \dfrac{1-f}{100}$ subtrahiert werden, erhält man bei einem Renditeniveau von 6% gerade die Formel des Preisfaktors.

Lösung zu Übung *6.14.*:
Beim Pricing eines FRA's wird das Forward-Depot in ein langes Depot und einen kurzen Kredit zerlegt. (siehe Kapitel *6.4.Forward Rate - Agreement*) Dies ist gerade eine Cash-and-Carry-Strategie im Zinssatz. Durch Subtraktion der Zinssätze von 100 erhält man die analoge Strategie für den kurzfristigen Future.

Lösung zu Übung *6.15.*:
Für die folgenden Graphiken ist folgendes Caplet/Floorlet zugrundegelegt worden, die Preise und die Greeks sind für den Forward von 3,00% berechnet:

Nominalbetrag	100.000.000
Strike	4,00%
heute	20.08.1997
Fixing	18.02.1998

Start	20.02.1998
Ende	20.08.1998
Sigma	20,00%
Forward	3,00%

Preis Caplet	1.828,71
Delta Caplet	120,02

Preis Floorlet	489.194,91
Delta Floorlet	-4.753,64

Gamma Caplet	6,64
Vega Caplet	5,96
Theta Caplet	32,57

Gamma Floorlet	6,64
Vega Floorlet	5,96
Theta Floorlet	76,76

Tabelle 9.35.

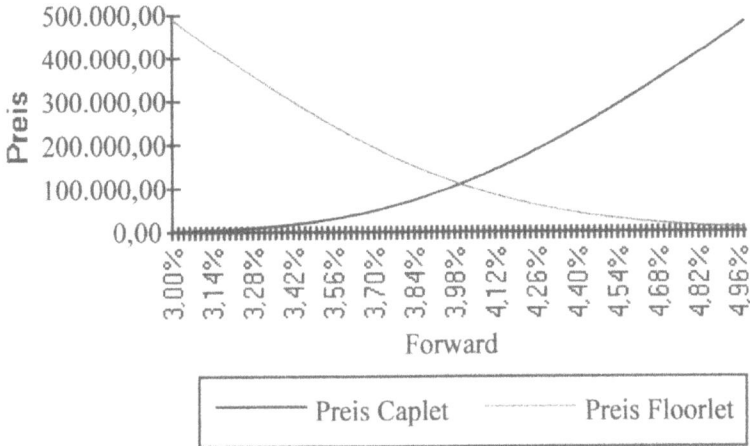

Abbildung 9.8

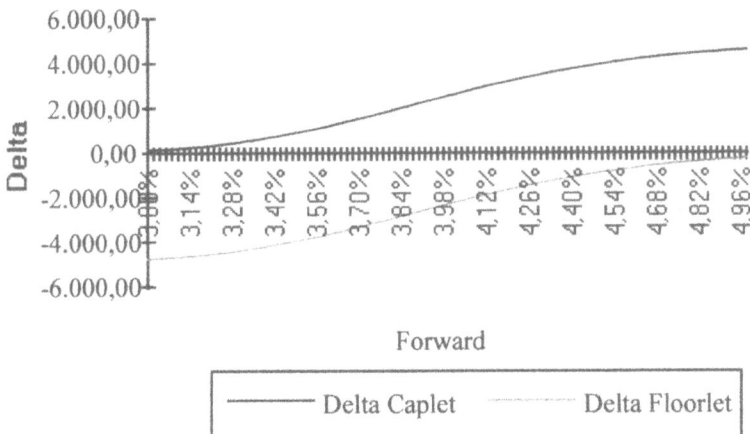

Abbildung 9.9

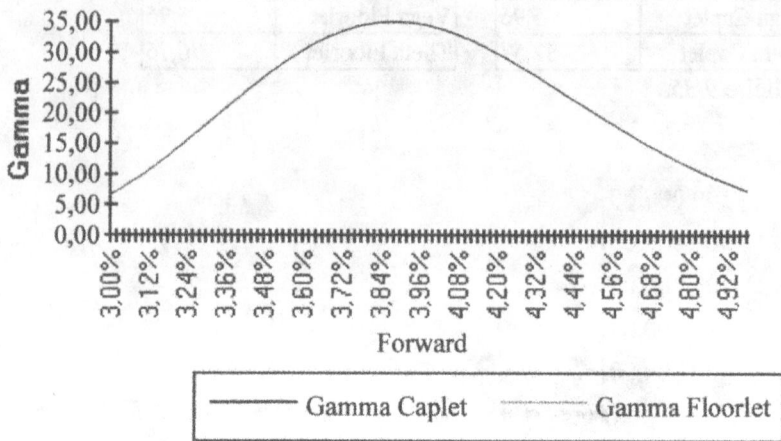

Abbildung 9.10

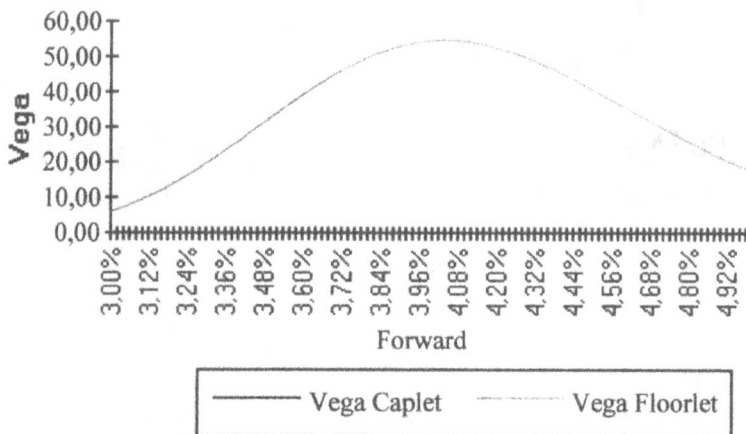

Abbildung 9.11

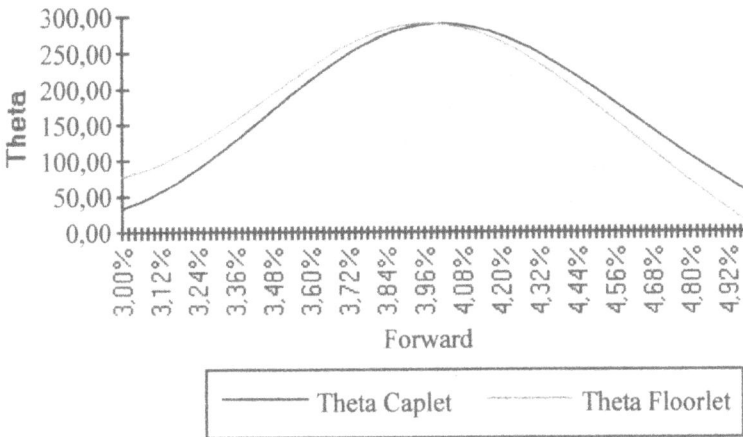

Abbildung *9.12*

Lösung zu Übung *6.16.*:
Der Preis und die Greeks stehen in der folgenden Tabelle:

Preis	Delta	Gamma	Vega	Theta	Rho
2,55876	-0,43718	0,05232	19,77913	4,49652	-11,52934

Tabelle *9.36.*

Lösung zu Übung *7.1.*:
(vgl. **Beispiel** *7.1.1.*)

Whg1	Betrag1	Whg2	Geld	Mitte	Brief
CAD	100.000.000	EUR	70.666.384	70.631.445	70.596.541
JPY	100.000.000	EUR	867.830	867.453	867.077

Tabelle *9.37.*

Lösung zu Übung *7.2.*:
(vgl. **Beispiel** *7.1.2.*)

Whg1	Whg2	Geld	Mitte	Brief
USD	CAD	1,5730	1,5718	1,5706
CAD	JPY	81,3484	81,4240	81,4995

Tabelle *9.38.*

Lösung zu Übung 7.3.:
(vgl. **Beispiel** 7.2.1.)

Laufzeit	Terminkurse EUR/USD	Terminkurse EUR/GBP	Swapstellen EUR/USD	Swapstellen EUR/GBP
Kasse	0,9008	0,6180		
2 Jahre	0,9337	0,6525	329,00	344,64
2 Jahre	0,9424	0,6612	416,00	432,24
3 Jahre	0,9504	0,6691	496,00	511,11
3 Jahre	0,9565	0,6758	557,00	577,53
4 Jahre	0,9617	0,6818	609,00	637,83
4 Jahre	0,9651	0,6870	643,00	690,24
5 Jahre	0,9668	0,6908	660,00	727,66
5 Jahre	0,9680	0,6939	672,00	758,96

Tabelle *9.39.*

Achtung: Bei Laufzeiten über einem Jahr wird exponentiell verzinst. Alternativ kann man auch mit den Diskontfaktoren direkt rechnen, es ergeben sich dann kleine Rundungsdifferenzen.

Lösung zu Übung 7.4.:
Der CIRS kann dargestellt werden als Straight Bond in EUR, der mittels eines USD-Floaters refinanziert wird. Rechnet man den Refinanzierungsbedarf des Straight-Bond mit dem aktuellen EUR/USD Devisenkurs um, erhält man genau den Nominalbetrag der variablen Seite des CIRS. Da beide Seiten des CIRS jeweils marktgerecht sind und die Nominalbeträge mit einem marktgerechten Kurs umgerechnet sind, ist kein Auf-/Abschlag notwendig.

Lösung zu Übung 7.5.:
Hereinnehmen eines 3-Monats-Depots in GBP zu 7,24% und Abschließen des EUR/GBP Swaps:

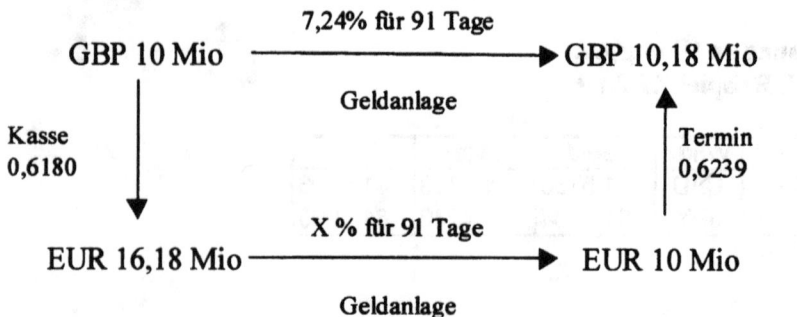

GBP 10 Mio   —— 7,24% für 91 Tage ——▶   GBP 10,18 Mio
                       Geldanlage

Kasse 0,6180   Termin 0,6239

EUR 16,18 Mio   —— X % für 91 Tage ——▶   EUR 10 Mio
                       Geldanlage

Hereinnahme von GBP 10 Mio zu 7,24%. Zu tilgen sind dann nach 91 Tagen:

$$10\,Mio\cdot\left(1+7,24\%\cdot\frac{91}{365}\right)GBP$$

Verkauf der GBP gegen EUR in der Kasse zu 0,6180:

10 Mio GBP : 0,6180 EUR

Kauf der GBP gegen EUR auf Termin zu 0,6180 + 0,0060 = 0,6240:

$$10\,Mio:0,6180\cdot\left(1+x\%\cdot\frac{91}{360}\right)\cdot0,6240$$

Damit ergibt sich ein Zinssatz für die EUR in Höhe von:

$$10\,Mio:0,6180\cdot\left(1+x\%\cdot\frac{91}{360}\right)\cdot0,6240=10\,Mio\cdot\left(1+7,24\%\cdot\frac{91}{365}\right)$$

daraus folgt

$$x\%=\left(\frac{\left(1+7,24\%\cdot\dfrac{91}{365}\right)\cdot0,6180}{0,6240}-1\right)\cdot\frac{360}{91}=3,2683\%$$

Mit dieser Strategie haben Sie sich um 3,2800% - 3,2683% = 0,0117% besser refinanziert als durch eine einfache Aufnahme der DEM am Geldmarkt.

Lösung zu Übung 7.6.:
(vgl. Übung 7.5.)
Hereinnehmen von 6 Monats USD zu 5,90% (Geldmarkt).
Tausch dieser USD in der Kasse zu 0,9008 (Devisenswap).
Anlage der EUR auf 6 Monate zu 3,30% (Geldmarkt).
Rücktausch der EUR incl. Zinsen in USD zu 0,9008 +117 (Devisenswap).
Damit lässt sich folgende Rechnung aufstellen:

$$10\,Mio:0,9008\cdot\left(1+x\%\cdot\frac{182}{360}\right)\cdot(0,9008+0,0120)=10\,Mio\cdot\left(1+5,90\%\cdot\frac{182}{360}\right)$$

daraus folgt

$$x\%=\left(\frac{\left(1+5,90\%\cdot\dfrac{182}{360}\right)\cdot0,9008}{0,9128}-1\right)\cdot\frac{360}{182}=3,2221\%$$

Durch den Devisenswap kann eine DEM-Geldaufnahme mit einem Zinssatz von 3,2221% dargestellt werden. Der entsprechende Betrag kann jedoch gleichzeitig zu 3,30% angelegt werden. Dies entspricht einem risikolosen Ertrag in Höhe von 3,30% - 3,2221% = 0,0779%.

Lösung zu Übung 7.7.:
Mit Hilfe der Werte aus **Beispiel 7.3.1.** und mit der Call-Put-Parität (Formel 7.4) ergibt sich für den Put ein Preis von 0,02353
Er kostet damit USD 23 528,83,-- .

Für die Greeks ergeben sich folgende Werte:

	Preis	Delta	Gamma	Vega	Theta	Rho_1	Rho_2
Put	0,0235	-0,3416	2,8354	0,2326	0,0371	0,1555	-0,1674

Tabelle *9.40*.

10. Index

11. Literaturverzeichnis

Aichison, J & Brown, J. A. C. (1957)
The Lognormal Distribution
Cambridge, University Press (Cambridge 1957)
Seiten 22 - 24

Bauer, Heinz (1978)
Wahrscheinlichkeitstheorie und Grundzüge der Maßtheorie
Walter de Gruyter

Berger, Manfred (1990)
Hedging, Effiziente Kursabsicherung festverzinslicher Wertpapiere mit Finanzterminkontrakten
Gabler

Biermann Bernd (1998)
Modernes Risikomanagement in Banken
Handbuch des Risikomanangements
Schäffer Pöschel Verlag, ISBN 3-8202-1133-0

Bismarck, Stephan von (1995)
Einsatz von Derivaten erfordert Risikokontrolle
Börsen Zeitung 29.5.95

Bode Matthias & Mohr Michael (1996)
Value-at-Risk - ein riskanter Wert?
Die Bank 8/96
Seite 470-476

Bode Otto & Fromme Susanne (1996)
Forward Rates: Zur Zinsprognose geeignet?
Die Bank 11/96
Seite 668-670

Borgwadt, Heidemarie Dr. (1994)
Finanzmathematik
Gabler Verlag

Brammertz, Willi (1997)
Simulationstechniken für Finanzinstitute
Die Bank 1/97
Seite 22 - 26

Brinitzer Pierre & Sörries Bernd (1996)
FIONA: Ein neuer Zins-Swap
Die Bank 7/96
Seite 438-441

Brown Patrick J. (1992)
Formulae for Yield and other Calculations
International Securities Market Association ISMA

Bühler Alfred & Hies Michael
Zinsrisiken und Key-Rate-Duration
Die Bank 2/95
Seite 112-118

Bühler, W. & Uhrig, M. (1997)
Ökonomische und ökonometrische Probleme bei der Bewertung von Zinsoptionen
Allgemeines Statistisches Archiv 81, 25 - 47
ISSN 0002-6018

Caprano, Eugen & Gierl, Dr. Anton (1986)
Finanzmathematik
Vahlen

Chorafas, Dimitris N. (1992)
Globales Risikomanagement in Finanzinstituten
Gabler Verlag

Commerz Financial Products (1995)
Die Corex 2005-Anleihe
Commerz Financial Products

Dambach, Hermann T. (1995)
Structured Finance als Strategie
Die Bank 9/95
Seite 532 - 534

Diwald Hans (1994)
Zinsfutures und Zinsoptionen
Beck-Wirtschaftsberater im dtv

Dothan, M.U. (1990)
Prices in Financial Markets
Oxford University Press

DTB (1992)
Bund-Futures
DTB

Edwards, Franklin R. & Ma, Cindy W.
Futures and Options
McGraw-Hill, Inc.

Eilenberger, Guido (1990)
Lexikon der Finanzinnovationen
R. Oldenbourg Verlag

Eller Roland & Spindler Christian (1994)
Zins- und Währungsrisiken optimal managen
Gabler

Eller Roland (1996)
Handbuch Derivater Instrumente
Schäffer Pöschel

Eller, Roland (1993)
Festverzinsliche Wertpapiere I: Grundlagen und Besteuerung
Gabler

Errington Charles (1993)
Financial Engineering
Macmillan Publishers Ltd

Fabozzi Frank & Fong Gifford (1994)
Advanced Fixed Income Portfolio Management
Probus Publishing Company

Fabozzi Frank & Pitts Mark (1990)
Interest Rate Futures and Options
Probus Publishing Company

Fabozzi Frank (1993)
Fixed Income Mathematics
Probus Publishing Company

Fischer Black and Myron Scholes (1972)
The Valuation of Option Contracts and a Test of Market Efficiency
The Journal of Finance Nr.2 27. Jg
Seiten 399 - 417

Fischer-Erlach, Peter (1988)
Handel und Kursbildung am Devisenmarkt
W. Kohlhammer Verlag

Flavell, Richard (1996)
Why Risk Management is a Groth Business
FX & MM
Seite 72 - 73

Frankfurter Allgemeine Zeitung (1997)
Bank bei Berechnung der Vorfälligkeitsentschädigung nicht frei
FAZ 6/9/97
Seite 128 - 129

Granito, Michael R. Ph.D. (1987)
A Simple Approach to Valuing Bond Options
Advances in Bond Analysis and Portfolio Strategies edited by F.
Fabozzi & D. Garlicki Chicago: Probus Publishing
Seiten 419 - 427

Grob, Heinz Lothar & Everding, Dominik (1992)
Finanzmathematik mit dem PC
Gabler Verlag

Hamm, Margaretha (1997)
Berechnungsmethoden für Vorfälligkeitsentschädigungen
Wirtschaftswoche Nr. 38 / 11.9.97
Seite 128 - 129

Handelsblatt (1997)
Anleihestripping hat im Ausland lange Tradition
Handelsblatt (11/1/97) Nr. 9

Hauck, Wilfried (1991)
Optionspreise, Märkte, Preisfaktoren, Kennzahlen
Gabler

Heuser Harro (1990)
Lehrbuch der Analysis Teil 1 und Teil 2
B.G. Teubner Stuttgart

Hull, John (1989)
Options, Futures and other Derivative Securities
Prentice Hall, New Jersey
P 142 für Bondoptionen

ISMA (1996)
Risk Management in International Securities Markets: Are today's standards appropriate?
International Securities Market Association ISMA

J. P. Morgan (1995)
Risk Metrics, Technical Document
Morgan Guarantee Trust Company

Jacob, Hans-Reinhard & Warg, Markus & Westphal, Eva Gabriele (1995)
Risikomanagement in Banken-Ein kaufmännischer Gedanke
Die Bank 9/95 bzw. 2/96
Seiten 559-561bzw. 68-72

Kabella, Stefan Marcus (1997)
Die Risikokontrolle bei Zinsderivaten
Abschlußarbeit Emploi-Formation

Kasten & Bergmann & Richard & Mühlmeyer (1987)
Betriebslehre der Banken und Sparkassen
Merkur Verlag Rinteln

Kosiol, Erich (1984)
Finanzmathematik
Gabler Verlag

Kruschwitz, Dr. Lutz (1989)
  Finanzmathematik
  Franz Vahlen

Lingner, Ulrich (1991)
  Optionen, Anlagestrategien für die nationalen und internationalen Options- und Futures-Märkte
  Gabler

Meisner, J. & Richards, J. (1987)
  Option Premium Dynamics: With Applications to Fixed Income Portfolio Analysis
  Advances in Bond Analysis and Portfolio Strategies edited by F. Fabozzi & D. Garlicki Chicago: Probus Publishing
  Seiten 395 - 415

Peny, Didier (1995)
  Latest Directions in the Global Regulatory Focus on Derivatives
  FX & MM
  Seiten 19 - 25

Peters Joerg (1990)
  Swap-Finanzierung
  Gabler

Rebonato, Riccardo (1996)
  Interest Rate Option Models
  John Wiley & Sons, New York

Sandmann, Sondermann (1993)
  A Term Structure Model and the pricing of interest rate options
  Rev. Futures Markets 12 (1993) pp 391-423

Scharpf Paul & Luz Günther (1996)
  Risikomanagement, Bilanzierung und Aufsicht von Finanzderivaten
  Schäffer Pöschel

Schulte-Mattler Herrmann (1996)
  Delta-plus-Ansatz bei Optionen
  Die Bank 8/96
  Seite 500-505

Siegwart Hans & Mahari Julian (1995)
Strategisches Management von Finanzinnovationen
Schäffer Pöschel

Spiegel Murray R. (19??)
Statistik
McGraw-Hill Book Company GmbH

Stark, Gunnar (1996)
Zahlungsstromorientierte Vorfälligkeitsentschädigung
Die Bank 9/96
Seite 552 - 555

Swoboda Uwe (1991)
Financial Engineering
Gabler

Tullet & Tokyo (1996)
Instrument Definitions Interest Rate Swaps
Reuters Page TTKLINFP

Vasichek, Oldrich A. (1977)
An Equilibrium Characterization of the Term Structure
Journal of Financial Economics 5 1977
Seiten 177 - 88

Wahle, Heinz-Günter & Hackenholt, Josef
Treasury: Taktschläger für Liquiditäts- und Guv-Steuerung
Die Bank 10/96
Seite 608 - 611

Wenzel, Frank (1997)
BGH zu Vorfälligkeitsentgelt und Damnum-Erstattung
Die Bank 1/97
Seite 43 - 45

Wilmott,P. & Dewynne, J. & Howison, S. (1993)
Option Pricing. Mathematical Models and Computation
Oxford Financial Press

Zahn Hans E. (1986)
   Finanzinnovationen
   Fritz Knapp Verlag

Interessante Internet-Adressen:
http://www.euribor.org
http://www.bba.org.uk/businesses
http://www.eurexchange.com

www.ingramcontent.com/pod-product-compliance
Lightning Source LLC
Chambersburg PA
CBHW050656190326
41458CB00008B/2593